KB188439

인터넷 산업의 미래, 함께 묻고 답하다

전문가 9인의 통찰

이 도서의 국립중앙도서관 출판예정도서목록(CIP)은 서지정보유통지원시스템 홈페이지
(http://seoji.nl.go.kr)와 국가자료종합목록 구축시스템(http://kolis-net.nl.go.kr)에서
이용하실 수 있습니다. CIP제어번호 : CIP2019029737(양장) CIP2019029740(무선)

인터넷산업의 미래,
함께 묻고 답하다

전문가 9인의 통찰

이상우
김정환
최세정
최세경
곽규태
정용국
최홍규
정윤혁
이경원
지음

한울
아카데미

서문

　학자의 길로 들어선 지 어느덧 17년이 지났는데 인터넷 산업을 관심 있게 들여다보면서 연구한 지는 몇 년 되지 않았다. 그래서 그런지 이 책을 발간하기로 마음먹고도 여러 번 주저했다. 그래도 국내 최고의 인터넷 분야 전문가분들이 공저자로 참여해 주신 덕분에 용기 내서 이 책을 발간하게 되었다.

　인터넷 기술의 발전은 모든 산업 영역에서 변화를 주도하고 있지만, 특히 미디어 시장에서의 변화는 매우 놀랍다. 실시간으로 방송을 시청하거나 TV 수상기를 통해 콘텐츠를 소비하는 이용자들의 수는 젊은 층을 중심으로 빠르게 줄어들고 있고, 온라인을 통한 뉴스 소비는 일반화되고 있다. 이제 사람들은 자신이 보고 싶은 뉴스만 스스로 편집해서 볼 수 있고, 빅데이터의 축적과 인공지능 기술의 발달은 사람들의 취향에 맞는 뉴스, 영화, 음악 등의 추천을 가능하게 만들어주었다. 세계적인 인터넷 기업인 구글, 아마존, 넷플릭스 등은 수많은 소비자 데이터와 콘텐츠를 가지고 첨단 인공지능 기술을 이용해서 소비자들을 끌어들이고 있다. 광고주들은 소비자들의 취향을 따라가기 마련이다. 광고주들은 광고 효과를 극대화하기 위해 레거시 미디어보다는 인터넷을 선호한다. 쇼핑 시장은 어떠한가? 오프라인 시장의 천국이었던 미국의 경우, 시어스와 메이시스 백화점, 대형마트인 월마트와 K마트, 유명 캐주얼 브랜드인 갭과 바나나 리퍼블릭 등의 점포 수가 급격히 줄고 있다고 한다. 소비자들은 더 이상 오프라인 매장을 찾지 않고 인터넷을 통해 쇼핑을 하기 때문이다. 아마존은 이미 쇼핑시장의 최강자로 자리 잡았다.

이렇게 급변하는 미디어 환경에 적응하기 위해 대학은 변해야 하고, 실제 변하고 있다. 미디어 관련 학과에서는 레거시 미디어를 가르치는 과목들이 점차 줄고 있다. 무엇보다 학생들이 레거시 미디어에 대한 관심이 거의 없다. 이런 현실에서 인터넷 산업을 모르는 미디어 전공 교수의 설 자리가 없어지는 건 당연하다. 학생들은 스마트폰으로 유튜브, 웹툰, 인스타그램, 브이라이브, 틱톡 등을 즐기고 있는데, 교수는 지상파방송, 종편, IPTV, 케이블TV를 가르친다면 교수와 학생들 간에 소통이 될 리가 없다. 소통이 되지 않는 수업은 지루해질 것이고, 학생들은 강의실을 떠나게 되고, 그렇게 되면 학교의 경쟁력은 떨어질 것이다. 그래서 나도 공부가 필요했다. 인터넷 시장에서의 주요 플레이어들은 누구인지, 인터넷 비즈니스에서 가장 뜨거운 이슈들은 무엇인지, 인터넷 시대에는 어떤 교육이 필요한지, 기업은 어떤 능력을 갖춘 학생들을 필요로 하는지 내가 알아야 가르치지 않겠나?

학자들은 어떤 분야에 관심을 갖게 되면 관련 논문이나 책을 찾아보게 마련이다. 나 역시 그랬다. 그러나 인터넷 영역은 인터넷 자체의 방대함 때문인지, 무엇을 찾아봐야 할지, 어디서부터 공부해야 할지, 풀어야 할 숙제가 뭔지 도무지 감이 잡히지 않았다. 인터넷 기술은 공학도의 몫이니 제쳐놓더라도 기술 영역을 제외한 인터넷 영역의 범위도 한없이 넓었다. 기술 영역을 완벽히 발라낸 인터넷 시장을 공부한다는 게 사실 말도 되지 않지만, 설사 그럴 수 있다 쳐도 인터넷을 통하지 않고 가능한 일들이 대체 남아 있기는 할까? 그만큼 우리는 인터넷 없이는 아무것도 할 수 없는 세상에 살고 있는 것이다. 그래도 인터넷을 공부하기로 마음먹었으니, 학교의 도서관 서비스를 이용하고, 오프라인 서점을 돌아다니면서 인터넷 관련 서적을 부지런히 뒤지고 다녔다. 인터넷 기술과 관련된 책들이 가장 많았고, 그걸 제외하면 파편적인 주제들로 인터넷을 논하는 책들이 대부분이었다. 다소 의외였다. 인터넷의 역사가 이렇게 오래되었는데, 인터넷 산업을 공부하고 싶어 하는 사람들을 위한 입문서도 제대로 없다니…… 물론 사람들마다 생각이 다르겠지만, 최소한 내가 보는 시각에서는 제대로 된 인터넷 시장에 대한 입문서를 찾기가 좀처럼 쉽지 않았다.

그래서 이 책을 쓰기로 결심하게 되었다. 고맙게도 인터넷 분야의 전문가이신 여덟 분이 공저자로 함께 해주셔서 이 책의 내용이 더욱 충실해졌다.

1장은 김정환 박사님이 각종 데이터에 기반해서 인터넷 플랫폼이 만들어가고 있는 변화를 알기 쉽게 풀어내 주셨다. 김 박사님은 국내 최고의 포털 기업인 네이버에 근무하시는 만큼 인터넷 시장에 대한 이해도가 누구보다 높기 때문에 이 책의 시작을 맡기에 최적이라고 생각했다. 김 박사님과의 즐거운 대화들 덕분에 나는 인터넷 시장에 큰 관심을 갖게 되었다.

2장은 고려대학교 최세정 교수님께서 집필해 주셨다. 광고업계에서 일한 경험과 오랜 동안의 소비자 연구를 통해 축적된 학식은 국내 광고 학계에서 단연 최고다. 최 교수님은 소비자 심리와 마케팅의 권위자답게 2장에서 인터넷 광고의 현황과 진화 방향을 이해하기 쉽게 설명해 주셨다.

3장은 중소기업연구원의 최세경 박사님이 맡아주셨다. 국내에서 콘텐츠 비즈니스 생태계를 가장 많이 아는 분을 꼽으라면 단연 최 박사님이다. 오랜 세월 콘텐츠를 연구해 온 전문가로서의 식견이 인터넷 동영상 서비스의 현황과 미래를 조망해 주는 데 그대로 묻어난다.

4장은 순천향대학교의 곽규태 교수님이 집필해 주셨다. 곽 교수님은 종이 신문이 사라지고 온라인 신문을 통한 뉴스 소비가 일반화되고 있는 상황에서 나타나고 있는 다양한 이슈들을 냉철한 경영학자의 시각에서 분석해 냈다. 어떤 이슈든 빠르게 이해하고, 본인의 시각으로 분석해 내는 능력이 누구보다 뛰어난 분인 줄은 알았지만, 인터넷 뉴스 생태계까지 이렇게 쉽게 풀어낼 줄은 몰랐다.

5장에서 동국대학교의 정용국 교수님은 온라인에서 소비자들의 뉴스 인게이지먼트 행동의 유형과 의미를 냉철한 시각으로 분석해 냈다. 포털에서 베스트 댓글도 몇 차례 기록했을 만큼 감각적인 면이 있는 학자이기에 소비자들의 뉴스 인게이지먼트 현상을 이해하고 설명하는 데 누구보다 적임자라고 생각했고 기대를 저버리지 않았다.

6장은 EBS의 최홍규 박사님이 스타트업 생태계의 형성과 전망에 대해 집필해 주셨다. 방송 업계에서의 경험과 여러 권의 저술 경험을 통한 노하우가 6장에서도 그대로 묻어난다. 6장을 읽어보면, 인터넷 플랫폼을 통해 등장하고 성장해 나아가고 있는 스타트업 생태계의 특징을 쉽게 이해할 수 있게 된다.

7장은 고려대학교의 정윤혁 교수님이 온라인 쇼핑 플랫폼의 현황과 의미에 대해서 집필해 주셨다. 오랜 기간 온라인 쇼핑시장을 연구해 온 분답게 소상공인들의 온라인 플랫폼 활용 사례들을 알기 쉽게 풀어냈다.

8장은 동국대학교의 이경원 교수님이 간편결제 서비스의 현황과 전망에 대해 집필해 주셨다. 이 책의 공저자들 중 유일한 경제학자다. 수학적 풀이에 익숙한 분이라 인터넷 시장에서의 결제 시스템을 어떻게 설명하실지 궁금했는데 독자들과 대화하듯 인터넷 플랫폼에서의 주요 거래 수단으로 자리 잡고 있는 간편결제 서비스를 알기 쉽게 풀어냈다.

9장은 인터넷 산업의 규제 현황과 앞으로의 규제 방향에 대한 내 생각을 담았다. 나는 정보통신정책연구원에서 6년이 넘는 시간 동안 미디어 정책과 규제를 연구했기에 우리나라 방송시장에 적용되는 규제 강도가 전 세계에서 가장 높다는 건 이미 알고 있었는데, 인터넷 시장까지 이 정도인 줄은 몰랐다. 혁신과 창의성이 요구되는 인터넷 시장에 이렇게 많은 규제가 있다는 사실을 이 책을 집필하면서 알게 되었다. 더 놀라운 것은 지금도 국회는 인터넷의 혁신과 창의성을 저해하는 규제를 만들기 위한 법안들을 발의 중이라는 것이다. 그나마 다행인 것은 앞으로 내가 국내 인터넷 산업의 발전을 위해 할 일이 생겼다는 것이다. 빛나는 아이디어를 가지고 인터넷 비즈니스에 뛰어들 자신은 없지만, 국내 인터넷 시장을 쇠락으로 몰고 갈 수 있는 규제를 막아내는 데 앞장설 셈이다.

집필 작업이 끝난 지 얼마 되지도 않았는데, 몇 년쯤 지나고 이 책을 함께 작업한 여덟 분의 전문가들과 다시 모여서, 변화된 인터넷 시장에 대해 논의해 보고, 그 결과를 다시 한번 더 책으로 내고 싶은 욕심이 든다. 그리고 또 몇 년이 지나서 다시 한번 더…… 인터넷 시장에서 무슨 일들이 일어나고 있는지, 인터넷 시장에서는 어떤 비즈니스들이 이루어지고 있는지, 소비자들은 인터넷을 어떻게 활용하고 즐기고 있는지 지속적으로 공부하고, 우리의 결과물을 계속해서 독자들과 공유하고 싶다. 인터넷에서의 창의적이고 건전한 비즈니스 행위를 가로막는 규제가 사라지는 그날까지 우리의 집필 작업이 계속될 수 있도록 노력하겠다. 기대하고 지켜봐 주시기 바란다.

이상우(연세대학교 정보대학원 교수)

01 인터넷 산업의 경계 너머

김정환

플랫폼이라는 용어가 주는 신선함도 이제는 식상해졌다. 하지만 플랫폼이 만들어내는 가치는 여전히 유효하다. 1장은 이 책의 개괄 정도로 이해하면 좋을 것이다. 인터넷 플랫폼이 만들어낸 변화를 여섯 가지 질문을 통해 살펴보고자 한다. 특히 주요 기관에서 발간하는 시장 자료를 바탕으로 검색 행위, 로컬 서비스와 글로벌 서비스, 이용자와 창작자, 온라인과 오프라인, 산업과 산업 사이에 존재했던 '경계'가 어떻게 허물어져 가는지 설명하고자 했다. 각 질문에 대한 보다 구체적인 내용들은 이 책의 다른 장에서 확인할 수 있다. 아이폰의 등장으로 유행어처럼 사용된 '플랫폼'이라는 용어는 식상해졌을지 몰라도 연결을 통해 가치를 만들어낸 플랫폼의 속성은 사라지지 않는다. 시간이 지나고 형태는 달라질 수 있으나 본질은 변하지 않는다. 연결의 가치를 실현하는 플랫폼의 속성과 기능은 계속될 것이다.

인터넷 플랫폼 비즈니스는 영원할 것인가

플랫폼 사업자의 등장은 ICT Information and Communication Technology 산업을 비롯해 다양한 산업의 변화 동력으로 작동하고 있다. 컴퓨터 하드웨어 구조, 소프트웨어 체계 등 초창기 기술적 의미로 사용된 용어인 플랫폼은 경제학, 경영학 환경에서도 활용되기 시작했다. 플랫폼 사업자들은 다면 시장을 연결하

〈그림 1-1〉 주요 분야 디지털 미디어 기업들

자료: Statista(2018a).

는 주체로, 서로 다른 집단을 연결해 새로운 형태의 가치를 만들어낸다. 이들은 각 집단이 상호작용할 수 있는 무형의 공간을 제공한다. 플랫폼의 확산은 생태계 개념의 확장에도 영향을 미쳤다. 플랫폼을 중심으로 형성된 생태계는 같은 운명을 공유하는 운명 공동체와 같다(Iansiti and Levien, 2004).

이안시티와 레비앙(2004)은 자신들의 저서에서 생태계 구성요소들을 역할에 따라 키스톤keystone, 지배자dominator, 니치 플레이어niche player 등으로 구분했다. 플랫폼 사업자는 키스톤 또는 지배자로 해석될 수 있다. 플랫폼 비즈니스를 통해 창출된 가치를 독식하느냐 생태계 구성원과 공유하느냐에 따라 지배자와 키스톤을 구별할 수 있다. 키스톤 기업은 플랫폼을 매개로 구성원들이 생태계 진화에 필요한 혁신과 가치를 생산하도록 유도한다. 키스톤 중심의 생태계는 구성원들이 공존하며, 함께 진화하기 위해 노력한다.

플랫폼 비즈니스는 보다 세분화되어 이용자들의 생활 곳곳으로 스며들었다. 디지털 환경은 이러한 변화를 더욱 쉽게 가능하도록 했다. 특히 플랫폼을 무기로 이용자들의 충족되지 못한 욕구unmet needs를 채워줄 서비스 사업자들

(단위: 10억 달러)

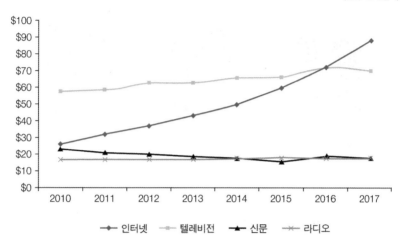

자료: PwC(2018a).

이 영상, 음악, 게임, 출판 등 미디어 모든 분야에 혜성처럼 등장했다. 〈그림 1-1〉은 주요 분야에서 활약 중인 디지털 미디어 기업들을 보여준다.

인터넷 플랫폼의 성장과 디지털 환경으로의 변화를 가장 크게 실감할 수 있는 영역은 바로 광고 산업이다. 〈그림 1-2〉는 2010년 이후 주요 매체들의 전 세계 광고비 규모를 시간의 흐름에 따라 나타낸 것이다. 미디어를 대표하는, 무너지지 않을 것 같던 TV 광고 시장이 2016년 이후 인터넷에 자리를 내주었다. 모바일 미디어의 성장이 인터넷 광고 시장을 견인하고 있는데, 검색 광고, 배너 광고, 동영상 광고 등이 인터넷 광고의 대표적인 유형이다.

스마트폰의 확산과 통신 환경 개선으로 모바일 미디어 환경이 개화했다. PwC(2018b) 자료에 따르면, 2018년 2분기 기준 검색 광고 비중은 전년 대비 48%에서 46%로 감소했으며, 배너 광고 비중은 31%에서 32%로 소폭 상승했다. 동영상 광고 역시 13%에서 14%로 상승했는데 감소하고 있는 검색 광고의 매출을 배너 광고와 동영상 광고가 대신하고 있음을 알 수 있다. 이는 모바

〈그림 1-3〉 매체별 국내 광고비 점유율(5순위 대표 매체 비교)

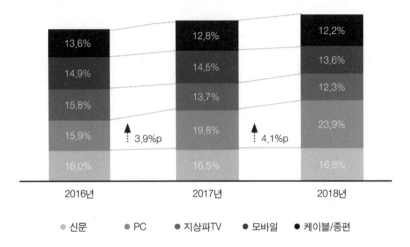

2016년	2017년	2018년
13.6%	12.8%	12.2%
14.9%	14.5%	13.6%
15.8%	13.7%	12.3%
15.9% ↑ 3.9%p	19.8% ↑ 4.1%p	23.9%
16.0%	16.5%	16.8%

● 신문   ● PC   ● 지상파TV   ● 모바일   ● 케이블/종편

자료: 이혜미(2019).

일을 통한 미디어 소비가 확산되고 있는 양상을 여실히 보여주는 지표 중 하나다. 국내 광고 시장 역시 글로벌 추세와 유사하다. 〈그림 1-3〉은 매체별 국내 광고비 점유율을 나타낸 것인데, 모바일 미디어와 유료방송(케이블/종편)만이 유일하게 성장하고 있다. 인터넷 광고에 대한 보다 구체적인 내용은 2장을 참조하기 바란다.

형태는 다르겠지만 연결의 가치를 실현하는 다양한 사업자들은 계속해서 시장을 선도할 것이다. 시간이 지나 이들을 플랫폼이라고 부를지 혹은 전혀 다른 용어로 칭할지 예측하기는 어려우나 이들은 여전히 생태계에서 구심점 역할을 할 것이다.

한국이 ICT 강국이라 불리던 시절이 있었다. 글로벌 플랫폼 기업의 득세로 ICT 산업에서 한국의 위상은 그 힘을 잃어가고 있다. 주요 국가들의 자국 산업 내 ICT 산업 비중을 살펴보면, 한국의 ICT 산업 비중이 8.8%로 가장 높게

<표 1-1> 국가별 ICT 산업 현황

(단위: 백만 달러)

	미국	일본	독일	영국	한국
ICT 산업	1,559,927	515,750	299,650	220,606	286,952
• 제조업	386,485	175,775	91,577	29,958	203,727
• 서비스업	1,173,442	339,975	208,073	190,649	82,865
통신업	601,806	172,849	73,883	83,339	35,216
정보서비스업	571,636	167,127	134,191	107,309	47,649

자료: 과학기술정보통신부·한국전자정보통신산업진흥회(2018).

<그림 1-4> ICT 산업 분야별 현황

(단위: %)

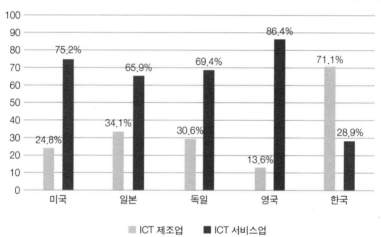

자료: 과학기술정보통신부·한국전자정보통신산업진흥회(2018).

나타났다. 미국은 5.1%, 일본 6.2%, 독일 4.9%, 영국 4.5% 수준이다(과학기술
정보통신부·한국전자정보통신산업진흥회, 2018). 하지만 제조업 중심의 산업 비
중은 한국의 ICT 산업이 근본적 한계를 지니고 있음을 보여준다(〈표 1-1〉, 〈그
림 1-4〉 참조). 산업 경쟁력 향상을 위해서는 서비스를 기반으로 한 플랫폼 사
업자들이 더 활약해야 한다. 기술과 아이디어를 무기로 한 다양한 스타트업

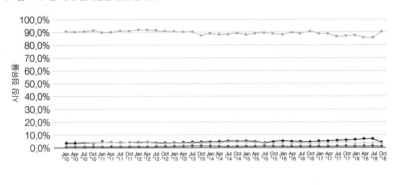

〈그림 1-5〉 전 세계 검색엔진 점유율 변화

자료: Statista(2018d).

이 마음껏 뛰놀 수 있는 환경이 필요하다. 그들이 만들어내는 가치가 한국의 ICT 경쟁력을 이끌 수 있는 날이 오길 기대한다. 보다 자세한 내용은 6장에서 살펴볼 수 있다.

검색의 경계는 어떻게 사라지고 있는가

모바일 환경이 도래하면서 검색의 개념과 성격 역시 진화하고 있다. 전통적 의미에서 검색 서비스는 구글, 네이버 등의 포털 서비스를 통칭했다. 일반적으로, 검색 사업자는 검색, 메일, 커뮤니티, 커머스 등의 서비스를 제공하는 포털 사업자로 인식되었다. 구글은 사업자이자 브랜드인 동시에 검색 행위를 나타내는 동사verb로 쓰여왔다. 1998년 서비스 출시 이후 구글은 명실공히 전 세계 최대 검색엔진을 운영하는 검색 사업자다. 〈그림 1-5〉는 2010년 이후 전 세계 검색엔진 점유율 변화를 나타낸 것이다. 구글은 여전히 90%

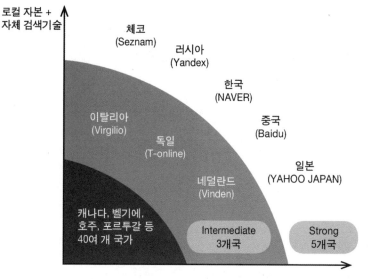

〈그림 1-6〉 자국 검색엔진 보유 현황

로컬 자본 +
자체 검색기술

체코
(Seznam)

러시아
(Yandex)

한국
(NAVER)

이탈리아
(Virgilio)

독일
(T-online)

중국
(Baidu)

일본
(YAHOO JAPAN)

네덜란드
(Vinden)

캐나다, 벨기에,
호주, 포르투갈 등
40여 개 국가

Intermediate
3개국

Strong
5개국

자국 검색엔진의 점유율

자료: 네이버레터(2015.4.10).

이상의 점유율을 유지하고 있다.

일부 국가 인터넷 이용자들은 자국어로 된 자국의 검색엔진을 이용하고 있다. 물론 중국과 러시아, 한국 등 매우 제한된 사례이기는 하다. 〈그림 1-6〉은 자국 검색엔진 보유 현황을 자본 출처와 검색기술, 점유율 등에 따라 도식화한 것이다. 체코의 자국 검색엔진인 세즈남은 구글에 역전당했으며, 일본의 야후재팬은 제휴를 통해 구글의 검색엔진을 활용하고 있다. 중국, 러시아 등의 정치적 특수성을 고려하면 결국 자국 검색엔진이 구글의 공세를 버틴 유일한 곳이 한국이다.

우리는 매일 검색을 한다. 아침에 일어나 날씨를 검색하고, 등교를 하며 대중교통의 위치를, 출근을 하며 도로 상황을 검색한다. 가히 인간은 검색의 동물이라 할 수 있겠다. 인터넷을 이용하는 주된 목적이 정보 검색이라는 최근

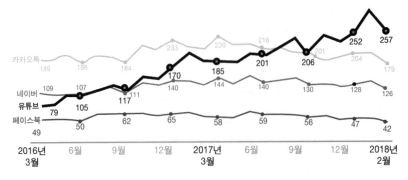

〈그림 1-7〉 이용 시간을 통해 본 유튜브의 성장

카카오톡
189 188 184 233 239 216 201 204 179

네이버
유튜브
109 107 111
117 140 144 140 130 128 126
79 105 170 185 201 206 252 257

페이스북
49 50 62 65 58 59 56 47 42

2016년 3월 6월 9월 12월 2017년 3월 6월 9월 12월 2018년 2월

자료: 와이즈앱(2018.3.7).

의 조사결과에서도 이런 양상을 확인할 수 있다. 국내 인터넷 이용자 2000명을 조사한 결과, PC 인터넷 이용자의 72%는 자료 및 정보 검색을 위해 인터넷을 이용하는 것으로 나타났다(나스미디어, 2019). 이들은 주로 쇼핑, 생활 정보, 영화, 음악 등의 정보를 검색한다고 응답했다. 모바일 인터넷의 주된 이용 목적에서도 자료 및 정보 검색이 높게 나타났다. 응답자들은 모바일 인터넷을 이용하는 목적으로 엔터테인먼트(71.6%), 커뮤니케이션(71.4%), 자료 및 정보 검색(71.2%) 등을 꼽았다. 특히 30대 이상 여성들의 주된 이용 목적이 자료 및 정보 검색인 것으로 확인됐다.

검색 개념의 진화는 이용자들의 인터넷 이용 행태에서 분명하게 나타난다. 이용자들에게 네이버는 더 이상 유일한 검색 수단이 아니다. 유튜브가 강력한 대체재이며, 인스타그램 역시 훌륭한 대안이다. 연령에 상관없이 가장 오래 사용한 인터넷 서비스는 유튜브였다. 2018년 2월 한 달을 기준으로 이용자들은 유튜브를 257억 분 이용했다. 카카오톡은 179억 분, 네이버는 126억 분, 페이스북은 39억 분이었다(와이즈앱, 2018.3.7, 〈그림 1-7〉 참조). 특히 인터넷 이용자의 60%는 정보 검색을 위해 유튜브를 이용하는 것으로 나타났으며, 10대 인터넷 이용자 10명 중 7명은 유튜브를 검색 채널로 이용하고 있었다(오픈서베이, 2019). 이뿐만이 아니다. 인스타그램 이용자들의 절반 이상 (51.9%)은 해시태그를 통한 검색 서비스를 주로 이용하는 것으로 나타났다 (나스미디어, 2019).

모바일 인터넷 이용자들은 분야별로 평균 2~8개의 애플리케이션을 이용하고 있는 것으로 나타났다. 즉 모바일 애플리케이션 이용에 있어서도 멀티호밍이 작동한다는 것이다. 이용자들은 쇼핑할 때는 평균 8.36개의 애플리케이션을, 뉴스를 볼 때는 5.8개, 엔터테인먼트 분야에서는 평균 5.26개의 애플리케이션을 활용하고 있었다(임정환, 2017). 여타 미디어 활용과 유사하게 모바일 애플리케이션 이용에 있어서도 이용 레퍼토리가 존재한다는 것을 보여준다. 스마트폰이 진정한 개인 미디어로 성장함에 따라 검색 행위는 더욱 파편화되기 시작했다. 영화 검색은 영화 애플리케이션에서, 날씨 검색은 날씨 정보를 담은 애플리케이션에서, 상품 검색은 다양한 쇼핑 애플리케이션을 통해 비교할 수 있게 됐다. 검색의 일상화와 파편화는 검색 플랫폼의 경계를 무너뜨렸다. 이는 전통적 방식의 시장 획정은 더 이상 유효하지 않음을 방증하는 것이다.

로컬 서비스와 글로벌 서비스의 경계는 어떻게 사라지고 있는가

'TGIF', 'GAFA', 'FANG'. IT 산업에 관심이 있는 사람들이라면 누구나 한 번쯤은 들어봤을 단어들이다. 트위터, 구글, 애플, 페이스북, 아마존, 넷플릭스 등 글로벌 IT 기업들의 흥망성쇠에 따라 기업명 첫 글자를 모아 만들어낸 단어들이다. 〈그림 1-8〉은 글로벌 IT 기업들의 시가총액을 순위에 따라 나열한 것이다. 미국과 중국의 기업들이 목록을 차지하고 있는 것을 확인할 수 있

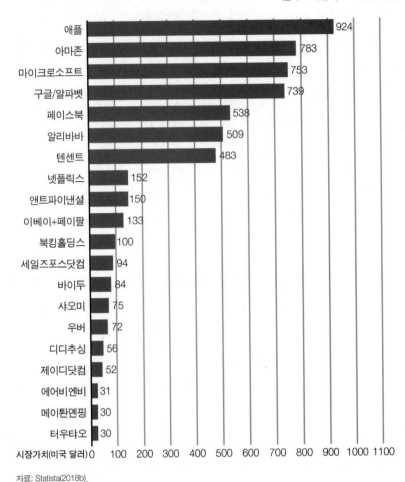

〈그림 1-8〉 글로벌 IT 기업들의 시가총액 순위

(단위: 10억 달러, 2018년 5월 기준)

기업	시장가치(미국 달러)
애플	924
아마존	783
마이크로소프트	753
구글/알파벳	739
페이스북	538
알리바바	509
텐센트	483
넷플릭스	152
앤트파이낸셜	150
이베이+페이팔	133
북킹홀딩스	100
세일즈포스닷컴	94
바이두	84
샤오미	75
우버	72
디디추싱	56
제이디닷컴	52
에어비엔비	31
메이퇀뎬핑	30
터우타오	30

자료: Statista(2018b).

다. 이들은 대체로 무형자산을 기초로 연결의 가치를 실현해 부를 창출해 낸다. 서비스를 기반으로 이용자들에게 새로운 형태의 가치를 제공하고 광고, 수수료 등의 수익을 확보한다.

구글과 페이스북의 온라인 광고 시장 독식은 끊임없이 제기되고 있는 문제 중 하나다. 〈표 1-2〉는 IT 기업들의 디지털 광고 시장 점유율을 보여주는데,

〈표 1-2〉 IT 기업들의 디지털 광고 시장 점유율

	2016	2017	2018	2019	2020
Google	**32.6%**	**31.9%**	**31.5%**	**31.3%**	**31.0%**
—YouTube	2.9%	3.4%	3.4%	3.5%	3.5%
Facebook	**14.0%**	**17.3%**	**19.5%**	**20.5%**	**21.4%**
—Instagram	1.0%	1.9%	3.2%	4.4%	5.4%
Alibaba	**6.2%**	**7.8%**	**8.6%**	**9.3%**	**9.7%**
Baidu	**3.9%**	**3.8%**	**3.9%**	**4.0%**	**4.1%**
Tencent	**1.9%**	**2.4%**	**2.9%**	**3.5%**	**3.9%**
Microsoft	**2.2%**	**2.1%**	**2.1%**	**2.0%**	**1.9%**
—LinkedIn	0.6%	0.6%	0.6%	0.6%	0.6%
Amazon	**0.8%**	**1.0%**	**2.1%**	**2.8%**	**3.5%**
Oath	**0.7%**	**2.0%**	**1.7%**	**1.5%**	**1.3%**
Twitter	**1.2%**	**0.9%**	**0.9%**	**0.8%**	**0.8%**
Sina	**0.4%**	**0.5%**	**0.7%**	**0.7%**	**0.8%**
Pandora	**0.6%**	**0.5%**	**0.4%**	**0.3%**	**0.3%**
Snapchat	**0.2%**	**0.3%**	**0.4%**	**0.5%**	**0.6%**
IAC	**0.4%**	**0.4%**	**0.3%**	**0.3%**	**0.3%**
Sohu.com	**0.4%**	**0.3%**	**0.3%**	**0.2%**	**0.2%**
Yelp	**0.3%**	**0.3%**	**0.3%**	**0.3%**	**0.3%**
Pinterest	0.2%	0.2%	0.3%	0.3%	0.4%
Yahoo	**1.6%**	-	-	-	-
Other	**32.4%**	**28.1%**	**24.3%**	**21.5%**	**19.7%**
Total digital ad spending (billions)	**$191.92**	**$230.76**	**$279.56**	**$327.28**	**$380.40**

자료: eMarketer(2018).

구글과 페이스북은 전 세계 광고 수익의 절반 이상을 차지하고 있다. 유튜브와 인스타그램 등 이들 플랫폼 기업의 서비스 포트폴리오를 고려할 때 이런 추세는 당분간 계속될 것이다.

갤러웨이(Galloway, 2017)는 자신의 저서에서 애플, 아마존, 구글, 페이스북 등을 사람의 신체기관에 비유하며 각 기업의 강점을 소개했다. 애플은 가장 강력한 고급 브랜드로 성기에 비유했으며, 아마존은 소화기관에 비유했고, 구글은 검색엔진을 통해 전 세계 모든 정보를 수집하고 검색해서 보여주기 때문에 머리에 비유했다. 페이스북은 디지털 세상의 사랑을 상징하는 심장과 같다고 했다. 최후의 승자는 아마존이 될 것이라는 예측도 내놓았다. 2016년 아마존은 미국 대형 유통업체인 월마트, 타깃, 베스트 바이 등의 시가총액을 더한 것보다 더 높게 평가되기도 했다. 갤러웨이는 애플, 아마존, 구글, 페이스북의 2015년 시가총액이 유럽 주요국들의 GDP에 맞먹는 수준이지만 그에 걸맞은 사회적 책임을 다하지 않고 있다며 공개적으로 비판한 바 있다.

이들은 단순히 미국 시장에서만 득세하고 있는 것이 아니다. 온 세계를 무대로 휘젓고 있다. 세계 지도를 놓고 경쟁자들과 땅따먹기 하듯 그렇게 세를 확장하고 있다. 이들이 제공하는 서비스는 인터넷 기반 서비스이기 때문에 서비스 제공 지역에 경계가 없다. 이용자들은 책상 앞에 앉아 전 세계 콘텐츠를 소비하고 다양한 플랫폼에 자유롭게 접근할 수 있다. 국내 사업자들은 국내 시장에서 제한된 사업자들과만 경쟁하는 것이 아니라 이러한 거대 글로벌 기업들과 경쟁하고 있는 것이다. '글로벌 전략'에 대한 체감 온도는 국내 기업과 글로벌 기업들에는 사뭇 다를 수밖에 없다.

유튜브의 성장에 대해서는 앞서 소개하기도 했는데, 숫자로 보는 유튜브는 더욱 강력하다. 91개국에 진출해 80개 언어로 서비스를 제공하고 있다(이명지, 2018). 매일 10억 시간에 달하는 동영상이 재생되며, 1분마다 400시간이 넘는 새로운 동영상들이 업로드되고 있다. 특히 로그인 한 채 서비스를 즐기는 이용자들이 전 세계에 18억 명이나 있다(Statista, 2018c). 유튜브는 최근 국내 시장에서도 가파른 성장세를 보이며 모든 모바일 애플리케이션을 통틀어 가장 오래 사용한 애플리케이션으로 등극했다. 심지어 50대 이상이 가장 오래 사용한 애플리케이션이기도 하다. 50대 이상은 10대에 이어 유튜브 애플

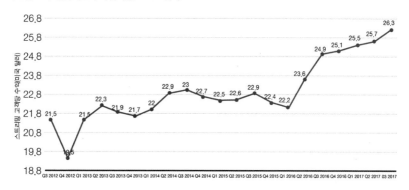

〈그림 1-9〉 넷플릭스의 가입자당 ARPU 변화

자료: Statista(2017).

리케이션을 가장 많이 사용했으며, 이는 20~40대 연령보다도 높은 이용량이었다(와이즈앱, 2018.12.11). 흥미로운 것은 이러한 경향이 당분간 지속될 것이라는 점이다. 한 조사 결과에 따르면, 1년 전 대비 유튜브, 인스타그램 등의 서비스 이용이 증가했다고 응답한 비율이 각각 54.4%, 33.6%였는데, 향후 유튜브, 인스타그램, 페이스북 등의 서비스 이용량 증가가 예상된다고 응답한 비율은 각각 73.8%, 59.6%, 51.4%로 나타나는 등 국내 시장에서의 유튜브 천하는 당분간 계속될 전망이다(오픈서베이, 2019). 물론 유튜브를 통한 가짜 뉴스 유통과 무분별하게 업로드되는 정치뉴스 소비는 이용자들의 이념적 편향성을 극대화시킨다는 우려도 존재한다. 구글이 국내 시장에서 본격적으로 뉴스 서비스를 시작한 것 역시 주의 깊게 지켜볼 이슈 중 하나다. 관련한 내용은 4장과 5장을 참조하기 바란다.

넷플릭스는 동영상 시장의 또 다른 강자다. 유튜브가 UGC User Generated Content로 성장했다면, 넷플릭스는 RMC Ready Made Content가 주 무기다. 전 세계 1억 4000만 명의 가입자가 매달 평균 10달러의 요금을 내고 있다. 〈그림 1-9〉은 넷플릭스의 가입자당 ARPU Average Revenue Per User 증감 추이를 나타낸 그래

프이다. 꾸준히 우상향하는 모습을 확인할 수 있다. 넷플릭스는 최근 LG U+ 와의 제휴를 통해 국내 방송 시장에 본격적으로 진출했다. 토종 OTTOver The Top 사업자와의 경쟁이 한동안 언론의 화두였다. 이처럼 서비스 제공 지역에 경계가 사라지면서 사업자들은 서비스 제공 위치에 상관없이 무한 경쟁해야 하는 시대가 왔다. 동영상 시장에 대한 더 자세한 논의는 3장을 참조하기 바란다.

한편 앞서 소개했던 갤러웨이의 입장처럼, 글로벌 IT 기업들은 전 세계를 무대로 수익을 창출하고 있으나 그에 걸맞은 책임을 다하지 않는다는 비판을 받고 있다. 특히 '합법적 탈세'를 통해 막대한 부를 만들어내고 있어 이에 대한 국제사회의 대응이 진행 중이다. 국내에서는 국내 사업자와 글로벌 사업자들의 역차별 논쟁이 연일 뜨겁다. 공정한 경쟁을 위해 형평성과 실효성이 담보된 규제와 정책 마련이 시급하다. 관련 논의는 9장에서 더 확인할 수 있다.

창작자와 이용자의 경계는 어떻게 사라지고 있는가

2018년 5월, 웹툰 불법 유통 사이트 '밤토끼' 운영자가 검거됐다. 네이버웹툰, 레진코믹스, 투믹스 등 웹툰 플랫폼을 운영하는 주요 사업자들은 손해배상을 요구했고 법원은 사업자의 손을 들어줬다. 불법 유통으로 인한 피해액만 2400억 원 규모로 알려졌다. 웹툰을 미끼로 불법 사이트가 운영될 정도로 웹툰은 대중 콘텐츠로 성장했다. 웹툰 이용자의 36.8%는 유료 웹툰도 본다는 조사결과도 이를 뒷받침한다(김경진, 2018).

웹툰은 웹web과 카툰cartoon의 합성어로 인터넷 환경에서 소비하는 만화 콘텐츠를 의미한다. 인터넷 플랫폼 환경에 맞게 기획, 제작, 유통이 이루어지는 것이 가장 큰 특징이라고 할 수 있다. 웹툰은 단순히 온라인상에서 만화 콘텐츠를 소비할 수 있다는 특성 이상의 의미를 지닌다. 웹툰을 통해 창작자와 이용자의 경계가 보다 극적으로 허물어지고 있기 때문이다. 기본적으로 무료 모델인 웹툰 산업의 규모를 파악하는 데는 한계가 있다. 하지만 연구자들은 다양한 접근 방식을 활용해 웹툰 산업의 시장 규모를 추정해 왔다. 추정 방식에 따라 상이한 결과가 도출됐지만, 고부가가치 콘텐츠 산업이며 성장 가능성이 높은 발전 초기 단계라는 데 동의했다.

웹툰이 하나의 산업으로 성장해 감에 따라 생태계 내에 새로운 참여자들이 등장하게 됐으며, 각자의 역할 분담이 보다 명확해졌다. 에이전시는 웹툰 작가들의 지적재산권을 관리하며 2차 저작물 제작을 관리하거나 광고 판매를 결정한다. 에이전시의 등장은 창작자들의 성장을 대변한다. 창작자들이 웹툰 창작을 취미 이상의 직업으로 삼을 수 있는 구조가 만들어지면서 이들의 계약을 관리하는 주체가 등장하게 된 것이다.

2013년, 네이버는 창작자들의 수익 다각화를 위해 PPS Page Profit Share 프로그램을 도입한다. 웹툰 페이지에서 나온 수익을 창작자와 나누겠다는 취지로, 프로그램은 광고 판매와 콘텐츠 유료 판매 등으로 구성된다. 〈그림 1-10〉은 PPS 프로그램의 종류를 나타낸 것이다. 웹툰은 무료 기반의 서비스지만 콘텐츠 유료 판매, 광고 상품 판매, 2차 저작물 제작 등을 통해 매출을 창출하고 있다.

인터넷 플랫폼의 등장은 이용자들에게 콘텐츠를 직접 생산하고 판매할 수 있는 기회를 제공하기 시작했다. 소수의 전문가, 거대 유통권력이 잡고 있던 콘텐츠 생산의 주도권이 무너지기 시작한 것이다. 그 출발은 유튜브였다. 이용자들은 본인이 제작한 콘텐츠를 업로드하고 인기를 얻게 되면 광고 수익까지 얻을 수 있었다. 하지만 광고 수익을 나눠 갖는 '유튜브 파트너 프로그램'에 들어가기 위해서는 최근 1년간 4000시간 이상의 전체 시청시간, 1000명

〈그림 1-10〉 네이버웹툰 PPS 종류

네이버 웹툰 PPS의 종류

1 텍스트형 광고

카테고리, 키워드 매칭 방식을 통해 작품 내용과
관련 있는 상품을 페이지 하단에 텍스트로 노출

2 이미지형 광고

웹툰 캐릭터가 브랜드를 홍보해주는 방식으로,
페이지 하단 영역에 노출

3 콘텐츠 유료 판매

특정 회차 이상부터 콘텐츠를 유료로 제공

4 PPL(간접광고)

작품 내용 안에 상품 브랜드가 자연스럽게
노출되는 간접 광고 상품

자료: 네이버레터(2015.2.13).

〈그림 1-11〉 인터넷 기반 플랫폼의 포지셔닝 맵

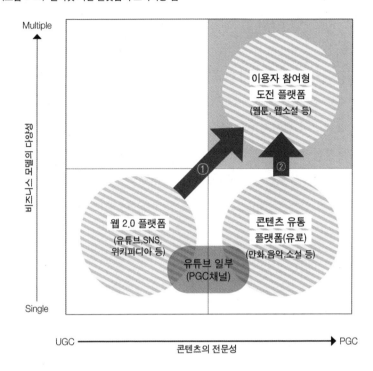

자료: 네이버레터(2015.2.13).

이상의 구독자를 보유해야 하는 등 까다로운 조건이 붙었다. 창작자 간 부익
부 빈익빈이 심화될 수 있는 구조인 셈이다. 또한 광고 수익이라는 하나의 수
입원에만 의존해야 한다는 한계도 지니고 있다.

〈그림 1-11〉는 인터넷 기반 플랫폼을 비즈니스 모델의 다양성, 콘텐츠의
전문성에 따라 구분해 나타낸 것이다. 네이버웹툰은 2004년 서비스 출시 이
후 2006년 도전만화 코너를, 2008년 베스트도전 코너를 신설하며 이용자들
이 웹툰 생태계에 창작자로 참여할 수 있는 장치를 만들었다(김영규 외, 2016).
이용자 참여형 도전 플랫폼은 네이버 ID만 있으면 누구나 웹툰 창작자의 꿈

을 가질 수 있게 했다. 특히 PPS 프로그램 운영을 통해 경쟁력 있는 창작물을 생산하는 이용자들이라면 누구나 전문 창작자로서 보상받을 수 있는 시스템을 구축했다.

웹툰이 국내 시장에 국한된 콘텐츠 산업이 아니라는 점 역시 이용자들에게 생산 주체로 참여할 유인을 제공한다. 네이버웹툰 4000만 명, 레진코믹스 1000만 명, 카카오페이지 1500만 명, 코미코 2600만 명 등 한국에서 만들어진 웹툰 플랫폼의 콘텐츠를 즐기는 이용자가 전 세계적으로 1억 명에 이른다 (조희영·유태양·오찬종, 2017). 웹툰이 새로운 형태의 한류 콘텐츠 플랫폼으로 성장해 나가고 있는 것이다. 시장 확장은 창작자들에게 또 다른 가능성을 열어주고 있다.

온라인과 오프라인의 경계는 어떻게 사라지고 있는가

이용자들은 정보 검색을 위해 인터넷을 이용한다. 주로 이용하는 정보는 쇼핑, 생활 정보, 영화 등의 순서로 나타났다. 이는 성별에 따라 그리고 연령에 따라 차이를 보인다. 여성의 경우 쇼핑(59.8%)이 생활 정보(51%)보다 더 많은 비중을 차지하고 있었다. 남성은 생활 정보(48.9%), 영화(46.3%), 쇼핑(44.7%) 순서였다. 이는 20~30대에서도 비슷한 양상을 보였는데, 30대의 경우, 쇼핑(57%), 생활 정보(55.6%), 영화(37.4%) 순서로 정보를 소비하고 있었다(나스미디어, 2019).

이용자들의 인터넷 이용 행태에서 나타나듯, 온라인 쇼핑 시장은 빠르게 성장하고 있다. 통계청 자료에 따르면 2019년 1월 기준, 온라인 쇼핑 거래액은 10조 7000억 원 규모로 전년 대비 17.9% 증가했다. 2018년 전체 거래액은 약 100조 원 규모로, 2013년부터 최근 5년간 연평균성장률은 약 20%에 이른

〈그림 1-12〉 온라인 쇼핑 중 모바일 쇼핑 거래액 비중 변화

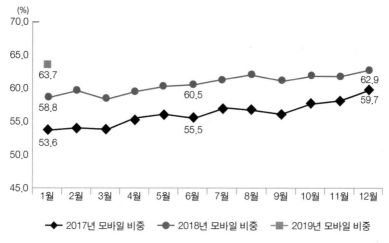

자료: 통계청(2019).

다(임형채·유정아, 2018). 이 중 모바일 쇼핑 비중은 63.7%로 6조 8000억 원 규모다. 모바일 쇼핑 거래액은 27.7% 증가했다. 〈그림 1-12〉은 온라인 쇼핑 거래액 중 모바일 쇼핑 거래액 비중의 변화를 나타낸 것이다. 개인화된 모바일 미디어의 성장을 여기서도 확인할 수 있다.

온라인 쇼핑 시장의 성장은 간편결제 시장의 성장을 견인하고 있다. 온라인 쇼핑 사업자들은 이용자 편의를 극대화하기 위해 각자의 간편결제 서비스를 출시하고 있다. 번거롭고 복잡했던 결제 과정을 단순화해 이용자의 충성도loyalty를 높이고자 했으며, 동시에 플랫폼 잠금lock-in 효과를 기대할 수 있게 됐다. 삼성전자(삼성페이), 네이버(네이버페이), 카카오(카카오페이), NHN엔터(페이코), 신세계(SSG페이), 롯데(L페이) 등 다수의 사업자가 간편결제 서비스를 출시했다. 2018년 2분기 기준, 간편결제 서비스 이용실적은 일평균 363만 건, 1174억 원 규모다(〈그림 1-13〉 참조). 이는 전분기 대비 26%, 17.4% 성장한 수치다. 대체로 유통, 제조회사가 제공하는 오프라인 간편결제를 중심으

〈그림 1-13〉 간편결제 이용 건수와 이용 금액 변화

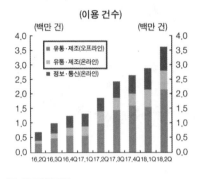
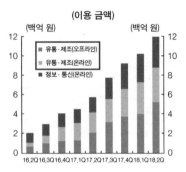

자료: 한국은행(2018).

로 시장이 확대되고 있는 모습이다.

쇼핑은 오프라인 매장에 들러 제품을 눈으로 확인하고 구매하는 행위를 의미했다. 하지만 인터넷은 쇼핑의 개념마저 바꿔 놓았다. 다수의 소상공인들이 온라인 쇼핑몰에 입점했고, 이용자들은 오프라인에서 제품을 확인하고 온라인에서 가격을 비교해 가장 싼 가격에 제품을 구매하게 됐다. 쇼루밍show-rooming족의 쇼핑 패턴이다. 이들에게 오프라인 매장은 온라인 쇼핑몰의 전시장 정도의 의미였다. 하지만 몇 년 전부터 역쇼루밍reverse showrooming 행동이 증가하며 온오프라인의 경계가 사라지는 모습들이 나타났다. 역쇼루밍은 온라인에서 제품에 대한 정보를 확인하고 상품을 비교한 뒤 오프라인 매장에서 구매하는 행위를 말한다. 이들의 패턴은 크게 온라인 구매 기피, 충동구매, 가격 역전, 오프라인 롱테일 등으로 구분된다(김민희, 2014). 이때 오프라인 롱테일형은 온라인에서 얻을 수 없는 정보를 오프라인에서 얻을 수 있기 때문에 오프라인 구매를 선호한다.

온라인 기업들은 이러한 변화에 대응해 역으로 오프라인 시장에 침투하기 시작했다. 이용자들에게 제품과 함께 경험을 팔기 시작한 것이다. 아마존의

'아마존 고', '아마존 북스', 스타일난다의 플래그십 스토어 등이 대표적이다. 물론 온라인과 오프라인의 경계가 사라지게 되면서 쇼핑 플랫폼 시장은 대형 사업자들의 전쟁터가 됐다. 국내 온라인 쇼핑 시장은 G마켓, 옥션 등의 모기업인 이베이코리아가 선점하고 있으며, 글로벌 사업자인 아마존 역시 한국 시장 진출을 호시탐탐 노리고 있다. 쇼핑 시장에도 로컬 서비스와 글로벌 서비스의 경계가 사라지고 있는 것이다. 온라인 쇼핑과 간편결제 시장에 대한 좀 더 자세한 논의는 7장과 8장에서 이어진다.

산업의 경계는 어떻게 사라지고 있는가

2019년 3월, 카풀 서비스를 둘러싸고 택시 업계와 카카오의 갈등은 극에 달했다. 카풀 운행시간 제한, 택시 노동자의 월급제 시행, 초고령 운전자 개인택시 감차 등의 합의안을 바탕으로 이들의 갈등이 일단락되는 듯 보였다. 하지만 여전히 산적한 숙제가 많다. 갈등을 중재하는 과정에서 보여준 정책의 한계와 인식의 문제도 풀리지 않은 갈등 고리로 남았다. 정부와 국회의 접근방식이 여전히 전통산업 위주의 사고를 보이고 있기 때문이다. 신산업을 전통산업의 울타리 안에 끼워 맞추려는 모습들만이 목격됐다.

미국의 대표적인 차량 공유 서비스인 우버는 이미 기업가치 측면에서 자동차제조업체를 넘어섰다. 미국의 대표 완성차업체인 포드와 GM을 넘어선 것이다(〈그림 1-14〉 참조). 우버는 계속 성장 중이다. 2018년 10월에는 GM과 포드, 피아트크라이슬러FCA의 기업가치를 모두 더한 것보다 우버의 기업가치가 더 높은 것으로 평가됐다. 음식배달 서비스인 '우버 이츠', 중국과 싱가포르 차량 공유 업체의 지분 보유, 자율주행 기술력 등에 대한 포괄적 평가 덕분이다.

〈그림 1-14〉 포드, GM, 우버의 기업가치 변화

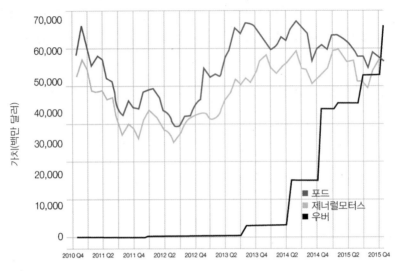

자료: Chen(2015).

공유경제 시장은 2013년 150억 달러 규모에서 2025년 3350억 달러 규모로
폭발적 성장을 할 것으로 예상된다(손선희, 2018). 공유경제는 서비스를 기반
으로 한 스타트업들이 시장을 선도하고 있다. 이들은 끊임없이 도전한다. 우
버의 자율주행차량 사업부인 어드밴스드 테크놀로지그룹ATG은 소프트뱅크
와 토요타로부터 약 10억 달러의 투자를 유치했다. 무인택시 시장에도 진출
하겠다는 우버의 포부에서 볼 수 있듯, 산업의 경계는 이미 무너지고 있다.

자율주행차 시장은 자동차 산업과 IT 산업이 만나 새로운 가치를 창출하고
있는 영역 중 하나다. 2030년, 운전자가 수동과 자동 모드를 선택할 수 있는
단계인 레벨3 이상의 비중은 전체 자율주행차 중 62%까지 확대될 것으로 예
상된다(〈그림 1-15〉 참조). 레벨3 단계는 부분적인 자율주행이지만 기술적으
로는 차량 내 모든 제어기능이 자동화된다(이종욱·임은영, 2019).

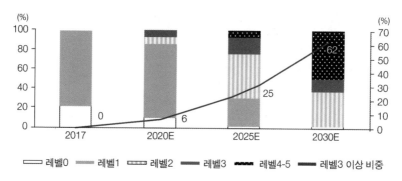

〈그림 1-15〉 레벨별 자율주행차 비중 전망

범례: 레벨0　레벨1　레벨2　레벨3　레벨4-5　레벨3 이상 비중

자료: 이종욱·임은영(2019).

　자율주행차 시장에는 완성차업체 외에도 글로벌 플랫폼 사업자들이 대거 활약하고 있다. 2009년 구글이 자율주행차 개념을 발표한 이후 10년이 흘렀다. 구글은 111대의 자율주행차로 총 127만 마일을 운행했다. 미국 캘리포니아주 내에서 자율주행을 시험 중인 사업자 중 가장 긴 거리를 운행한 것이다(정철환, 2019). 기술 성숙도 측면에서도 우수한 평가를 받고 있다. 구글뿐 아니라 애플, 우버 등의 사업자들도 시장에 참여해 다양한 실험을 이어가고 있다. 중국의 바이두 역시 자체 자율주행 플랫폼인 '아폴로 엔터프라이즈'를 발표하는 등 미국과 중국 기업들의 공세가 무섭다. 국내 기업들 역시 자율주행차 연합을 구성하며 관련 기술 개발에 매진하고 있다. 현대기아자동차와 같은 완성차업체, 통신사를 비롯해 LG전자, 네이버 등도 주요 이해관계자로 시장에 참여한다.

　자율주행차 시장은 IT와 제조업의 만남 이상의 가치를 지닌다. 미디어 영역에 미칠 변화 역시 무궁무진하다. 차량용 인포테인먼트 시스템은 또 다른 형태의 미디어로 작동하게 될 것이다. 자율주행차는 미디어 공간으로 재탄생하는 것이다. 운전대를 놓은 손이 어떤 콘텐츠 플랫폼으로 향할지 기대된다.

인터넷을 기반으로 한 '경계' 허물기가 어디까지 계속될지, 우리 삶에 가져올 근본적 변화는 무엇인지 즐거운 시선으로 지켜봐야 하겠다. 물론 건강한 융합을 위해서는 생태계에 참여하는 모든 이해관계자들이 서로 소통하며 시너지를 내야 한다는 기본 전제가 충족되어야 한다.

참 고 문 헌

과학기술정보통신부·한국전자정보통신산업진흥회. 2018. 『정보통신기술산업(ICT) 통계』.
김경진. 2018.4.13. "[ONE SHOT] 웹툰 전성시대. 10명 중 4명, '유료여도 봐요'". ≪중앙일보≫. https://news.joins.com/article/22532508
김민희. 2014.11.19. "쇼루밍 & 리버스 쇼루밍 트렌드: 유통업계 온·오프라인 시너지 살려야". ≪LG Business Insight≫.
김영규·신지만·김정환·심상아. 2016. 「끊임없이 도전하는 기업가정신의 장(場), 네이버: 웹툰이라는 새로운 생태계를 만들다」. ≪Asan Entrepreneurship Review≫, 2, p.10.
나스미디어. 2019. 「2019 인터넷 이용자 조사」.
네이버레터. 2015.2.13. "이용자 참여형 도전 플랫폼의 가치". https://nter.naver.com/index.php?&vid=naverletter&mid=textyle&act=dispTextyle&search_target=title_content&search_keyword=%EC%9B%B9%ED%88%B0&x=11&y=5&document_srl=32831
_____. 2015.4.10. "자국 검색엔진의 가치". https://nter.naver.com/index.php?&vid=naverletter&mid=textyle&act=dispTextyle&search_target=title_content&search_keyword=%EC%9E%90%EA%B5%AD+%EA%B2%80%EC%83%89&x=0&y=0&document_srl=44197
손선희. 2018.1.23. "[공유경제 시대①] 올림픽 날개 달고 '新경제체제' 대세 군하나". ≪아시아경제≫. http://www.asiae.co.kr/news/view.htm?idxno=2018012311093807298
오픈서베이. 2019. 「소셜미디어와 검색 포털에 관한 리포트」.
와이즈앱. 2018.3.7. "YouTube 2년간 3배 이상 성장. 카카오톡, 네이버, FACEBOOK은 정체". https://m.post.naver.com/viewer/postView.nhn?volumeNo=13607223&memberNo=32291422
_____. 2018.12.11. "유튜브, 전 연령에서 가장 오래 사용하는 앱으로 조사돼". https://m.post.naver.com/viewer/postView.nhn?volumeNo=17290903&memberNo=32291422
이명지. 2018.11.21. "Z세대와 함께 크는 유튜브, 검색시장마저 '위협'". ≪한국경제매거진≫. http://magazine.hankyung.com/business/apps/news?popup=0&nid=01&nkey=2018111901199000201&mode=sub_view

이종욱·임은영. 2019. "2019년 CES탐방 후기: Invisible to visible". 삼성증권.

이혜미. 2019. "2018년 총광고비 분석과 2019년 전망". ≪제일기획 매거진≫, 3월호. http://magazine.cheil.com/36948

임정환. 2017.11.07. "〈ICT & Science〉 모바일 사용자, 검색·쇼핑, 포털보다 '앱' 통한다". ≪문화일보≫. http://www.munhwa.com/news/view.html?no=2017110701031803018001

임형채·유정아. 2018. "온라인쇼핑 성장이 택배산업에 미치는 영향에 관한 고찰". ≪우정정보≫, 여름, 1~13쪽.

정철환. 2019.3.21. "[Tech & Biz] 오류 없이 1만7950km 자율주행. 압도적 기술력 뽐낸 구글 웨이모". ≪조선일보≫. http://biz.chosun.com/site/data/html_dir/2019/03/20/2019032004015.html?utm_source=naver&utm_medium=original&utm_campaign=biz

조희영·유태양·오찬종. 2017.11.12. "모바일로 보는 K웹툰. 글로벌 시장서 벌써 1억명 '환호'". ≪매일경제≫. http://news.mk.co.kr/newsRead.php?year=2017&no=749674

통계청. 2019. 「2019년 1월 온라인쇼핑 동향」. http://kostat.go.kr/portal/korea/kor_nw/1/12/1/ index.board?bmode=read&aSeq=373472

한국은행. 2018. 「2018년 2/4분기중 전자지급서비스 이용 현황」. https://www.bok.or.kr/portal/bbs/ P0000559/view.do?nttId=10047262&menuNo=200690&pageIndex=1

Chen, L.. 2015.12.4. "At $68 billion valuation, Uber will be bigger than GM, Ford, and Honda." *Forbes*. https://www.forbes.com/sites/liyanchen/2015/12/04/at-68-billion-val u ation-uber-will-be-bigger-than-gm-ford-and-honda/#5301585632e3

eMarketer. 2018. Net digital ad revenue share worldwide, by company, 2016-2020.

Galloway, S. 2017. *The four: The hidden DNA of Amazon, Apple, Facebook, and Google*. NY: Random House.

Iansiti, M. and R. Levien, 2004. *The Keystone Advantage: What the New Dynamics of Business Ecosystems Mean for Strategy, Innovation, and Sustainability*. Massachusetts: Harvard Business School Press.

PwC. 2018a. "IAB internet advertising revenue report: 2017 full year results."

_____. 2018b. "IAB internet advertising revenue report: 2018 first six months results."

Statista. 2017. "Netflix's average revenue per streaming customer worldwide from 3rd quarter 2012 to 3rd quarter 2017."

_____. 2018a. "Digital Media Report 2019."

_____. 2018b. "Market capitalization of the largest internet companies worldwide as of May 2018."

_____. 2018c. "Number of monthly logged-in YouTube veiwers worldwide as of May 2018."

_____. 2018d. "Worldwide desktop market share of leading search engines from January 2010 to October 2018."

02 인터넷 광고의 현황과 전망

최세정

인터넷이 없는 삶은 이제 상상이 불가능할 정도로 인터넷은 우리 생활의 중요한 일부이며 우리는 인터넷을 통해 많은 서비스를 이용한다. 다른 미디어를 이용할 때와 마찬가지로 우리는 인터넷을 기반으로 한 많은 서비스와 콘텐츠를 이용하면서 광고를 접한다. 필요한 제품을 검색할 때, 관심 있는 뉴스를 읽을 때, 흥미로운 동영상을 시청할 때, 좋아하는 웹툰을 볼 때, 소셜미디어에서 친구들의 소식을 확인할 때, 게임을 할 때 등 인터넷 환경에서 우리는 많은 광고에 노출되고 있다. 인터넷이 진화하듯이 우리가 접하는 인터넷 광고도 진화하고 있다. 인터넷 광고는 대체로 광고를 싫어하고 회피하려는 소비자들을 대상으로 어떻게 변화하고 있으며 미래에는 어떻게 변화해야 할까? 이 장에서는 인터넷 광고의 현황 및 주요 경향과 함께 관련 쟁점을 들여다보고 인터넷 광고의 진화 방향에 대해 생각해 보고자 한다.

인터넷 광고는 성장하고 있는가

인터넷 광고의 성장은 꾸준히 이어져 왔지만 최근 두드러진다. 정체되어 있는 레거시 미디어에 비해 인터넷 기반 미디어와 플랫폼들은 급성장했으며 특히 모바일을 중심으로 전체 미디어 환경이 재편되고 있다고 해도 과언이 아니다. 변화된 미디어 환경은 광고비에 즉각적으로 반영되고 있다. 제일기

<표 2-1> 국내 미디어별 광고비

구분	매체	광고비(억 원)			성장률(%)	
		2017년	2018년	2019년	2018년	2019년(F)
방송	지상파 TV	15,313	14,425	14,700	-5.8	1.9
	라디오	2,777	2,503	2,480	-9.9	-0.9
	케이블/종편	18,455	19,632	20,524	6.4	4.5
	IPTV	994	1,163	1,307	17.0	12.4
	위성, DMB 등 기타	2,003	1,913	1,842	-4.5	-3.7
	방송 계	39,542	39,636	40,854	0.2	3.1
인쇄	신문	14,370	14,294	14,250	-0.5	-0.3
	잡지	3,437	3,082	2,900	-10.3	-5.9
	인쇄 계	17,807	17,376	17,150	-2.4	-1.3
디지털	PC	16,245	15,924	15,660	-2.0	-1.7
	모바일	22,157	28,011	33,260	26.4	18.7
	디지털 계	38,402	43,935	48,920	14.4	11.3
OOH	옥외	3,392	3,255	3,400	-0.4	4.5
	극장	2,280	2,213	2,300	-2.9	3.9
	교통	4,352	4,874	5,000	12.0	2.6
	OOH 계	10,024	10,342	10,700	3.2	3.5
제작		6,072	5,731	6,075	-5.6	6.0
총계		111,847	117,020	123,699	4.6	5.7

자료: 강은영(2019).

획(2019)이 발표한 「대한민국 광고비 결산보고서」에 의하면 국내 모바일 광고비는 2017년 최초로 2조 원을 넘어서며 성장했으며 처음으로 국내 미디어별 광고비 순위 1위를 기록했다. 모바일 광고의 급격한 성장세는 2018년에도 이어져 전년 대비 26.4%의 성장률을 달성하며 2년 연속으로 광고비 점유율 1위를 차지했다. 특히 2018년에는 PC와 모바일을 합한 인터넷 광고비가 전년 대비 14.4% 성장하며 최초로 4조 원을 돌파했고 사상 처음으로 TV와 라디오를 합친 방송 광고비를 추월했다.

이러한 인터넷 광고의 성장 원동력은 무엇일까? 바로 스마트폰 등 모바일 기기의 일상화다. 미디어 기업들의 주요 비즈니스 모델은 구독료와 광고다.

둘 중 하나를 이용하기도 하고 둘의 융합인 양면 시장 모델을 이용하기도 한다. 양면 시장 모델은 동일한 미디어 혹은 플랫폼을 통해 두 개의 다른 고객 집단들에게 동시에 가치를 제공하여 수익을 창출하는데, 그 가치는 두 집단 서로에게 의존적이고 상호작용으로 결정된다. 즉 미디어는 이용자와 광고주 집단으로부터 각각 구독료와 광고비의 수익을 얻을 수 있다. 이용자 기반이 확대되면 구독료를 통한 수익이 증가할 뿐 아니라 광고 미디어로서 영향력과 매력이 증대되기 때문에 광고비 수익도 증가한다. 콘텐츠 혹은 서비스와 광고를 각각 동시에 판매하는 이중 상품 시장에서 미디어의 콘텐츠 혹은 서비스의 이용자 수는 구독료를 결정하고, 광고주의 입장에서 이용자 수는 광고의 노출량과 영향력의 기반이기 때문에 광고 가격과 양을 결정한다. 물론 단순 이용자 수 외에도 이용자들의 인구통계학적, 심리학적 특성 등도 광고의 주요 기준이 되기는 하지만 충분한 이용자들이 있을 때 광고 전달 범위가 확보되기 때문에 이용자 수는 가장 중요한 고려사항이다. 모바일 중심의 인터넷 미디어의 성장과 다양한 플랫폼의 증가는 이용자 수뿐 아니라 이용량의 폭발적인 증가를 가져왔으며 광고 미디어로서의 가치를 증대시켰다. 인터넷 광고의 성장은 당연한 결과다.

인터넷 광고의 주요 유형은 무엇인가

인터넷 광고의 역사는 1994년, 최초의 상업 웹매거진인 ≪핫와이어드 HotWired≫에 세계 최초로 AT&T의 배너 광고가 게재되면서 시작되었다. 인터넷 광고란 넓은 의미로 인터넷을 기반으로 한 모든 미디어와 플랫폼을 통해 소비자들에게 제품과 서비스에 대해 알리는 상업적 성격의 메시지를 전달하는 모든 광고를 포함한다. 최근 모바일의 급성장과 함께 모바일 광고를 포함

<그림 2-1> 국내 온라인 광고 유형별 점유율

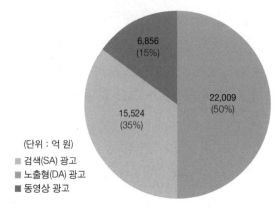

자료: 목영도(2018).

하여 온라인 광고라고 칭하는 경우가 많으며, 다양한 디지털 미디어를 기반으로 하는 광고까지 포함하여 보다 포괄적인 의미의 디지털 광고로 부르기도 한다. 인터넷 광고는 크게 노출형 광고와 검색형 광고로 나뉘어져 왔는데 최근에는 온라인 동영상 광고가 급성장하며 주목받고 있다. 국내 온라인 광고 유형별 점유율은 노출형, 검색형, 동영상 광고 순서이다.

　최초의 인터넷 광고는 배너 광고banner ad로 노출형 광고(디스플레이 광고)display ad: DA의 대표적 형태다. 배너 광고는 규격화된 크기의 직사각형 혹은 정사각형 모양으로 웹사이트의 정해진 위치에 노출된다. 소비자가 배너를 클릭하면 연결된 광고주 사이트로 이동하고 여기서 소비자는 구체적인 제품 정보와 서비스를 제공받을 수 있다. 초기 배너 광고는 단순한 그래픽과 텍스트로 이루어졌지만 인터넷 속도의 개선과 함께 멀티미디어를 구현하는 리치미디어 광고rich media ad로 진화했다. 최근의 배너 광고는 플래시Flash, 자바Java, 스트리밍Streaming 등의 기법을 이용해 비디오, 오디오, 애니메이션 등을 활용하여 더 주목을 끄는 다양한 형태의 광고로 변화했다. 노출의 방법도 다양화되어 새로운 웹브라우저 창을 열어 원래 이용하고 있던 브라우저 창 위에 나타나는 팝업pop-up 광고, 원래의 브라우저 창 아래에 새로운 창을 띄워 광고를 보여주는 팝언더pop-under 광고, 원래의 브라우저 창에 겹쳐서 노출되는 플로팅floating 혹은 오버레이overlay 광고도 등장했다. 노출형 광고는 광고 주목도를 높이기 위해 소비자의 반응을 유도하는 형태로서 광고 위로 마우스를 가져가면 오디오나 비디오가 재생되거나, 광고 화면이 확대되거나, 광고 화면 내에서 게임, 퀴즈, 구매를 할 수 있도록 하는 상호작용을 강화하기도 한다.

노출형 광고와 달리 검색형 광고는 소비자의 능동적 행위인 검색을 기반으로 제공된다는 점에서 차별화된다. 인터넷은 정보의 바다라고 불리며 우리는 인터넷을 통해 필요한 정보를 원할 때 바로 찾아서 얻을 수 있다. 네이버, 다음, 네이트, 구글 등 다양한 검색엔진이나 포털을 통해 원하는 검색어를 입력하고 검색을 요청하면 검색 결과가 제공된다. 이러한 검색 결과는 크게 자연검색 결과natural/organic search results/listings와 유료검색 결과sponsored/paid search results/ listings로 나뉜다. 자연검색 결과는 검색엔진의 알고리즘에 의해 제공된 관련 정보와 콘텐츠를 의미하는 반면, 유료검색 결과는 광고주가 보통 실시간 비딩bidding을 통해 사전에 구매한 검색어에 광고문구나 링크를 등록하여 보여주는 검색 광고를 의미한다. 검색 광고를 클릭하면 광고주의 제품 혹은 서비스 사이트로 연결된다.

검색 광고의 장점은 소비자가 원하거나 필요로 하는 정보를 제공한다는 것이다. 즉 소비자가 자발적으로 검색할 때 검색어를 통해 유추할 수 있는 관심사나 필요를 즉각적으로 반영하여 관련 제품이나 서비스 정보를 제공한다. 노출형 광고와 비교하여 보다 정확하게 소비자의 관심과 필요를 파악하고 관련성 높은 정보를 즉시 제시하기 때문에 검색 광고는 소비자로부터 대체로 긍정적인 반응을 유도하며 추가 정보 탐색이나 구매 등 적극적인 행동을 이끌어낼 수 있다.

〈그림 2-2〉 온라인 광고 유형 선호 순위

자료: 한국인터넷진흥원(2018).

　　최근 급격하게 성장하며 높은 관심을 받는 인터넷 광고는 동영상 광고다. 인터넷 미디어 이용 행태가 동영상 중심으로 변화하면서 소비자가 원하는 동영상 콘텐츠를 시청할 때 노출되는 동영상 광고도 증가하고 있다. 특히 최근 OTTover-the-top 이용의 확산과 페이스북, 인스타그램 등 소셜미디어의 동영상 광고상품 개발은 온라인 동영상 광고의 성장을 가속화하고 있다. 유튜브, 네이버TV, 옥수수 등 주요 온라인 동영상 플랫폼들의 동영상 광고는 노출 시점에 따라서 요청한 동영상 시청 전에 보게 되는 프리롤 광고pre-roll ad, 동영상 시청 중간에 나타나는 미드롤 광고mid-roll ad, 동영상이 종료된 직후 삽입된 포스트롤 혹은 앤드롤 광고post-roll/end-roll ad로 구분된다.

　　가장 보편적인 형태의 온라인 동영상 광고는 프리롤 광고로서 동영상을 시청하기 위해서는 강제로 볼 수밖에 없기 때문에 광고주 입장에서는 노출이 보장된다는 장점이 있다. 하지만 소비자 입장에서는 원하지 않는 광고를 봐야 한다는 불편함이 있다. 이를 보완하기 위해 대부분의 온라인 동영상 플랫폼들은 소비자가 프리롤 광고에 노출될 때 일정 시간이 지나면 광고 시청 여부를 스스로 선택할 수 있도록 한다. 즉 건너뛰기skip 버튼을 클릭해서 광고를

〈그림 2-3〉 국내 온라인 동영상 광고비 점유율

(단위: %)

자료: 박준우(2018).

더 이상 보지 않고 동영상을 시청하거나 광고에 관심이 있으면 계속해서 광고를 시청하고 나아가 광고를 클릭하여 바로 제품 혹은 서비스 사이트로 이동할 수 있다. 국내 온라인 동영상 광고 매출은 유튜브와 페이스북이 1, 2위를 차지하고 있다.

인터넷 광고는 기술의 발달과 함께 어떻게 진화하고 있는가

제4차 산업 시대의 도래와 함께 빅데이터, 사물인터넷, 인공지능, 알고리즘 등 다양한 기술이 일상에 가져오는 변화에 대한 관심이 증대되고 있다. 광고도 예외는 아니다. 다양한 기술의 발전은 광고 진화의 원동력이 되고 있다. 미래의 광고를 전망할 때 자주 인용되던 2002년에 개봉한 SF영화 〈마이너리티 리포트Minority Report〉는 가상의 미래 세계에서 주인공 톰 크루즈Tom Cruise가

경험하는 광고를 보여준다. 영화에서 톰 크루즈는 누명을 쓰고 도주하던 중 쇼핑몰 벽면에 설치된 디지털 스크린의 광고가 자신을 인지하고 이름을 부르며 맞춤형 메시지를 전달할 때 위협을 느끼며, 신분을 위장하기 위해 다른 사람의 홍채를 이식한 후 들른 의류 매장에서는 자신이 아닌 홍채의 원래 주인의 개인정보와 구매 이력을 반영한 제품을 추천받는다. 미래의 광고라고 생각했던 이러한 개인화 광고와 서비스는 이제 현실이 되었다.

개인화 혹은 맞춤형 광고personalized, customized advertising는 불특정 다수 혹은 공통적 특성을 가진 소비자 집단 대신 소비자 개개인에 대한 정보를 이용하여 각 소비자에 맞춰서 제작되고 전달되는 광고를 의미한다. 인구통계학적 속성, 위치, 라이프스타일, 관심사, 과거 구매 이력, 사회관계망 등의 개인정보를 바탕으로 개별 소비자에게 최적화된 광고를 노출하는 것이다. 소비자를 파악하고 적합한 메시지를 전달하는 것은 광고의 핵심으로서 인터넷 이전의 시대에도 전화, 우편 등 개인을 대상으로 한 광고는 존재했다. 하지만 디지털 환경에서 우리의 일상과 행동은 모두 기록될 수 있으며 방대한 양의 데이터로 생산되고 가공될 수 있기 때문에 맞춤형 광고의 정확성과 효율성이 비교할 수 없을 정도로 향상되었다.

인터넷 맞춤형 광고는 활용되는 정보에 따라 세 가지 유형으로 나눌 수 있다(안순태, 2012). 첫 번째, 맥락 광고contextual advertising는 가장 기본적인 유형으로서 소비자가 방문한 웹사이트나 이용하는 모바일 애플리케이션에서의 행동 정보를 이용한다. 즉, 방문한 웹사이트 혹은 애플리케이션의 콘텐츠와 관련이 있는 광고를 보여주는 것이다. 두 번째, 프로파일profile 기반 맞춤형 광고는 소비자가 인터넷 서비스에 가입하거나 등록할 때 제공하는 인구통계학적 정보와 행태 정보를 결합하여 소비자의 성향을 파악하고 이를 반영한 광고다. 세 번째, 행동 기반 맞춤형 광고는 소비자의 인터넷상에서의 행동에 대한 정보를 수집, 저장, 분석하여 개인화한 광고를 의미한다(양지연, 2009).

〈그림 2-4〉 리타깃팅 광고 작동 과정

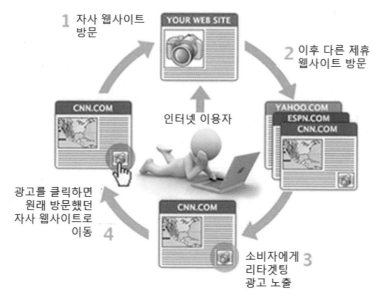

자료: Owen(2015).

검색 광고는 비교적 단순한 형태의 맞춤형 광고라고 할 수 있다. 소비자가 입력한 검색어를 통해 그 소비자의 관심사와 필요를 파악하고 이에 적합한 제품이나 서비스 광고를 제시하기 때문이다. 하지만 보다 적극적인 맞춤형 광고는 소비자가 요청하기 전에 필요로 하거나 관심을 가질 만한 제품이나 서비스 정보를 제공한다. 예를 들어, 리마케팅 광고remarketing advertising라고도 불리는 리타깃팅 광고retargeting advertising는 소비자의 개인정보와 인터넷 브라우징 내력을 바탕으로 하는데, 소비자가 제휴 웹사이트를 방문할 경우 소비자가 이전에 클릭하거나 검색했던 제품이나 서비스의 광고를 노출시키는 것을 말한다. 쇼핑몰에서 관심 있는 제품을 보았지만 어떤 이유로 구매하지 않았는데 이후 소셜미디어의 뉴스피드를 보거나 기사를 읽는데 그 제품의 광고를 다시 본다면 다시 한번 구매를 고려할 수 있고 그 광고를 클릭하여 해당 쇼핑몰 사이트로 돌아갈 수 있다. 이러한 상기 효과 때문에 리타깃팅 광고는 일반적인 배너 광고에 비해 높은 클릭률을 보인다. 검색 광고와는 달리 소비자가 명확하게 관심이나 필요를 표현하지 않더라도 데이터를 통해 소비자와 관련 있는 광고를 노출한다는 점에서 리타깃팅 광고는 발전된 형태의 맞춤형 광고라고 할 수 있다. 하지만 반복적으로 동일한 광고에 노출되거나 이미 구매를 했음에도 불구하고 더 이상 관련 없는 광고에 노출되는 등 리타깃팅 광고의 기술적 오류는 소비자의 불만을 야기하기도 한다. 보다 정교한 맞춤형 광고가 필요한 이유다.

모바일 환경에서는 소비자의 인구통계학적 특성, 웹 브라우징과 구매 이력뿐 아니라 위치 정보도 활용하여, 양방향성, 연결성을 갖춘 맞춤형 광고가 가능하다. 최근에는 빅데이터, 인공지능 등의 기술을 이용해 막대한 양의 정보를 실시간으로 수집, 분석하여 소비자가 필요로 하거나 관심을 가질 만한 광고를 선제적으로 적시, 적소에 제공하는 정교한 맞춤형 광고가 가능하다. 소비자 개개인의 성향, 관심, 필요와 시간적, 공간적 맥락을 고려한 맞춤형 광고는 소비자가 광고에 대해 느끼는 관련성과 관여도를 극대화하고 유용성을 증대하는 반면 불필요하고 관심 없는 광고에 대해 노출되는 불쾌감을 해소할 수 있는 장점이 있다.

맞춤형 광고의 정교화는 광고 미디어를 거래하고 제작하는 방식의 변화와도 관련이 깊다. 광고 미디어로서 인터넷 미디어는 레거시 미디어와 비교할 수 없을 정도로 큰 선택의 폭을 가진다. 레거시 미디어에 광고를 게재하고 싶다면 담당자와 연락하여 거래할 수 있지만 무수히 많은 선택지가 있는 인터넷 환경에서 일일이 담당자와 연락하여 광고를 거래하는 것은 비효율적이며 경우에 따라서는 불가능할 수 있다. 인터넷 미디어 중심으로 활용되기 시작한 프로그래매틱 바잉programmatic buying은 어떤 미디어, 플랫폼, 콘텐츠 등을 특정하여 거래하는 전통적인 미디어 중심의 광고 구매media buying 방식이 아

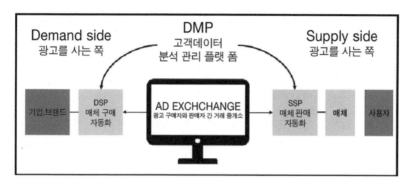

자료: 데이토(dator, 2017).

니라 소비자 데이터를 실시간으로 활용하여 효율성을 극대화하는 소비자 중심의 광고 구매audience buying 방식이다. 즉 프로그래매틱 바잉은 인터넷 환경에서 광고 수익을 얻으려는 미디어와 광고를 게재하려는 기업 혹은 대행사 간 거래를 자동화된 시스템을 통해 실시간 경매 방식으로 이루어지도록 한다 (Wang, Zhang, and Yuan, 2016). 각 광고 노출당 실시간 경매Real-time Bidding: RTB 가 이루어지며 광고 노출이 실제 발생하기까지 전체 과정이 0.2초 이내에 이루어진다. 광고를 노출하고자 하는 소비자의 특성과 노출 조건 등을 상세하게 설정한 후 자동화된 유형으로 실시간 입찰을 통해 광고를 게재하기 때문에 거래가 신속하고 투명하게 운영되며 원하는 광고 효과를 실시간으로 모니터링하고 조정하여 효율성을 극대화할 수 있다. 즉 미리 특정 웹사이트 등을 정해 광고를 노출하는 것이 아니라 목표 소비자가 실제로 방문하는 웹사이트를 실시간으로 파악, 구매하여 노출을 발생시키는 방식이다. 반복적 노출을 원하면 노출 횟수를 설정하여 개별 타깃 소비자들이 방문하는 여러 웹사이트들에서 동일 광고를 원하는 횟수만큼 노출할 수 있다.

프로그래매틱 바잉이 광고의 노출을 개개인 소비자에게 최적화한다면 프로그래매틱 크리에이티브programmatic creative는 광고 내용 면에서 맞춤형을 가능케 한다. 즉 프로그래매틱 크리에이티브는 개별 목표 소비자에게 적합한 광고 크리에이티브를 대량으로 동시에 제작, 생성하고 노출함으로써 개인화 광고의 성과를 극대화할 수 있다. 예를 들어, DCODynamic Creative Optimization를 이용하면 개별 소비자를 위한 맞춤형 광고의 이미지, 텍스트 등을 수동으로 제작하지 않아도 된다. DCO는 실시간 데이터에 기반해 광고 크리에이티브 구성 요소를 개별 소비자에게 최적화하여 자동으로 생성하고 이를 광고 플랫폼과 연동하여 전달함으로써 정교한 맞춤형 광고를 운영할 수 있도록 해준다. 프로그래매틱 바잉과 크리에이티브를 결합한 프로그래매틱 광고는 단순히 맥락이나 일부 과거 데이터를 기반으로 한 맞춤형 광고가 아니라 DMPData Management Platform와 연동하여 행동 기반 데이터를 포함한 소비자 데이터를 실시간으로 활용하여 최적화하는 진정한 의미의 맞춤형 광고로의 발전을 촉진할 것으로 기대된다. 특히 DMP의 데이터를 광고주의 CRMCustomer Relationship Management 등 부가적인 소비자 데이터와 결합하면 맞춤형 광고는 더욱 정교해질 것이다.

광고 기술의 발전은 맞춤형 광고를 적시, 적소에 전달하는 것 외에도 소비자의 흥미와 몰입을 유도하는 새로운 형태의 광고 구현을 가져왔다. 실제로 얻기 힘든 경험이나 환경 등을 인체의 오감(시각, 청각, 후각, 미각, 촉각)을 통해 현실세계와 유사하게 체험하도록 하는 가상현실Virtual Reality: VR과 실제 환경에 가상의 대상을 합성하여 원래의 환경에 존재하는 사물처럼 보이도록 구현하는 증강현실Augmented Reality: AR은 새로운 차원의 실감형, 체험형 광고를 가능케 한다. 아직 초기 단계이지만 360도로 펼쳐지는 가상의 세계를 원하는 대로 경험하는 가상현실 광고와 위치기반 연계를 통해 실제 세계와 적극적으로 상호작용하며 실시간 마케팅을 가능하게 하는 증강현실 광고는 몰입도가 높으며 차별화된 경험을 제공해 긍정적인 효과를 얻을 수 있다.

또한 QR 코드, 근거리무선통신Near Field Communication: NFC, 비콘Beacon, 동작
인식 기술 등은 모바일 광고를 매개로 소비자가 외부 환경과 적극적으로 상
호작용할 수 있도록 한다. 예를 들어 쇼룸에 전시되어 있는 제품에 대한 상세
정보를 스마트폰을 통해 바로 얻거나 주변에 있는 매장의 할인 쿠폰을 자동
으로 받을 수 있다. 나아가 핀테크Financial Technology: Fintech의 발달과 함께 성장
한 간편 결제는 예전 결제 방식의 불편함을 해소하여 모바일 광고 노출이 제
품이나 서비스 구매로 바로 이어지는 전환율conversion rate을 높이고 있다. 앞으
로도 광고 기술의 발달은 인터넷 광고를 정교화하고 고도화함으로써 광고 효
과를 높일 것으로 기대된다.

인터넷 광고는 콘텐츠와 어떻게 융합되고 있는가

기술의 발전과 함께 주목할 만한 인터넷 광고의 또 다른 변화는 콘텐츠와
의 융합이다. 광고가 콘텐츠에 포함되거나 콘텐츠와 융합하는 형태는 레거시
미디어에서도 찾아볼 수 있다. 예를 들어, 2010년부터 국내에서 시행된 방송
의 간접광고는 방송 프로그램 내에 제품이나 서비스를 허용되는 기준에 맞춰
노출한다. 프로그램과 명확히 분리되어 소비자가 쉽게 인지하고 회피하려는
일반 광고와 달리 간접광고는 프로그램을 시청하는 소비자에게 제품이나 서
비스를 자연스럽게 노출할 수 있다는 장점이 있다.
인터넷 미디어의 간접광고는 웹드라마, 웹예능, 웹툰 등을 중심으로 많이
활용되고 있다. 인터넷 기반의 콘텐츠는 상대적으로 규제에서 자유롭기 때문
에 다양한 제품이나 서비스의 간접광고가 이루어진다. 최근 간접광고에서 진
일보한 혹은 간접광고를 포함한 광의의 개념으로서 브랜디드 콘텐츠의 성장
이 괄목할 만하다. 브랜디드 콘텐츠branded content는 "소비자에게 엔터테인먼

〈그림 2-6〉 1인 방송 브랜디드 콘텐츠 예

Korean One Brand tutorial #11 A'pieu 로드샵 원브랜드 메이크업 #11.
어퓨 | SSIN

[ENG/JPN]밴쯔▼ 농심 신제품 볶음너구리 먹방! 편집본 Mukbang
(Eating Show/Social Eating)

자료: youtube.com

트 혹은 교육적 부가가치를 제공하는 것을 목적으로 브랜드에 의해 제작되거나 큐레이션 되며, 상품·서비스의 판매가 아닌 브랜드에 대한 고려와 선호도의 증가를 목적으로 디자인된 콘텐츠"를 말한다(Forrester, 2013). 넓은 의미로서 브랜드의 목적을 달성하기 위해 제작되는 모든 콘텐츠를 브랜디드 콘텐츠로 볼 수 있으며, 브랜드가 원하는 설득적 메시지를 일방적으로 전달하는 것이 아니라 소비자에게 정보적, 오락적, 문화적 가치를 제공할 수 있는 콘텐츠에 브랜드를 담아내는 것을 의미한다.

소셜미디어의 라이브를 포함한 동영상 기능 확대와 1인 방송의 성장은 동영상 기반의 브랜디드 콘텐츠 성장을 가속화했다. 기업과의 협업을 의미하는 브랜드 컬래버레이션brand collaboration을 통해 1인 크리에이터들의 브랜디드 콘텐츠 제작이 활발히 이루어지고 있다. 크리에이터들이 제작하는 동영상 콘텐츠는 방송 콘텐츠와 같은 전문성은 부족하지만 친밀감을 주는 크리에이터들이 화장품, 식음료, 장난감, 게임 등 다양한 제품이나 서비스를 실제로 이용한 경험을 바탕으로 생생하고 솔직한 의견을 전달한다는 점에서 소비자들에게 신뢰감을 줄 수 있다. 또한 최근 미디어와 커머스가 결합한 미디어 커머스가 성장하면서 동영상 콘텐츠를 활용하여 제품 정보를 전달하고 직접적으로

〈그림 2-7〉 네이티브 광고 유형: 소셜미디어 피드 vs. 언론사 기사 형태

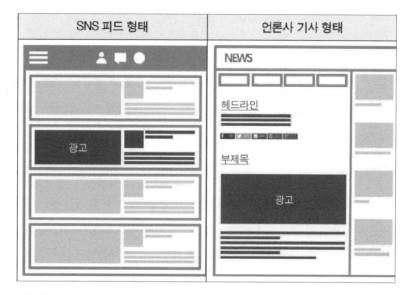

자료: 메조미디어(2014).

구매를 유도하는 V-커머스(비디오 커머스)와 함께 동영상 브랜디드 콘텐츠는
더욱 다양화되고 성장하고 있다.

콘텐츠와 융합한 형태의 광고로서 네이티브 광고의 성장도 주목할 만하
다. 네이티브 광고는 어떤 기업이나 브랜드의 광고가 게재되는 미디어나 플
랫폼의 성격, 내용, 형식과 조화를 이룬다고 소비자들이 느끼는 광고다(IAB,
2013). 다시 말해서, 미디어나 플랫폼의 기능, 디자인과 레이아웃의 형식, 콘
텐츠의 속성이라는 세 가지 측면에서 연속성과 유사성을 유지하며 후원이나
협찬 사실을 투명하게 명시하는 기업 혹은 브랜드 메시지가 네이티브 광고
다. 네이티브 광고는 소셜미디어와 인터넷 언론사를 중심으로 성장했으나
뉴욕타임스New York Times와 같은 언론사들도 인터넷 환경에서 적극적으로 활
용하고 있다. 기사형 광고나 협찬 기사에서 진화한 네이티브 광고는 소비자

의 콘텐츠 이용을 방해하지 않도록 조화롭게 구성하며 콘텐츠적인 가치를 지니지만 광고임을 명기한다는 점에서 차별화된다.

인터넷 광고의 고민과 과제는 무엇인가

지속적인 진화와 발달에도 불구하고 인터넷 광고가 직면하고 있는 문제점은 무엇인가? 광고의 본질적인 문제는 추구의 대상이 아니라 회피의 대상이라는 것이다. 수많은 광고에 노출되어 온 소비자들은 광고에 대한 피로감과 회의감을 호소하며 광고를 피하고 싶어 한다. 특히 요즘 소비자들은 인터넷 미디어와 플랫폼을 통해 원하는 콘텐츠와 서비스를 능동적이고 적극적으로 소비하기 때문에 광고의 방해성을 높게 인식하고 회피하려는 경향이 두드러진다. 광고에 대한 노출을 의도적으로 피하는 모든 행위를 의미하는 광고 회피는 물리적 회피, 기계적 회피, 인지적 회피 등으로 구분된다(Speck and Elliott, 1997). 광고를 피하기 위해 다른 장소로 이동하거나 다른 활동을 하는 것은 물리적 회피, TV채널을 변경하거나 온라인 동영상 광고의 건너뛰기 버튼을 눌러 광고의 일부나 전체를 차단하는 것을 기계적 회피, 광고를 보더라도 무시하거나 주의를 기울이지 않는 것을 인지적 회피라고 일컫는다. 광고를 회피하는 정도는 이용하는 미디어별로 다르게 나타나며 상대적으로 수동적 이용의 양상이 강한 레거시 미디어를 이용할 때보다 능동성, 상호작용성이 강한 인터넷 미디어를 이용할 때 광고 회피가 더 적극적으로 나타난다(양윤직·조창환, 2012).

예를 들어, 유튜브, 네이버TV 등을 통해 인터넷 동영상을 시청할 때 시작 전에 노출되는 프리롤 광고는 대부분 5초 혹은 15초가 지나면 건너뛰기skip를 선택할 수 있다. 많은 경우 소비자들은 광고를 건너뛰고 원하는 동영상을 바로 시청하기를 원하므로 광고 회피를 막기 위해 강제로 노출하는 형태의 광고는 소비자들의 반감을 살 수 있다. 광고 효과가 발생하기 위해 노출은 필수조건이지만 충분조건은 아니다. 광고에 일정 시간 강제로 노출되어도 광고를 보지 않고 다른 행동을 하는 물리적 회피와 광고에 집중하지 않고 다른 생각을 하거나 다른 콘텐츠를 보는 등의 인지적 회피는 보편적이다.

심지어 광고 차단 프로그램은 인터넷 광고의 전면적 차단을 가능하게 한다. 예를 들어, 높은 주목도로 광고주들의 환영을 받았던 팝업 광고는 팝업 차단 프로그램pop-up blocker의 등장으로 실효성이 급락했다. 이제는 애드블록 플러스Ad Block Plus와 같은 광고 차단 프로그램이 모바일, 소셜미디어 플랫폼을 포함한 인터넷 미디어의 배너 광고, 동영상 광고 등 모든 광고를 차단하여 광고 노출의 기회조차 발생하지 않는다. 국내에서는 상대적으로 광고 차단 프로그램의 이용률이 아직 높지 않지만 미국과 유럽을 중심으로 전 세계적으로 광고 차단 프로그램의 이용은 증가 추세를 보인다.

물론 소비자는 광고를 회피 혹은 거부할 권리가 있다. 하지만 앞서 설명했듯이 광고를 비즈니스 모델로 가지고 있는 인터넷 미디어는 광고 수익을 기반으로 소비자들에게 무료 혹은 소정의 비용으로 콘텐츠나 서비스를 제공하는데 광고 차단으로 인해 노출이 발생하지 않는다면 광고를 대체할 비즈니스 모델을 마련해야 한다. 소비자에게 충분한 구독료나 이용료를 부과하는 비즈니스 모델로 전환할 수 있지만 이에 대한 소비자의 반감이나 저항이 아직 상당한 수준이라는 것이 걸림돌이다. 하지만 콘텐츠나 서비스를 이용하는 데 방해가 덜 되면서 정보적, 오락적 가치가 높은 광고라면 광고 회피를 줄일 수 있지 않을까? 소비자의 필요와 관심을 정확하게 반영하고 흥미와 몰입을 높이는 맞춤형 광고라면 양면 시장 모델의 다른 이해를 가진 두 집단인 소비자와 광고주 간의 균형을 이룰 수 있지 않을까?

맞춤형 광고도 완벽한 해결책은 아닐 수 있다. 본인도 인지하지 못한 행동

정보를 포함한 개인정보를 이용한 맞춤형 광고는 사생활 침해 문제를 야기하며 소비자의 불안, 불쾌감, 거부감을 일으킬 수 있다. 연구결과에 의하면 맞춤형 광고에 대해 소비자는 양가적 태도를 보인다. 즉, 맞춤형 광고의 개인화 정도가 증가할수록 긍정적으로 평가하지만 사생활 침해에 대한 우려도 커져 부정적인 반응을 동시에 보인다(Kim, Pang, and Choi, 2019). 국내외 개인정보 유출 사태로 인해 개인정보와 소비자 권익 보호에 대한 요구가 더욱 높아졌다. 이에 부합하는 합리적이고 효율적인 규제와 함께 관련 사업자들의 윤리적 기준과 자정 노력을 확립하는 것은 맞춤형 광고의 발전을 위한 기본 조건이다. 한편 긍정적인 광고 태도는 광고 회피를 감소시키며, 광고에 대한 종합적 태도는 광고의 가치에 의해 결정된다. 광고의 가치는 긍정적인 영향을 미치는 정보성informativeness, 오락성entertainment과 함께 부정적 요소인 성가심irritation을 기준으로 평가된다(Ducoffe, 1995). 맞춤형 광고의 개인화 수준이 높을수록 자신과 관련이 깊은 유용한 정보를 제공한다고 생각하는 반면 성가시고 방해가 된다는 인식은 높지 않아 우호적인 광고 태도를 유도할 수 있다. 따라서 많은 연구를 통해 적정 수준의 개인화와 적절한 노출 조건, 창의적이고 관련성 높은 맞춤형 광고를 통해 정보성과 오락성은 높이고 방해성은 감소시킨다면 소비자에게 가치 있는 광고를 제공할 수 있다.

또한 콘텐츠와 광고의 융합도 문제를 야기할 수 있다. 네이티브 광고, 간접광고, 브랜디드 콘텐츠 등은 콘텐츠와 광고 간 경계를 모호하게 하여 일반 소비자가 명확히 구분하기 어려울 수 있다. 광고가 아닌 콘텐츠로 인식할 경우 의도적으로 회피하지 않고 보다 중립적이고 자연스럽게 메시지를 받아들인다는 장점이 있지만 장기적인 관점에서는 오히려 위험할 수 있다. 노출이 반복될수록 소비자 지식은 증가하기 때문에 기업이나 브랜드의 목적을 반영한 콘텐츠라는 것을 깨닫는 부정적인 경험이 누적된다면 소비자는 결국 광고를 불신하고 거부하게 될 수 있다. 소비자의 혼동을 막기 위해 명확하게 광고주를 명시하되 콘텐츠의 가치를 높여 신뢰를 확보하는 것이 중요하다.

인공지능 스피커, 챗봇, 자율주행 자동차, 웨어러블 기기 등 인터넷 기반 기기와 서비스는 급격하게 성장하고 있으며 동시에 인터넷 광고의 진화를 촉발한다. 미래의 인터넷 광고를 정확하게 전망하기는 어렵지만 광고의 본질적인 속성은 변하지 않을 것이다. 수많은 정보를 분석하고 걸러서 소비자의 성향과 필요를 반영한 제품과 서비스에 대한 유용한 메시지를 흥미, 공감, 참여, 공유를 이끌어내는 창의적인 방식으로 최적의 시간과 상황에 제공한다면 가치 있는 광고로 받아들여지지 않을까? 어렵지만 도전해 볼 만한 과제다.

참 고 문 헌

강은영. 2019.2.19. "지난해 모바일 등 디지털 광고비, 방송 광고 첫 추월". ≪한국일보≫. http://www.hankookilbo.com/News/Read/201902191191027220

데이토(dator). 2017.8.8. "데이터 과학으로 만든 보석, 애드 테크". http://www.dator.co.kr/bmonthly/2758473

메조미디어. 2014. 「네이티브 광고의 성장과 미래」. http://www.mezzomedia.co.kr/

목영도. 2018.6.18. "온라인 광고와 퍼포먼스 마케팅". https://www.ad.co.kr/journal/column/show.do?ukey=520265

박준우. 2018.12.14. "2018년 방송광고 리뷰 및 2019년 전망 'Contents and More Contents'". https://www.ad.co.kr/mobile/journal/column/info.mjsp?ukey=528222&oid=@3155501314

안순태. 2012. 「행동 기반 맞춤형 광고의 자율규제에 관한 연구」. ≪방송통신연구≫, 81권, 156~181쪽.

양윤직·조창환. 2012. 「광고매체별 광고회피 수준과 요인 연구」. ≪광고연구≫, 92권, 355~382쪽.

양지연. 2009. 「온라인 맞춤형 광고: 개인정보보호와 정보이용의 균형점을 찾아서, 미국 FTC와 EU의 가이드라인에 비추어」. *Law & Technology*, 5권 2호, 3~26쪽.

제일기획. 2019.2.19. "[뉴스] 제일기획 대한민국 총 광고비 결산 및 전망 발표". http://blog.cheil.com/36646

한국인터넷진흥원. 2018. "2017 온라인 광고 산업 동향 조사 및 분석".

Ducoffe, R. H. 1995. "How consumers assess the value of advertising." *Journal of Current Issues & Research in Advertising*, 17(1), pp.1~18.

Forrester. 2013. "How to build your brand with branded content." Forrester Research. https://www.forrester.com/How+To+Build+Your+Brand+With+Branded+Content/fulltext/-/E-RES92961

IAB(Interactive Advertising Bureau). 2013.12.3. "The Native Advertising Playbook." https://www.iab.com/wp-content/uploads/2015/06/IAB-Native-Advertising-Playbook2.pdf

Kim, H., S. Pang and S. M. Choi. 2019. "A study on factors influencing smart advertising avoidance." working paper.

Owen, Aubrey. 2015.9.28. "Site Re-targeting and what it actually means⋯." http://digitalmarketingconsultationexpert.com/2015/09/28/site-re-targeting-and-what-it-actually-means

Speck, P. S. and M. T. Elliott. 1997. "Predictors of advertising avoidance in print and broadcast media." *Journal of Advertising Research*, 26(3), pp.61~76.

Wang, J., W. Zhang and S. Yuan. 2016.10.11. "Display advertising with real-time bidding(RTB) and behavioral targeting." preprint arXiv:1610.03013, available https://arxiv.org/abs/1610.03013

03 인터넷 동영상 서비스의 현황과 전망

최세경

온라인 동영상 서비스는 인터넷을 통해 동영상을 시청할 수 있는 서비스를 말한다. 흔히 OTT over-the-top 서비스라고도 불리는데, 이는 TV방송 서비스를 수신하는 데 필요한 '셋톱박스 set-top-box' 없이 인터넷으로 방송과 동영상을 시청할 수 있음을 표현한 것이다. 최근 이러한 인터넷 동영상 서비스(이하, OTT 서비스)의 인기가 전 세계적으로 매우 뜨겁다. 넷플릭스의 전 세계 가입자 수는 2018년 12월 기준 약 1억 3900만 명으로 전년 대비 약 884만 명이 증가할 정도로 급성장하고 있다. 국내 넷플릭스 가입자 역시 2018년 1월 34만 명에서 2018년 12월 127만 명으로 약 274%가 성장했다. 그리고 무료로 인터넷 동영상을 제공하는 유튜브의 월평균 순방문자 수는 2018년 9월 기준으로 약 19억 명에 이른다. 국내 유튜브의 2018년 12월 순방문자 수는 3066만 명으로 네이버(822만 명)보다 약 4배가 더 많다. 이처럼 국내 유튜브 채널에 대한 인기가 커지자 '유시민 알릴레오', 'TV 홍카콜라'처럼 정치인마저 개인방송을 운영하여 대중의 관심을 끌고 있다.

OTT 서비스의 관심이 높아지고 그 가입자가 폭증한다는 것은 사람들의 미디어 이용이 기존의 TV 기반 방송 시청에서 인터넷을 통한 동영상 시청으로 이동하고 있음을 시사한다. 그에 따라 미디어 시장이 OTT 서비스를 중심으로 재편되고 있으며, 미디어 기업도 OTT 서비스에서 경쟁우위를 차지하기 위해 사업전략을 새로 짜고 있다. 따라서 이 장에서는 OTT 서비스의 이용 행태와 비즈니스 특징을 살펴보고 OTT 서비스의 확산이 유료방송 시장에 미치는 함의를 논의하고자 한다.

OTT 서비스가 인기인 이유는 무엇인가

먼저 OTT 서비스가 왜 인기를 얻고 있는지 살펴보자. OTT 서비스가 사람들로부터 관심을 얻게 된 가장 큰 이유는 인터넷과 TV방송이 갖는 두 장점을 동시에 제공해 주기 때문이다. 특히 인터넷 기술의 발전으로 기존 인터넷 동영상 서비스에서는 부족했던 TV방송의 장점을 OTT 서비스가 구현하게 된 것이 크게 영향을 미쳤다. 과거의 인터넷은 대역폭의 한계로 방송, 영화 등과 같은 고화질 동영상을 있는 그대로 시청하기가 어려웠다. 당연히 실시간 TV 채널을 안정적으로 전송하는 것 역시 불가능했다. 하지만 광대역 인터넷의 발전과 보급이 이러한 한계를 극복하도록 해주었다.

현재 인터넷은 고화질HD의 두 배가 넘는 약 15~18Mbps를 처리해야 하는 4K 수준의 초고화질UHD 동영상까지 스트리밍streaming으로 전송할 수 있다. 2017년 기준 전 세계 유선 인터넷의 평균 처리 속도는 39Mbps로 초고화질 동영상을 충분히 전송할 수 있다. 이에 따라 2017년 기준 전 세계 인터넷 트래픽traffic에서 '인터넷 동영상'이 차지하는 비중은 55%나 된다. 인터넷 동영상 트래픽의 61%는 방송, 영화 등과 같은 '장편long-form VOD'에서 유발되며, '실시간 인터넷 동영상'의 트래픽 비중도 점차 늘어 5%를 차지하고 있다(Cisco, 2019). 즉, 인터넷이 실시간 TV채널을 끊김 없이 전송하고 방송, 영화 등의 고화질 동영상을 불편 없이 시청할 수 있는 수준까지 발전하면서 OTT 서비스가 빠르게 확산된 것이다.

인터넷에 연결 가능한 단말기connected device의 증가도 OTT 서비스의 빠른 확산에 기여했다. 스마트폰, 태블릿PC, 게임콘솔, 전자책 단말기 등의 보편적 사용이 OTT 서비스의 '이용경험use experience'을 높여 주는 N-스크린 이용 환경을 조성했기 때문이다. N-스크린 이용 환경이란 '언제 어디서나 어떠한 단말기anywhere, anytime, any device'로도 동영상을 시청할 수 있는 '이용맥락use context'을 뜻한다. 이러한 N-스크린 이용 환경에서는 이용자가 동영상의 배급과 유통을 주도한다. 사람들은 자신이 원하는 동영상을 편리한 시·공간에 따라 여러 단말기로 '이동portability'시켜 시청하는 '연계이용sequential use'을 하거나, 동영상을 시청하면서 소셜네트워크서비스SNS를 통해 그 경험을 동료와 공유하는 '동시이용simultaneous use'을 즐길 수 있다(Google, 2012). 하지만 자체 상향채널return path이 없는 기존 TV방송은 이러한 이용경험을 충분히 제공하지 못한다. 반면 OTT 서비스는 강력한 '상호작용성interactivity'을 보유한 인터넷 덕택으로 그 이용경험을 높일 수 있는 식별, 검색, 추천 등의 기능까지 제공할 수 있다. 실제로 많은 사람들이 OTT 서비스를 이용하는 동기로 '더 낳은 선택권', '편리한 검색', '편의성' 등을 언급하고 있다(Ofcom, 2018).

이용자가 시청할 수 있는 동영상의 다양성 역시 OTT 서비스의 인기를 높여 주었다. OTT 서비스는 방송과 영화처럼 '전문 제작 동영상'뿐만 아니라 인터넷 공간에서 유통되는 수많은 '아마추어 동영상'까지 시청할 수 있다. 예를 들어 OTT 서비스는 기존 TV 방송으로 시청할 수 없었던 다양한 형태의 '이용자 발생 동영상user generated video: UGV'을 제공한다. 여기에는 인터넷 개인방송, 블로그 동영상, 리액션 동영상, 웹드라마 등과 같은 다양한 형식이 포함되며 스포츠, 뷰티, 각종 취미 등 그 소재도 다양하다. 이처럼 전문제작 동영상과 방대한 규모의 아마추어 동영상으로 구성된 콘텐츠 포트폴리오는 사람들 각자의 욕구를 손쉽게 충족시켜 줌으로써 OTT 서비스의 확산을 이끌었다.

마지막 요인은 기존 유료방송 서비스보다 낮은 OTT 서비스의 이용료이다. OTT 서비스는 인터넷을 전송수단으로 사용하기 때문에 동영상의 전송과 관리 비용이 기존 TV방송보다 덜 소요된다. 이러한 이유로 OTT 서비스는 다양한 동영상을 시청할 수 있고 더 나은 이용 편의성을 제공함에도 유료방송 서비스에 비해 월 이용료가 훨씬 저렴하다. 북미의 유료방송 월 이용료는 평균 75달러를 상회하나 넷플릭스, 유튜브 프리미엄, 아마존 프라임 비디오

Amazon Prime Video의 월 이용료는 각각 13.99달러, 11.99달러, 5.99달러에 불과하다. 심지어 유튜브, 로쿠Roku 등과 같은 일부 OTT 서비스는 아예 무료로 제공되고 있다. 국내의 경우 해외에 비해 그 격차가 크지 않지만, OTT 서비스의 월 이용료가 유료방송 월 이용료보다 더 저렴하다. 그 결과 사람들은 유료방송 서비스를 저가형으로 전환하거나 해지하고 OTT 서비스로 적극 이주하게 된 것이다.

이용자는 OTT 서비스를 어떻게 이용하는가

OTT 서비스의 주 이용자는 10대에서 30대 초반이다. 이들은 OTT 서비스의 이용률이 높고 전체 미디어 이용 시간에서 OTT 서비스가 차지하는 비중도 매우 높다. 라임라이트 네트워크(Limelight Network, 2018)의 OTT 이용자 조사에 따르면, 18~25세 집단에서 OTT 서비스의 이용 시간이 가장 많다. 또한 이들 연령대에서 보고 싶은 동영상을 한 번에 몰아서 시청하는 '몰아보기binge watching'의 이용 행태도 가장 뚜렷하다. '한 번에 3시간' 이상에 해당하는 응답이 전체의 34.9%를 차지하며 1회 평균 몰아보기는 2.96시간으로 나타났다. 국내 OTT 서비스 이용 행태 조사(방송통신위원회, 2018)에서도 '20대'의 이용률이 78.4%로 가장 높고 그 다음은 '10대' 71.7%, '30대 '64.2% 순서였다.

성별에 따른 OTT 서비스의 이용 시간을 비교해 보면, 남성(7시간)이 여성(6.49시간)보다 주 평균 이용 시간이 더 많다. 주 평균 1~2시간을 이용하는 비율에서는 여성이 남성보다 더 높지만, 남성의 경우 OTT 서비스를 장시간 이용하는 비율이 더 높다. 국내 다른 조사에서도 인터넷 동영상 중시청heavy 집단에서의 남중 비중이 여성 비중보다 더 높다. 그뿐만 아니라 N-스크린 이용 집단에서의 남성 비중도 여성보다 더 높다. 이를 종합해 볼 때, 남성이 여성

<표 3-1> 연령대별 OTT 서비스 이용자의 주 평균 이용 시간

(단위: %)

연령	1~2시간	2~5시간	4~7시간	7~10시간	10~20 시간	20시간 이상	평균 시간
18~25세	15.5	19.8	20.3	13.5	16.3	14.7	9.21시간
26~35세	19.5	20.4	16.3	15.7	14.8	13.3	8.68시간
36~45세	26.3	21.9	18.8	14.4	10.3	8.3	6.94시간
46~60세	41.5	20.5	14.7	9.6	8.0	5.8	5.50시간
60세 이상	51.0	20.6	12.2	6.8	5.3	4.2	4.46시간
전 연령	32.1	20.7	16.2	11.8	10.5	8.7	6.75시간

주) 조사 대상 : 프랑스, 독일, 인도, 일본, 필리핀, 싱가포르, 한국, 영국, 미국의 OTT 서비스 이용자 5000명.
자료 : Limelight Network(2018).

<표 3-2> 연령대별 OTT 서비스 이용자의 몰아보기 이용 시간

(단위: %)

연령	없음	1시간 미만	1~3 시간	3~5 시간	5~7 시간	7~10 시간	10시간 이상	평균 시간
전 연령	22.9	15.9	37.6	14.5	5.2	2.2	1.7	2.11시간
18~25세	8.5	11.9	44.8	19.6	8.4	2.9	4.0	2.96시간
26~35세	11.5	11.9	42.8	20.8	7.1	3.6	2.4	2.77시간
36~45세	16.9	16.6	37.0	17.5	7.9	2.6	1.5	2.40시간
46~60세	28.1	19.6	36.9	10.4	2.7	1.5	0.8	1.64시간
60세 이상	45.9	16.6	27.9	6.9	1.6	0.5	0.6	1.12시간

자료 : Limelight Network(2018).

보다 인터넷 동영상 시청에 더 많은 시간을 할애하며, 몰아보기 시청과 N-스크린 이용 등과 같은 능동적 이용 행태를 더 보인다고 유추할 수 있다.

가정 내 자녀의 유무도 OTT 서비스의 이용에 영향을 미치고 있다. 미국 OTT 서비스 이용 가구를 조사한 컴스코어(comScore, 2018)에 따르면, 자녀가 있는 가정의 OTT 서비스 이용률은 77%이고 자녀가 없는 가정의 OTT 서비스 이용률은 56%다. 그리고 '30~49세 가구주' 집단에서 '자녀가 있는 가정(81%)'이 '자녀가 없는 가정(71%)'에 비해 OTT 서비스의 이용률이 더 높다. 자녀가 있는 가정의 OTT 서비스 월평균 이용 시간은 68시간으로 자녀가 없는 가정

<그림 3-1> OTT 서비스의 주당 이용 시간별 남녀 비중

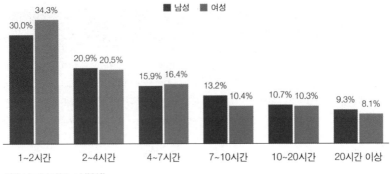

자료: Limelight Network(2018).

<표 3-3> 국내 인터넷 동영상 중시청 집단과 N-스크린 이용자의 비중

(단위: %)

구분	중시청 집단		N-스크린				단일 매체(only)		
	PC	Mobile	PC+M	PC+TV	M+TV	3스크린	PC	Mobile	TV
전체	16.8	15.5	38.2	1.2	5.1	31.8	3.8	15.5	4.4
남성	18.9	16.7	41.5	1.8	3.7	34.5	4.7	9.6	4.7
여성	14.2	14.2	34.8	0.6	6.5	29.4	2.9	21.7	4.1
20대	26.2	21.2	38.4	2.0	2.8	36.8	3.6	12.4	4.0
30대	14.4	18.8	37.9	2.1	7.9	33.3	1.7	13.8	3.3
40대	14.5	11.3	39.3	0.4	4.8	32.6	4.4	15.2	3.3
50대	10.6	10.5	37.1	0.4	5.0	24.2	5.4	20.8	7.1

자료: DMC미디어 (2018).

보다 월평균 20시간이 더 많은 것으로 나타났다. 이는 10대 이하의 자녀가 OTT 서비스를 상당 시간 이용하고 있음을 시사한다.

실제로 오프컴(Ofcom, 2019)의 영국 15세 미만 아동의 미디어 이용 행태 조사에 의하면, 이들은 유튜브 이용률뿐만 아니라 OTT 서비스를 통한 방송과 인터넷 동영상의 시청 경험도 매우 높다. 특히 8세 이상 아동들은 수상기를 통한 TV 시청 시간보다 온라인 이용 시간이 더 많으며, 수상기 외 단말기의 TV 시청률, 유튜브 이용률, OTT 서비스 이용률 등도 상당히 높다. 15세 미만

〈표 3-4〉 영국 15세 미만 아동의 미디어 이용 행태

구분	3~4세	5~7세	8~11세	12~15세
TV 시청률	96%	97%	94%	90%
• 주 평균 시청 시간	14시간	13시간 15분	13시간	13시간 15분
• TV 외 주 단말기(이용률)	태블릿(30%)	태블릿(44%)	태블릿(43%)	모바일(62%)
OTT 서비스 시청	32%	44%	43%	58%
온라인 이용률	52%	82%	93%	99%
• 주 평균 이용 시간	9시간	9시간 30분	13시간 30분	20시간 30분
• 주 단말기(이용률)	태블릿(69%)	태블릿(67%)	태블릿(45%)	모바일(53%)
유튜브 이용률	45%	70%	75%	88%

자료: Ofcom(2019).

〈그림 3-2〉 PC와 모바일을 통한 인터넷 동영상 이용의 주요 이유

(단위: %)

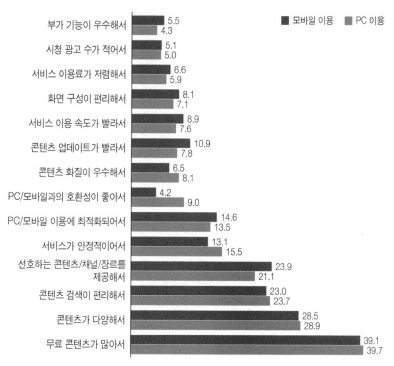

자료: DMC미디어(2017).

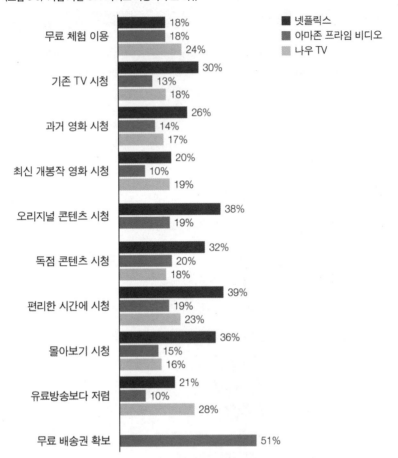

〈그림 3-3〉 가입 기반 OTT 서비스 이용의 주요 이유

■ 넷플릭스
■ 아마존 프라임 비디오
□ 나우 TV

무료 체험 이용
18%
18%
24%

기존 TV 시청
30%
13%
18%

과거 영화 시청
26%
14%
17%

최신 개봉작 영화 시청
20%
10%
19%

오리지널 콘텐츠 시청
38%
19%

독점 콘텐츠 시청
32%
20%
18%

편리한 시간에 시청
39%
19%
23%

몰아보기 시청
36%
15%
16%

유료방송보다 저렴
21%
10%
28%

무료 배송권 확보
51%

자료: Ofcom(2018).

아동의 경우 온라인과 모바일 이용 환경에 이미 익숙해져 있기 때문에, 유튜
브 동영상 시청, 넷플릭스와 아마존 프라임 비디오를 통한 방송 시청 등이 활
성화되고 있는 것이다.

사람들이 OTT 서비스를 통해 동영상을 시청하는 주요 동기는 '이용료'와
관련이 있다. 유튜브와 로쿠의 경우처럼 무료로 동영상을 볼 수 있는 OTT 서

비스가 있을 뿐만 아니라, 앞에서 설명한 것처럼 이용료를 받더라도 기존 유료방송 서비스에 비해 훨씬 저렴하기 때문이다. DMC미디어의 국내 인터넷 동영상 이용 행태 조사에 따르면, PC와 모바일로 인터넷 동영상을 시청하는 주요 이유는 '무료 콘텐츠가 많아서'라는 응답이 각각 '39.7%(PC 이용)'와 '39.1%(모바일 이용)'로 1위였다. 그 다음은 '콘텐츠의 종류가 다양해서', '콘텐츠 검색이 편리해서', '선호하는 콘텐츠/채널/장르가 있어서' 등의 순이었다.

하지만 가입 기반 OTT 서비스만을 놓고 볼 때 그 이용 동기는 약간 달라진다. 가입 기반 OTT 서비스의 경우, 이용자들이 해당 서비스를 이용하는 주된 이유는 그 서비스만이 제공하는 '차별화된 콘텐츠' 그리고 '높은 이용 편의성'과 관련이 있다(〈그림 3-3〉 참조). 이처럼 인터넷 동영상 이용 동기와 가입 기반 OTT 서비스의 이용 동기에서 차이가 나는 이유는 이용자가 인터넷과 TV에 기대하는 사항이 다르기 때문이다. 오붐(Ovum, 2018)은 사람들이 기대하는 이상적인 TV 서비스의 특성을 조사했는데, '클라우드 DVR 기능(나만의 소장 목록과 콘텐츠 저장)', '캐치업/재생', '프리미엄 OTT 동영상', 'N-스크린/TV Everywhere' 그리고 '유튜브의 접근성'을 주로 강조했다. 따라서 사람들이 OTT 서비스에 가입하거나 이용하려는 주된 이유는, 타 서비스에서 볼 수 없는 다양한 동영상을 시청하면서 기존 TV방송이 제공하지 못하는 이용 편의성과 서비스 유연성을 경험하려는 동기 때문이라고 볼 수 있다.

OTT 서비스의 수익 모델은 무엇인가

OTT 서비스의 유형은 매우 다양하다. OTT 서비스를 제공하는 여러 사업자가 존재하고 이들의 서비스 방식과 수익 모델이 매우 다양하기 때문이다. 먼저 사업자에 따른 OTT 서비스의 유형을 살펴보자. 첫째, 동영상 플랫폼 사업자가 인터넷을 통해 독자적인 OTT 서비스를 제공하는 유형이다. 미국에서 '온라인 동영상 제공사업Online Video Distribution: OVD'으로 정의되고 있는 OTT 서비스가 여기에 해당한다. 이 OTT 서비스의 가장 큰 특징은 가입 기반의 VOD 서비스를 스트리밍 방식을 통해 전송한다는 것이다. 해외의 경우 넷플릭스와 로쿠 그리고 국내에서는 판도라TV, 왓챠플레이Watcha play 등이 이 유형에 속한다.

둘째, 수많은 인터넷 개인방송과 UGV를 집적aggregation하고 이를 이용자에게 중개해 주는 MCNMulti-Channel Network 방식의 OTT 서비스가 있다. 이 OTT 서비스도 동영상 플랫폼 사업자가 독자적인 OTT 서비스를 제공하는 것은 동일하나, 이용자와 창작자가 동영상을 업로드하고 동영상 플랫폼 사업자는 이를 중개해 주는 역할을 한다는 점에서 큰 차이가 있다. 여기에 해당하는 가장 대표적인 OTT 서비스가 바로 유튜브와 아프리카TV다.

마지막은 방송, 통신(IPTV), 인터넷 등 기존의 플랫폼 사업자가 사업 분야를 온라인 동영상 플랫폼 분야까지 확장하여 OTT 서비스를 제공하는 유형이다. 주로 방송과 통신 사업자가 기존에 제공하고 있는 실시간 TV채널과 VOD를 OTT 서비스로 제공하는 유형이라 할 수 있다. 방송과 통신 사업자가 제공하는 해외 OTT 서비스는 훌루Hullu, HBO Now, 슬링 TVSling TV 등이며, 국내 OTT 서비스는 푹Pooq, 티빙Tving, 옥수수Oksusu, 올레 TV 모바일 등이 있다. 인터넷 사업자가 제공하는 OTT 서비스는 아마존 프라임 비디오, 네이버TV, 카카오TV 등이다. 유튜브는 구글에 인수되기 이전에 동영상 플랫폼으로서 독자적인 OTT 서비스를 제공했기 때문에 이 유형에 속하지 않는다.

한편, 어떤 수익 모델을 채택하고 있느냐에 따라 OTT 서비스의 유형을 구분할 수도 있다. OTT 서비스의 수익 모델은 크게 '유료 모델'과 '광고 기반 무료 모델'로 나뉜다. 유료 모델은 OTT 서비스에 대한 대가를 이용자에게 직접 받는 수익 모델이다. 이러한 유료 모델로는 서비스 가입을 조건으로 이용자에게 월정액 이용료를 받는 '가입 모델subscription model'과 특정 동영상의 시청 또는 특정 서비스 이용에 대해 개별 요금을 받는 '거래 모델transaction model'이 있다. 전자는 넷플릭스, HBO Now, CBS All Access, 훌루, 티빙 등 대부분의 OTT 서비스가 채택하고 있는 수익 모델이다. 이 모델은 서비스 가입자를 대상으로 월정액 이용료를 받는데, 이용 가능한 서비스와 동영상의 범위에 따라 월정액 이용료에 차등을 두기 때문에 기존 유료방송 서비스의 수익 모델과 흡사하다.

거래 모델은 동영상의 주문 요청에 따라 이용료를 부과하는 방식이다. 이러한 거래 모델은 이용자의 단말기 또는 서버에 동영상에 대한 이용 권한을 일시 부여하는 '임대 모델rental model', 그리고 동영상을 완전히 소유하거나 서비스 해지까지 서버에 저장할 수 있는 '소장 모델sell-through model'로 다시 나뉜다. 최근에는 N-스크린 이용 환경으로 인터넷 동영상의 단말기 간 연계 이용이 활성화되면서 소장 모델은 점차 감소하는 대신에 임대 모델이 증가하고 있다.

또 하나의 거래 모델은 이용자가 가상화폐를 구입하여 자신이 좋아하는 인터넷 동영상의 창작자에게 선물하거나 기부하는 '후원 모델sponsorship model'이다. 아프리카TV가 개인방송에 적용하고 있는 '별풍선', 유튜브가 유튜버 채널과 UGV에서 채택한 '팬 펀딩fan funding'과 '슈퍼챗super chat'이 그 가상화폐에 해당한다. 후원 모델에서 OTT 사업자는 이용자와 창작자 간의 거래를 중개하고 그 수수료를 받아 수익을 확보한다. 이용자는 OTT 사업자에게 현금을 지불하고 가상화폐 아이템을 구입하며, 창작자는 이용자로부터 후원 또는 기부를 받은 가상화폐를 OTT 사업자에게 수수료를 주고 현금으로 환전하는 방식이다. 현재 아프리카TV는 평균 30%의 환전 수수료를 공제하는 것으로 알려졌다.

마지막으로 광고 기반 무료 모델은 OTT 서비스를 모든 이용자에게 무료로

<표 3-5> 기존 TV방송 서비스와 OTT 서비스의 수익 모델 비교

수익 모델			기존 TV방송 서비스	OTT 서비스		
					사업자	비고
유료 모델	거래 모델	임대 소장	PPV pay-per-view DVD, 블루레이 Blue-ray 대여	독립형	부두	통합서비스
				확장형	아마존 비디오	전문 제작 VOD
		후원			브이라이브 채널플러스	개인 방송 (실시간 채널)
				MCN	아프리카TV(별풍선) 유튜브(팬 펀딩, 슈퍼챗)	후원 모델
	가입 모델		케이블 및 위성 TV IPTV 유료 TV채널(가입형 PP)	독립형	넷플릭스 왓챠플레이	전문 제작 VOD 실시간 채널
				확장형	CBS All Access HBO Now, 훌루 슬링 TV, 유튜브TV 아마존 비디오 푹, 티빙 옥수수, 올레TV모바일	
				MCN	유튜브 프리미엄(레드)	UGV 광고 제거
광고 기반 무료 모델			자상파 TV 무료 TV채널(PP)	독립형	로쿠	통합서비스 실시간 채널
				확장형	네이버TV, 브이라이브 카카오TV 페이스북	UGV 개인 방송 (실시간 채널)
				MCN	유튜브 아프리카TV	

개방하는 대신에 동영상에 다양한 유형의 광고를 붙여 수익을 얻는 모델이다. 가입 모델을 채택하는 OTT 서비스 중에서 광고를 제공하는 경우도 있지만, 대체로 아마추어 동영상과 UGV를 제공하는 MCN형 OTT 서비스가 광고 기반 무료 모델을 채택하고 있다. MCN형 OTT 서비스는 아마추어 창작자와 이용자로부터 다양한 동영상을 확보하고 이를 매개로 이용자의 관심attention을 광고주에 판매한다. 이러한 이유로 이용자의 관심을 유발하면서도 브랜드(광고주)와 관련성을 가질 수 있는 수많은 동영상을 집적시키는 것이 매우 중요하다. 따라서 이 유형의 OTT 서비스는 아마추어 창작자가 동영상을 제작

하여 업로드하도록 유인하는 '인정recognition과 보상reward' 메커니즘을 활용하고 있다. 인터넷 동영상과 개인방송을 통해 유명해지고 싶어 하는 아마추어 창작자의 인정 욕구를 자극하기 위해 흥행 정도와 금전적 보상을 연동시킨 것이다. 실제로 유튜브의 성장은 아마추어 창작자의 동영상에 광고를 붙여 얻은 수익을 그 광고의 조회 수 실적에 따라 해당 창작자와 배분하는 '파트너십 프로그램'의 영향이 매우 컸다.

글로벌 OTT 시장은 누가 주도하는가

세계 OTT 서비스 시장 규모는 조사기관마다 약간씩 차이가 있지만, 2017년 기준 약 500억 달러로 추정되고 있다. 디지털 TV리서치Digital TV Research는 세계 OTT 서비스 시장의 매출 규모가 2017년 530억 달러에서 2023년에는 그 두 배가 넘는 1290억 달러에 이를 것으로 전망했다. 그리고 A. T. 커니(A. T. Kearney, 2018)는 세계 OTT 서비스 시장의 매출 규모를 약 460억 달러로 추산했다. 현재 OTT 서비스 시장은 가입 모델과 광고 기반 무료 모델을 채택한 사업자가 그 성장을 선도하고 있다. 이 두 유형이 OTT 서비스 수에서 각각 39%와 10%를 그리고 OTT 서비스 매출에서 각각 51%와 32%를 차지하고 있다. 또한 미국 OTT 서비스 이용 시간에서 넷플릭스(가입 모델), 유튜브(광고 모델), 아마존 비디오(가입 모델), 훌루(가입 모델)가 전체의 79%를 차지하고 있다. 즉, 이들 소수의 글로벌 사업자가 세계 OTT 서비스 시장의 대부분을 차지한다고 볼 수 있다.

이처럼 세계 OTT 서비스 시장을 주도하고 있는 사업자는 각 수익 모델에 따라 다른 사업전략을 추진하고 있다. 먼저 넷플릭스는 기존 유료방송 사업자와 경쟁을 위해 오리지널 콘텐츠를 제작하거나 1차 창구 판권을 독점하는

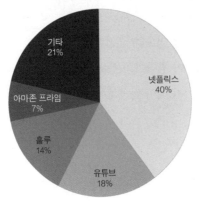

〈그림 3-4〉 미국 OTT 서비스별 이용 시간 비중

주) 2017년 기준.
자료: comScore(2017).

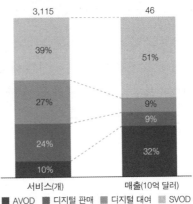

〈그림 3-5〉 세계 OTT 서비스 시장 규모

주) 2017년 기준.
자료: A. T. Kearney(2018).

'OTT 퍼스트 전략'에 집중하고 있다. 또한 글로벌 OTT 시장을 선도하기 위해 현지에 진출한 국가에서의 자체 제작을 늘려 나가고 있다. 2012년에 〈하우스 오브 카드House of Card〉를 처음 제작한 후 계속 투자를 늘려 2017년 기준으로 약 560개의 오리지널 콘텐츠를 확보했다. 2017년에만 콘텐츠 확보에 약 89억 달러를 투자하여 총 262개의 오리지널 콘텐츠를 새로 제작했다. 2018년에는 그 규모가 더 커져 약 700편의 오리지널 콘텐츠 제작을 포함한 전체 콘텐츠 지출 비용이 120억 달러에 이른 것으로 추정된다.

넷플릭스는 OTT 서비스의 이용 편의성을 높이기 위해 이용자 분석 능력을 강화하는 전략도 병행하고 있다. '시네매치Cinematch'로 불리는 큐레이션 엔진을 통해 제공하는 개인화와 추천 서비스가 바로 그것이다. 시네매치는 동영상 이용 행동에 대한 빅데이터를 수집·분석하고 동영상에 태그를 붙여 상세히 카테고리를 분류한 후, 최적의 동영상을 이용자에게 추천하도록 알고리즘을 짜는 시스템이다. 또한 넷플릭스는 이용 편의성을 높이기 위해 이용자가

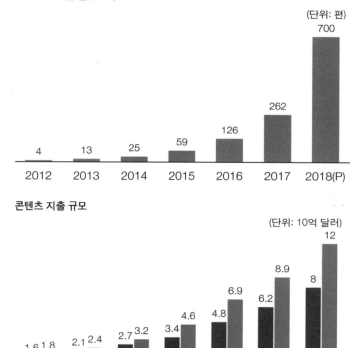

〈그림 3-6〉 넷플릭스의 콘텐츠 제작과 투자 추이

제작 오리지널 콘텐츠 수

(단위: 편)

콘텐츠 지출 규모

(단위: 10억 달러)

■ 콘텐츠 상각비용   ■ 콘텐츠 현금 지출

자료: 송해엽(2018).

에피소드를 시청하면 자동으로 삭제되고 다음 에피소드를 자동 저장해 주는 '스마트 저장 기능'까지 구축했다.

광고 기반 무료 모델을 채택하고 있는 유튜브는 가입형 OTT 서비스와 다른 사업전략을 추구해 왔다. 유튜브의 초기 사업전략은 '이용자 중심의 동영상 공유 생태계'를 구축하여 더 많은 이용자를 자사의 플랫폼에 체류시키는 방안에 초점을 두었다. 동시에 이용자를 플랫폼에 참여시키기 위해 저작권 보호를 위한 콘텐츠 검증 기술과 자동번역 기술을 도입하여 플랫폼의 품질과 이용 편의성을 올리는 데 주력했다. 그 결과 방대한 UGV가 축적되자 더 많은 이용자와 창작자가 유튜브의 동영상 공유 생태계에 참여하는 눈덩이 효과가 발생했다. 그리고 최근 유튜브의 급속한 성장은 동영상 기반의 검색 기능이 견인하고 있다. 구글에 인수된 후 동영상 검색 기능을 강화한 것이 모바일 이용 환경과 맞물려 유튜브의 이용을 촉진한 것이다. 여기에 아마추어 창작자인 유튜버가 자신의 경험을 공유하는 'How to 동영상'을 제작하여 업로드하면서 유튜브 검색 결과에 대한 이용자의 만족도가 높아진 점도 성공 요인이다.

이제 유튜브는 자사의 무료 기반 OTT 서비스의 영향력을 유료 기반의 가입형 OTT 서비스로 확장하기 위한 콘텐츠 전략까지 추구하고 있다. 먼저 2016년 12월에 동영상 광고 없이 시청할 수 있는 월정액 기반의 '유튜브 프리미엄' 서비스를 출시하고 오리지널 콘텐츠를 제공하기 시작했다. 이에 따라 오리지널 콘텐츠를 확보하기 위해 제3의 제작사를 대상으로 막대한 제작비를 투자하고 있다. 미국뿐만 아니라 영국, 독일, 프랑스, 인도, 일본 등의 제작사를 선정하여 제작비를 무이자로 지원하고 그 1차 판권을 확보하고 있다. 또한 2017년에는 다양한 오리지널 실시간 채널을 제공하기 위해 '유튜브TV'를 출범시켰다. 2019년 2월부터 유튜브TV는 스포츠, 뉴스, 쇼와 관련한 실시간 채널과 VOD 스트리밍을 미국 전역에 제공하고 있다. 아직까지는 주 수익모델인 광고를 판매할 목적으로 오리지널 콘텐츠를 확보하고 있지만, 곧 오리지널 콘텐츠를 월정액에 따라 제공하는 넷플릭스, 훌루 등과 경쟁하는 방향으로 나갈 가능성이 크다.

마지막으로 아마존은 이커머스의 시장지배력을 OTT 서비스 시장으로 확장시키는 전략을 추진하고 있다. 아마존은 이미 2011년부터 OTT 서비스인 아마존 프라임 비디오 서비스를 제공해 왔다. 2014년에는 오리지널 콘텐츠를 확보하기 위해 게임 방송 플랫폼인 '트위치Twitch'를 인수했다. 초기 아마존의 OTT 서비스는 쇼핑에 대한 쿠폰으로 또는 주문 거래로 동영상을 제공하거나 아마존 프라임 가입자에게 무료로 VOD를 제공하는 방식이었다. 이는 동영상을 수익 모델로 한 것이 아니라 동영상 시청 도중에 상품 정보를 제공하여 이용자가 자연스럽게 쇼핑에 이르도록 유도하는 전략에 초점을 둔 것이다. 하지만 아마존은 2015년부터 오리지널 콘텐츠에 대한 투자를 확대하고, 2016년부터 아마존 프라임 비디오에 월 정액제 서비스를 도입하면서 본격적인 OTT 서비스 경쟁에 나서고 있다.

아마존의 또 다른 전략은 'OTT 서비스 통합 플랫폼'이다. 먼저 타 OTT 서비스를 좀 더 저렴하게 가입·이용할 수 있는 '아마존 스트리밍 파트너 프로그램streaming partners program'을 제공하고 있다. 또한 콘텐츠 제작사가 직접 올린 다양한 동영상을 이용자가 주문 거래 방식을 통해 시청할 수 있는 '아마존 비디오 다이렉트video direct' 서비스를 운영한다. 즉, 타 OTT 서비스와 이용자를 중개해 주는 통합 플랫폼을 지향하고, 더 많은 사람들이 자사 OTT 플랫폼을 경유하여 자사 이커머스에 이르도록 유도하는 전략인 것이다.

OTT 서비스와 유료방송의 관계는 어떠한가

OTT 서비스가 유료방송 시장을 빠르게 잠식해 나갈 것으로 전망되고 있다. 이러한 전망은 흔히 '코드 커터cord cutters'로 불리는 기존 유료방송 서비스의 해지 현상에 근거하고 있다. 하지만 OTT 서비스의 빠른 성장이 오히려 기존 유료방송 사업자에게 새로운 기회를 제공할 것이라는 진단도 많다. 이는 신규 미디어의 등장이 기존 미디어 이용을 단순히 '대체'하는 것이 아니라 전체 미디어 이용을 오히려 증가시키는 '보완'의 역할을 한다는 가설에 근거한다. 이처럼 OTT 서비스를 대체가 아닌 보완으로 인식하는 주요 근거는 무엇일까? 가장 강력한 근거는 전체 동영상 시청에서 실시간 TV채널 시청이 차지하는 높은 영향력이다. 즉, 매일 1시간 이상 실시간 TV채널을 시청하는 사람들이 여전한 만큼 '코드 커터'가 기존 유료방송 사업자에게 미칠 영향력은 크지 않다는 것이다. 이처럼 코드 커터의 영향이 크지 않을 것으로 전망하는 이유는 다음과 같은 세 가지 때문이다.

첫째, 전체 OTT 서비스 시장에서 실시간 TV채널 기반의 OTT 서비스Virtual MVPDs의 빠른 성장이다. 스트레티지 애널리틱스Strategy Analytics의 분석에 따르면, 2017년 2분기 대비 2018년 2분기의 미국 기존 유료방송 가입자는 3.6%가 감소했으나 vMVPD는 119.3%가 증가하여 전체 유료방송 가입자는 오히려 0.5%가 증가했다. vMVPD는 기존 유료방송 사업자가 인터넷에 연결 가능한 단말기로 실시간 TV채널 서비스를 제공하는 OTT 서비스를 말한다. 특히 이들 vMVPD는 저가 이용료를 채택하는 OTT 서비스와 경쟁하기 위해 '스키니 번들skinny bundle'을 제공하고 있다. '스키니 번들'이란 잘 보지 않는 100~200개 채널 대신에 꼭 필요한 채널만을 저가로 이용하면서 가정 내 TV뿐만 아니라 언제 어디서나 시청이 가능하도록 모바일 접근이 가능한 상품이다. 즉, OTT 서비스의 가입이 기존 유료방송 서비스의 대체라기보다 비용 절감을 위해 vMVPD로 이주한 '코드 세이빙cord saving'이라는 것이다.

둘째, 여러 유료방송 서비스와 OTT 서비스를 동시에 가입하고 있는 '복수 가입자'의 증가다. 티보Tivo가 2019년 2월에 발표한 「비디오 트렌드 리포트 Video Trends Report」에 따르면, 사람들은 자신이 원하는 동영상에 접근하기 위해 유료방송 서비스, 광고형 OTT 서비스, 가입형 VOD 서비스를 동시에 가입하는 현상이 뚜렷한 것으로 나타났다. 특히 넷플릭스, 아마존 프라임 비디오, 유료방송 서비스를 모두 가입한 비율이 10.6%로 가장 많았다. 넷플릭스와 아

〈표 3-6〉 미국 유료방송 가입자와 vMVPD 가입자 추이

(단위: 백만 가구, %)

구분	2107년 2분기	2018년 2분기	전년 대비 증가율	비고
전체 유료방송	93,332	93,789	0.5	
기존 유료방송	90,259	87,051	-3.6	
vMPVD	3,073	6,738	119.3	
• 슬링 TV	1,862	2,344	25.9	디시 네트워크Dish Network 제공
• 다이렉트 TV 나우 DirecTV Now	.491	1,809	268.4	AT&T 제공
• 훌루 라이브TV	.165	.955	478.8	훌루 제공
• 플레이스테이션 뷰 PlayStation Vue	.467	.745	59.4	소니 제공
• 유튜브TV	.078	.410	368.6	유튜브 제공
• 푸보fubo TV	-	.325	n/a	-
• 필로Philo	-	.150	n/a	-

자료: Strategy Analytics(2018).

마존 프라임 비디오의 복수 가입이 상당하다는 사실은 모건 스탠리Morgan Stanley가 실시한 조사에서도 확인되었다. 넷플릭스 가입자 중에서 아마존 프라임 비디오에도 가입한 복수 가입자의 비중이 2016년 33%에서 2017년 45%로 크게 증가했다. OTT 서비스와 기존 유료방송 서비스의 복수 가입 현상도 뚜렷하다. 더 디퓨전 그룹The Diffusion Group의 조사에 따르면, 2017년 기준 미국 vMVPDs 가입자의 34%가 기존 유료방송 서비스까지 가입한 '복수 가입자'로 나타났다. 복수 가입자가 많다는 사실은 '이용료' 부담에서 자유로울 경우 차별화된 동영상 시청에 대한 수요가 상당히 존재함을 시사한다. 즉, 고소득 가구는 기존 유료방송 서비스를 유지하면서 차별화된 동영상을 시청하기 위해 OTT 서비스를 동시에 가입할 가능성이 높다. 따라서 OTT 서비스의 진입과 확산은 다양한 사업자 간 서비스 경쟁을 촉진시켜 전체 미디어 시장을 키우는 긍정적인 역할을 기대할 수 있다.

셋째, 동영상의 다양성이 유발하는 단말기와 서비스 이용의 분화fragmentation 현상이다. OTT 서비스는 인터넷 동영상을 유료방송 서비스 영역으로 확장시켰고 동영상을 시청할 수 있는 단말기의 수를 증가시켰다. 이는 시청하고자 하는 동영상 장르에 따라 서비스의 가입과 단말기 이용에 대한 선호가 달라지도록 만들었다. 암페어 애널리시스(Ampere Analysis, 2017)의 OTT 서비스 이용자 조사에 따르면, 동영상 장르에 따라 이용 단말기와 시청 서비스의 선택이 영향을 받았다. 스포츠, 드라마, 코미디 등은 TV를 통한 시청에 적합하며 전통적인 채널 서비스를 선택하는 데 긍정적 영향을 주는 것으로 나타났다. 반면 리얼리티와 생활 장르의 경우 스마트폰과 태블릿을 통한 시청을 더 선호하며 VOD 서비스가 더 적합한 것으로 응답했다. 이처럼 동영상 장르에 따라 이용 단말기와 시청 서비스의 선호가 다른 것은 OTT 서비스와 기존 유료방송 서비스 간의 보완관계가 있음을 시사한다. 콘텐츠와 서비스 차이에 따라 기존 유료방송 서비스의 가입을 유지할 가능성이 높기 때문이다. 따라서 OTT 서비스의 확산에도 불구하고 차별화된 콘텐츠를 제공할 수만 있다면, 기존 유료방송 사업자가 여전히 유료방송 시장에서 영향력을 행사할 것이다.

한편, OTT 서비스가 기존 유료방송 서비스를 보완하는 역할을 할 것이라는 여러 가지 희망적 근거에도 불구하고 기존 유료방송 서비스의 전망은 매우 불투명하다. 가장 큰 이유는 OTT 서비스에 비해 기존 유료방송 서비스의 충성도가 부족하기 때문이다. 여러 조사에서 기존 유료방송 서비스 가입자의 상당수가 향후 '해지'를 고려하는 것으로 나타났다. 그뿐만 아니라 이용자의 지속사용 의도에 영향을 미치는 충성도에서도 기존 유료방송 서비스는 매우 저조한 평가를 받고 있다. 즉, '해지'의 위협이 증가하고 있지만 기존 유료방송 사업자가 가입자의 만족도와 충성도를 높이기 위한 노력을 충분히 경주하지 못했다고 볼 수 있다.

〈그림 3-7〉 선호 장르에 따른 단말기와 서비스 선택 영향

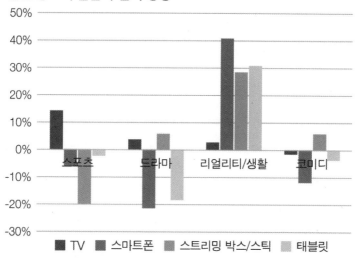

선호 장르의 단말기 선택 영향

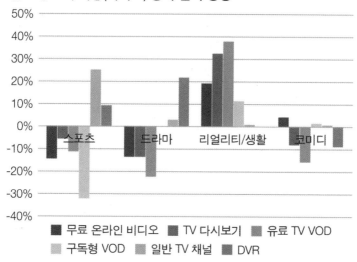

선호 장르의 시청(서비스) 방식 선택 영향

자료: Ampere Analysis(2017).

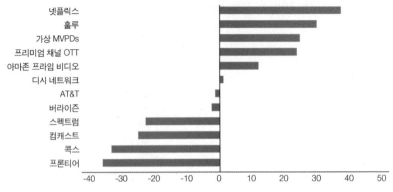

〈그림 3-8〉 서비스별 순수고객추천 지수

자료: Parks Associates(2018).

OTT 서비스의 빠른 성장이 TV광고 시장을 잠식해 가고 있는 점도 기존 유료방송 서비스의 전망을 어둡게 한다. 기존 유료방송 사업자가 vMVPD를 통해 OTT 서비스에 진입하더라도 자사 총 TV광고 매출은 감소하는 '자기잠식 cannibalization'이 발생하고 있기 때문이다. 오붐Ovum의 2019년 TV광고 지출비 전망에 의하면, 전 세계 총 TV광고 지출에서 광고형 OTT 서비스가 차지하는 비중은 전체의 18%로 증가하겠지만, 이 중에서 기존 유료방송 사업자에게 집행되는 광고 지출 규모는 16%에 불과할 것으로 예측했다. OTT 서비스의 확산으로 방송프로그램 기반의 광고 집행은 감소하는 대신 실제 이용자 노출 기반으로 집행되는 어드레서블addressable 광고가 증가한 결과다. 이러한 새로운 유형의 광고는 유튜브, 아마존, 넷플릭스 등처럼 이용자 분석 능력을 갖춘 OTT 사업자에게 절대 유리하다. 따라서 기존 유료방송 사업자는 콘텐츠 생산, 광고전략, 경쟁기업의 설정 등과 같은 비즈니스 전략을 새롭게 접근하지 않으면 시장에서 경쟁우위를 확보할 수 없을 것이다.

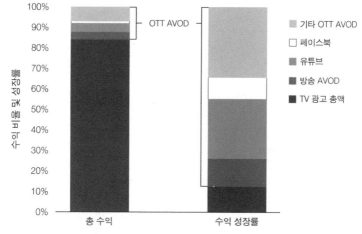

〈그림 3-9〉 2018년 세계 TV광고 지출 전망

자료: Ovum(2019).

국내 OTT 서비스의 과제는 무엇인가

세계 OTT 서비스 시장의 성장 속도에 비해 국내 OTT 서비스 시장의 성장
은 아직도 더딘 편이다. 방송통신위원회의 '방송매체 이용 행태 조사'에 따르
면, 국내 OTT 서비스의 이용률은 42.7%에 불과하다. 이처럼 국내 OTT 서비
스의 이용이 저조한 이유는 무료 인터넷 동영상 이용은 크게 증가하고 있는
반면 실시간 TV채널과 VOD를 제공하는 가입형 OTT 서비스의 이용이 저조
하기 때문이다. 실제로 국내 주요 OTT 서비스별 이용률을 살펴보면 가입형
OTT 서비스의 이용률은 모두 3%에 못 미칠 정도로 저조하다.

또 다른 이유는 국내 가입형 OTT 서비스가 갖는 사업 모델의 차별성 부족
이다. 넷플릭스가 주도하고 있는 해외의 경우, 가입형 OTT 서비스는 기존 유
료방송 서비스가 볼 수 없는 오리지널 또는 독점 VOD를 적극 제공하고 있다.
하지만 국내 OTT 서비스는 기존 지상파, 유료방송, 그리고 통신 사업자가 실

〈그림 3-10〉 국내 OTT 서비스의 이용률 추이

(단위: %)

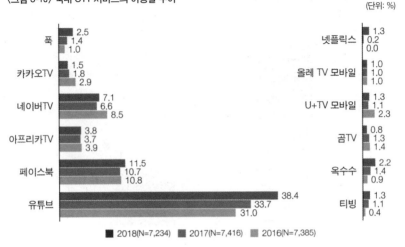

| | 2018(N=7,234) | 2017(N=7,416) | 2016(N=7,385) |

자료: 방송통신위원회, 각 연도 방송매체 이용 행태 조사 보고서를 재구성.

시간 TV채널과 VOD 다시보기를 제공하는 데 초점을 두고 있다. 1차 창구를 OTT 서비스로 한 차별적 콘텐츠는 거의 없고 이용 편의성을 높이는 서비스 차별화도 부족하다. 단지 기존 이용자와의 접점을 온라인 동영상 플랫폼으로 확장하기 위한 전략에만 초점을 두어 OTT 서비스에 진출했기 때문이다. 따라서 이용자가 인식하는 기존 유로방송 서비스와 가입형 OTT 서비스 간의 대체성은 매우 낮다.

실제로 방송통신위원회의 「2017년 방송시장 경쟁상황 평가 보고서」에 따르면, 국내 OTT 서비스 이용자의 85.2%가 유료방송 서비스를 계속 사용할 의사가 있는 것으로 나타났다. 그리고 OTT 서비스 이용자의 57.3%가 유료방송과 통신의 결합 상품 형태로 이용하고 있어, OTT 서비스가 유료방송 이탈을 막기 위한 보완 측면에서 제공되었음 알 수 있다. 향후 OTT 서비스가 유료방송 서비스를 대체할 것인지에 대해 그 가능성을 인정한 응답도 전체의 44.1%로 그리 높지 않았다.

다만, 향후 국내 OTT 서비스 시장의 성장 가능성은 상당히 높을 것으로 전망된다. 그 배경은 넷플릭스가 국내에 진출하여 차별화된 동영상을 공급하고 유튜브의 인터넷 동영상 시청 시간이 급속히 증가하면서 OTT 서비스 간 경쟁을 유발하고 있기 때문이다. 한국콘텐츠진흥원(2018)에 따르면 넷플릭스가 국내에 진출한 2016년 1월 이후 한국 오리지널 콘텐츠 제작에 투자한 비용은 약 1500억 원에 이른다. 이러한 공격적 투자에 대응하여 국내 가입형 OTT 서비스도 콘텐츠 확보와 서비스 차별화에 적극 나서고 있다. 우선 지상파방송 3사와 SK텔레콤은 두 사업자가 운영하는 푹과 옥수수를 통합하기로 했다. 가입자만 약 1300만 명이 되는 거대 OTT 서비스가 탄생될 전망이다. 옥수수는 푹과의 법인 통합과 별도로 웹툰 판권 확보, 아이돌 관련 오리지널 콘텐츠 제작, VR 콘텐츠 제작 등에 적극 나서고 있다. 또한 티빙은 그간에 자사 TV채널만을 제공하는 것을 넘어 타 사업자의 TV채널 제공에 나섰으며 큐레이션 서비스 '픽클'을 출시하는 등 넷플릭스의 국내 시장 공략에 적극 대응하고 있다.

국내 인터넷 동영상 이용에서 압도적인 우위를 차지하고 있는 유튜브가 인터넷 동영상 광고 시장에서 엄청난 매출을 올리고 있는 점도 네이버, 카카오 등이 광고형 OTT 서비스를 강화하도록 유도하고 있다. 디지털 마케팅 전문 업체 메조미디어가 공개한 「2018년 상반기 업종분석 리포트」에 따르면 2018년 상반기에 유튜브가 인터넷 동영상 광고로 올린 매출액은 1169억 원으로 전체의 40.7%를 차지했다. 이러한 유튜브의 급성장에 대응하기 위해 네이버와 카카오는 최근 이용자 중심의 개방형 동영상 생태계 구축에 주력하고 있다. 창작자와 이용자의 동영상 채널 제작을 독려하거나 인터넷 동영상 광고 수익을 창작자와 배분하는 인정과 보상 메커니즘을 도입하는 전략을 추진하고 있다.

이상을 종합하면, 국내 OTT 서비스 시장은 이제 본격적인 서비스와 콘텐츠 경쟁에 돌입했다. 먼저 가입형 OTT 서비스의 경우, VOD를 통한 가입자 유치 경쟁이 더욱 심화될 것이다. 특히 국내 유료방송 서비스 시장에서 VOD 매출이 차지하는 비중이 상당히 높은 만큼, VOD 시장에서 경쟁우위를 확보하기 위해 넷플릭스와 기존 유료방송 사업자 간에 오리지널 콘텐츠를 확보하려는 경쟁이 더 치열해질 전망이다. 그리고 광고형 OTT 시장에서는 인터넷 동영상 광고 시장을 놓고 창작자와 이용자의 동영상을 확보하기 위한 경쟁이 더 격화될 것이다. 즉, 유튜브가 이미 우위를 점하고 있는 이용자 중심의 개방형 동영상 생태계를 국내 사업자가 어떻게 공략하고 차별화할 것인지가 가장 큰 관건이다.

OTT 서비스가 향후 동영상 기반의 미디어 시장을 주도할 것은 자명해 보인다. 미디어와 콘텐츠 소비를 좌우하는 10대와 20대가 OTT 서비스의 주 이용자일 뿐만 아니라, N-스크린 이용 환경에 적합한 이용 편의성도 갖췄기 때문이다. 하지만 OTT 서비스를 제공하는 모든 사업자가 성공할 수는 없다. 현재 OTT 서비스 시장을 놓고 여러 사업자가 다양한 수익 모델로 경쟁하고 있다. 시장의 진입에 대한 특별한 제약이 없는 만큼 더 많은 사업자가 OTT 서비스에 진입하면서 그 경쟁의 강도는 점점 더 커질 것이다. 따라서 OTT 서비스 시장에서 성공 가능성을 높이고 경쟁우위를 확보하려면 사업자만의 차별화된 비즈니스 전략을 서둘러 마련하는 것이 매우 중요하다.

성공 가능성을 높이는 비즈니스 전략의 핵심 조건은 크게 세 가지로 요약된다. 첫째, 이용자들이 자신이 원하는 동영상을 손쉽게 발견하고 자신이 원하는 시간과 장소에서 이를 시청할 수 있도록 이용 편의성을 높이는 것이다. 방대한 콘텐츠 포트폴리오를 구축하고 접근 가능한 단말기를 확대하면서 이용자 분석 능력을 통해 맞춤형 및 개인화 서비스를 강화할 필요가 있다. 둘째, 다른 사업자와의 차별화를 높일 수 있도록 고품질 콘텐츠를 확보해야 한다. 그것이 동영상이든 실시간 TV채널이든 해당 사업자에서만 시청할 수 있

<표 3-7> 국내 OTT 서비스의 최근 동향

서비스(사업자)	주요 서비스	최근 전략
푹 (지상파3사)	• 지상파 채널 제공 • 광고 없는 콘텐츠 제공 • 동시 시청, 이어보기, 큐레이션 기능 제공	• 옥수수와 법인 통합 추진
티빙 (CJ ENM)	• CJ 채널 및 영화 제공 • 개인방송, 크리에이터 콘텐츠 제공	• 타 사업자 채널 제공 • 큐레이션 서비스 '픽클' 출시

옥수수
(SK텔레콤)
	• CBS, BBC 등 해외 방송사의 독점
	  시리즈 제공
	• 예능 자체 제작 및 제공
	• 국내 최다 스포츠 채널 제공
	• 방송클립, MCN, 자체 제작 프로그램
	  제공
		• 푹과 법인 통합 추진
		• 웹툰 판권 확보
		• 아이돌 관련 오리지널 콘텐츠 제작
		  확대(SM엔터테인먼트와 제작 제휴)
		• VR 콘텐츠 제작(옥수수 소셜, VR
		  스포츠 콘텐츠 등)

올레 TV 모바일 (KT)	• 드림웍스 채널 독점 공급 • 실시간 채널 Full HD 서비스	• 아이돌 관련 오리지널 콘텐츠 제작 확대 • MCN 기반 자체 콘텐츠 제작
네이버TV	• 방송프로그램 실시간/VOD 제공 • UGV 무료 제공 • TV용 VLive 앱 출시(아이돌 개인방송)	• 크리에이터 양성 • 다양한 UGV 확보 및 제작 지원 (프리즘 라이브 스튜디오) • 오리지널 웹콘텐츠 제작
카카오TV	• 방송프로그램 실시간/VOD 제공 • 카카오TV 라이브앱 제공 • UGV 무료 제공 • 카카오톡 연동서비스, 양방향커머스 제공	• 유료 카카오 페이지 운영 • 이용자 생중계 채널의 지속 확대 • 콘텐츠 제작 전문 자회사 카카오M 설립 및 연예기획사 세 곳 인수
왓챠플레이	• 외화, 드라마 등 VOD 제공 • 광고 없는 콘텐츠 제공 • 사용자 취향 큐레이션 기능 제공 • 작품별 감상평 제공	• 콘텐츠 큐레이션 기술 강화(이용자 평점 기반 빅데이터 분석 기술 등)

자료: 언론보도 자료 재구성.

을 때 이용자의 충성도를 높일 수 있기 때문이다. 특히 오리지널 또는 독점 콘텐츠를 많이 보유하고 있는 사업자일수록 순수고객추천 지수가 더 높음을 주목해야 한다. 셋째, 비용 측면에서 가격 차별성이다. 제공하는 서비스에 비해 높은 이용료는 이용자로부터 외면을 받을 수밖에 없다. 가격 차별성은 상대적인 것이다. 이용 편의성과 차별화된 콘텐츠를 제공하는 수준에 대비해 이용료의 적정성을 판단하기 때문이다. 따라서 무조건 이용료를 인하하는 것보다 현재 제공하고 있는 자사 서비스의 가치가 적절한지를 면밀히 검토하는 작업이 선행되어야 한다.

이와 같은 비즈니스 전략의 핵심 조건은 국내 OTT 사업자에게도 동일하게 적용된다. 특히 국내의 경우 이용자가 인식하는 OTT 서비스와 기존 유료방송 서비스 간에 대체성이 매우 낮은 것에 유념해야 할 것이다. 서비스 간 보완은 각 서비스가 갖는 차별성이 서로 조화를 이룰 때 전체 수익에 기여할 수 있다. 가입자 이탈을 방지하기 위한 끼워팔기와 같은 소극적인 방안만으로는 넷플릭스의 강력한 공세에서 경쟁우위를 확보하기란 불가능함을 직시해야 한다.

참 고 문 헌

방송통신위원회. 2018. 「2018년 방송매체 이용행태 조사 보고서」.
송해엽. 2018. "넷플릭스의 주가 하락, 비즈니스 모델, 콘텐츠 전략". ≪KCA Media Issue & Trend≫.
한국콘텐츠진흥원. 2018. 「2018년 결산과 2019년 전망 세미나 자료집」.
DMC미디어. 2017. 「2017 인터넷 동영상 시청 행태 및 광고효과 분석 보고서」.
DMC미디어. 2018. 「2018 인터넷 동영상 시청 행태와 뷰어 그룹 및 Multi-Screen 이용 행태 분석 보고서」.

A. T. Kearney. 2018. "OTT Streaming in the Limelight."
Ampere Analysis. 2017. "The Future of TV in OTT world: A survival guide."
Cisco. 2019. "Cisco Visual Networking Index: Forecast and Trends, 2017-2022."
comScore. 2017. "State of OTT."
_____. 2018. "State of OTT: An in-depth look at today's over-the-top content consumption and device usage."
Google. 2012. The New Multi-screen World: Understanding Cross-platform Behavior.
Limelight Network. 2018. "The State of Online Video 2018."
Ofcom. 2018. "The Communication Market Report 2018."
_____. 2019. "Children and parents: Media use and attitudes report 2018."
Ovum. 2018. "Delivering OTT TV into the Mainstream."

_____. 2019. "Online Video Advertising Forecast: Broadcaster AVOD, YouTube, and Facebook, 2018–23."

Parks Associates. 2018. "Redefining Viewer Relationships: The New Approach in OTT."

Strategy Analytics. 2018. "U. S. Pay TV and Video Subscriber Update - 2Q 2018."

04 인터넷 뉴스 생태계의 현황과 전망

곽규태

인터넷 등 새로운 미디어 기술의 발달에 힘입어 뉴스 서비스와 관련한 제반 환경은 빠르게 급변해 왔다. 1994년 인터넷의 대중화 이후 2000년대 초반까지 이어진 'PC 인터넷 기반 서비스'라는 첫 번째 변화기를 넘어, 2008년 이후 보편화된 스마트 기기에 의한 '모바일 기반 서비스'라는 뚜렷한 두 번의 변화기를 거치며, 우리는 바야흐로 인터넷 뉴스 시대를 살아가고 있다. 이로 인해 우리는 포털 뉴스와 소셜네트워크서비스SNS 등을 통해 이전보다 다양한 뉴스 미디어와 콘텐츠를 만나고 있고, 뉴스 생산자의 폭발적 증가와 뉴스 소비자가 표출하는 다양한 목소리를 접하고 있다.

변화의 중심에는 인터넷 포털과 SNS가 자리한다. 이들 미디어는 과거 소수 일간지나 지상파 방송 등을 통해 개별적으로 이뤄지던 뉴스 이용 패턴을 송두리째 바꾸며, 어느새 뉴스 유통의 핵심 플랫폼으로 자리 잡았다. 무엇보다 이들 플랫폼은 서비스 영역을 모바일로 확장해 시공간의 제약이 없는 뉴스 이용 환경을 만들어냈으며, 뉴스 콘텐츠의 매개를 넘어 다양한 언론사가 제공하는 뉴스의 모음 제공과 개인 취향에 근거한 큐레이션 curation 서비스라는 편의를 제공해 준다.

한편 이러한 플랫폼 중심 뉴스 생태계의 도래로 전통적인 언론 사업자들은 위기를 맞고 있다. 특히 신문의 경우 '종이' 나름의 장점을 내세우며 종이 신문의 자생성과 영속성을 강조하는 주장들이 나란히 존재했으나, 인터넷과 미디어 기술의 발전으로 지속적으로 그 영향력을 잃어가고 있는 상황이다(양승찬 외, 2018). 독자의 감소가 구독료와 광고의 하락으로 이어져 경영이 악화되고 있고, 인터넷에 기반을 둔 다양한 '인터넷 언론'의 등장으로 뉴스 생산 및 유통의 경쟁 강도가 이전보다 매우 높아졌다. 결국 수익 성장세가 정체된 뉴스 시장에서의 경쟁 강화는 결국 사업자 간 갈등으로 이어지고 있고, 이로 인해 뉴스 플랫폼 사업자로 주도적 위치를 점하고 있는 포털과 신문사 간의 불편한 이해관계와 분쟁은 끊이지 않고 있다.

상황이 이렇다 보니, 인터넷 뉴스 생태계에서는 이전에 겪어보지 못한 문제점이 속출한다. 이용자들의 관심을 끌기 위해 언론사들이 경쟁적으로 선정적인 연성 뉴스를 쏟아내는 한편, 광고 수익을 높이기 위해 인터넷 이용자의 관심(키워드 등)에 맞춰 취재 없이 다른 뉴스기사를 모방하는 '뉴스 어뷰징'에도 동참한다. 무엇보다 심각한 건 경제적 동기와 더불어 특정한 정치적 이익을 얻기 위해 만들어진 '가짜 뉴스'와 같은 문제적 뉴스 콘텐츠가 다양한 뉴스 플랫폼을 통해 대중에게 확산되고 유통되고 있다는 점이다.

인터넷 기술의 발달이 뉴스 생태계의 진화와 뉴스 소비자 효용 증대에 기여해 온 바는 분명하다. 반면 그 폐단 또한 이전 시기와는 다르게 무시하지 못할 수준에 이르고 있는 형국이다. 이에 이 장에서는 국내 인터넷 뉴스 생태계를 진단해 보고, 향후 뉴스 생태계의 생산자와 유통자, 이용자 모두가 서로 공생할 수 있는 발전적 방향을 모색해 본다.

인터넷 뉴스 생태계의 현황은 어떠한가

매출 구조

신문 산업의 매출 구조를 살펴보자. 〈표 4-1〉에서 보는 바와 같이, 2017년 기준 국내 신문 산업의 전체 매출 규모는 약 3조 7700억 원에 이르며, 이 중 종이 신문이 전체 매출액 비중의 87%, 인터넷 신문이 13%가량을 점유하는 것으로 나타난다. 신문 매체들은 공통적으로 전체 매출에서 광고 수입에 대한 의존도가 60% 내외로 매우 높게 나타났으며, 그 밖에 부가 사업과 기타 사업 등을 통해 평균 수입의 22% 이상을 벌어들인다. 반면 구독료를 포함한 종이 신문의 판매 수입이 차지하는 비중은 14.3%로 매우 저조하다(한국언론진흥재단, 2018a). 이러한 결과는 종이 신문이든 인터넷 신문이든 광고 수익과 부가 사업을 통한 수익 창출에 언론사의 사활이 걸려 있음을 설명해 준다.

<표 4-1> 신문 산업 매출액 구성 현황(2017년 기준)

(단위: 백만 원)

구분	광고 수입	부가 사업 및 기타 사업 수입	종이 신문 판매 수입	인터넷상의 콘텐츠 판매 수입	합계	%
	(%)	(%)	(%)	(%)	(%)	
종이 신문	1,949,144	679,851	468,958	174,616	3,272,569	86.8
	(59.6)	(20.8)	(14.3)	(5.3)	(100.0)	
인터넷 신문	308,115	160,786	-	27,989	496,890	13.2
	(62.0)	(32.4)	-	(5.6)	(100.0)	
합계	2,257,259	840,637	468,958	202,606	3,769,459	100.0
	(59.9)	(22.3)	(12.4)	(5.4)	(100.0)	

자료: 한국언론진흥재단(2018a).

사업자 현황

「신문 산업 정기간행물 등록 및 증감 현황」에 따르면(〈표 4-2〉), 2019년 3월 현재 우리나라에 등록된 언론매체는 방송을 제외하고도 2만여 개가 넘는

<표 4-2> 신문 산업 정기간행물 등록 및 증감 현황(2019.3.2 기준)

구분		2015년	2016년	2017년	2018년	2019년	2018~ 2019년 증감(%)
일간/ 주간신문	신문	3,361	3,412	3,377	3,258	3,265	7(0.21)
	인터넷 신문	6,347	6,090	6,885	7,894	8,136	242(3.07)
	외신	74	74	74	74	74	0(0)
인터넷 뉴스 서비스		258	270	266	279	279	0(0)
뉴스통신	내신	20	22	23	24	25	1(4.17)
	외신	17	18	18	19	19	0(0)
잡지 등 정기간행물	잡지	5,008	4,931	5,107	5,211	5,228	17(0.33)
	정보	1,419	1,658	1,748	1,784	1,781	-3(-0.17)
	전자	34	62	65	161	161	0(0)
	기타	2,265	2,118	2,033	2,019	2,013	-6(-0.3)
	외국 지사	9	11	11	11	11	0(0)
계		18,812	18,666	19,607	20,733	20,992	259(1.25)

자료: 문화체육관광부(2019).

다. 여타 매체에 비해 가장 많은 비중을 차지하는 것은 당연히 '인터넷 신문'
이다. 2019년 기준으로 등록된 인터넷 신문만 8136개다. 이는 정기간행물에
등록된 전체 언론사의 40% 이상에 달하는 수치로, 종이 신문과 비교할 경우
인터넷 신문이 약 2.5배 많은 상황이다.

특히 인터넷 신문은 사업자가 꾸준히 증가 추세에 있어, 2018년 대비
2019년에 242개의 매체가 늘어난 것으로 보고된다. 이는 여타의 언론매체 사
업자 수가 정체 혹은 감소 추세에 있음을 고려할 경우, 인터넷 신문이 전통적
인 언론매체와 경쟁하며 뉴스 생태계의 또 다른 주류로 자리 잡아 가고 있음
을 보여주는 결과다.

인터넷 뉴스 이용

이어서 인터넷 뉴스의 이용 현황을 살펴보자. 먼저 〈그림 4-1〉에서 보는
바와 같이, 인터넷 뉴스의 이용률은 날이 갈수록 높아지고 있다. 2012년 63%

〈그림 4-1〉 인터넷 뉴스 이용률 추이(2012~2018년)

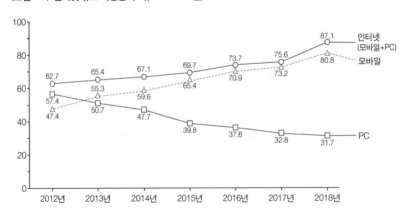

주) 전체 응답자: 2012년 n=5,000, 2013년 n=5,082, 2014년 n=5,061, 2015년 n=5,062, 2016년 n=5,128, 2017년
n=5,010, 2018년 n=5,040.
자료: 한국언론진흥재단(2018b).

수준이던 인터넷 뉴스 이용률은 2018년 87%에 달한다. 전 국민의 87%가 인터넷을 통해 뉴스를 접한다는 의미다. 특히 PC 인터넷 뉴스보다 모바일 인터넷 뉴스의 이용은 6년 사이 거의 두 배 가까이 상승해 왔다(한국언론진흥재단, 2018b). 뉴스미디어 이용률을 살펴봐도 완전 뉴스매체인 신문을 제외하면 모바일 인터넷을 통한 뉴스 이용률이 가장 높다. 참고로 일반 시민들은 뉴스의 이용에 있어 여타의 매체보다 모바일 포털을 통한 뉴스 이용을(매일 이용 40.6%) 가장 선호하는 것으로 확인됐고, 포털을 '언론'이라고 인식하는 비율도 전년도 54.2%에서 62.0%로 증가한 것으로 보고된다(한국언론진흥재단, 2018b). 바야흐로 모바일 미디어와 모바일 포털을 통한 뉴스 소비가 대세인 분위기다.

매체별 뉴스 이용 점유율

그렇다면 포털 뉴스의 이용 점유율은 타 언론매체와 비교해서 어느 정도 수준일까? 여론집중도조사위원회(2018)에 따르면(〈표 4-3〉), 전체 언론매체에서 포털의 뉴스 이용 점유율(뉴스 이용창구 기준)은 2015년 27.9%에서 2018년 35.5%로 3년 만에 7.6% 증가한 것으로 확인된다. 이러한 수치는 2018년 기준 지상파의 뉴스 이용 점유율이 21.7%이고, 종편 채널과 신문의 점유율이 각각 24.4%, 2.3%임을 감안할 때, 포털의 이용 점유율이 매우 높은 수준임을 보여준다. 전반적인 언론 매체들이 뉴스 이용 점유율에서 하락 추세인 데 비해, 뉴스 시장에서 포털의 영향은 지속적으로 확대되고 있는 셈이다.

포털 뉴스의 이용 집중도는 인터넷 뉴스 시장으로 좁혀서 바라볼 경우 더욱 확연하게 드러난다. 〈표 4-4〉에서 보는 바와 같이 인터넷 뉴스의 영역에서 포털 뉴스의 이용 점유율(뉴스 이용창구 기준)은 지속적으로 증가해 2018년 기준 89.3%에 이른다. 인터넷 뉴스 시장에서는 뉴스의 중개자인 포털 플랫폼이 뉴스 유통에 있어 거의 독보적인 영향력을 행사하고 있음을 보여주는 결

〈표 4-3〉 2015, 2018년 미디어별 뉴스 이용 점유율 추이

(단위: %)

매체군	뉴스 생산자 기준		뉴스 이용창구 기준	
	2015	2018	2015	2018
포털	-	-	27.9	35.8
지상파	32.3	24.5	30.3	21.7
종편	32.9	32.5	25.8	24.4
보도전문채널	15.1	18.5	8.5	11.2
신문	11.2	16.2	2.5	2.3
라디오	1.0	1.6	-	0.6
기타	7.4	6.7	4.9	4.0
전체	100	100	100	100

자료: 여론집중도조사위원회(2018: 64).

〈표 4-4〉 연도별 상위 20개 사이트 뉴스 이용 점유율(뉴스 이용창구 기준)

(단위: %)

유형	2016		2017		2018	
	사이트 수	이용 점유율	사이트 수	이용 점유율	사이트 수	이용 점유율
포털	4	85.6	4	86.3	5	89.3
일간지 온라인	10	6.9	8	6.0	8	4.6
통신사·보도전문채널 온라인	2	1.3	2	1.5	2	1.0
종편 온라인	-	-	1	0.4	1	0.5
지상파 온라인	1	0.2	1	0.3	1	0.3
뉴스큐레이션	1	1.2	1	1.0	2	0.5
인터넷뉴스 온라인	2	0.6	3	0.9	1	0.2
기타	139	4.2	136	3.6	162	3.6
합계	159	100.0	156	100.0	182	100.0

자료: 여론집중도조사위원회(2018: 52).

과다. 참고로 최근 SNS나 모바일 메신저MIM 등 새로운 미디어들도 적극적으로 뉴스 기사를 유통하고 있으므로 이러한 상황을 종합하면 인터넷 뉴스의 유통 환경은 주력 매체인 포털과 신생 매체인 소셜미디어를 통해 대다수의

뉴스 공급이 이루어진다 해도 과언이 아니다. 결과적으로 이러한 인터넷 뉴스 시장의 변화는 전통적인 언론사들의 뉴스 생산과 뉴스 공급에 있어 커다란 위협과 제약으로 다가올 수밖에 없다.

인터넷 뉴스 생태계의 경제적 특징은 무엇인가

스마트미디어가 보편화된 최근의 뉴스 이용 환경에서는 무엇보다 전통적인 언론매체(예컨대 신문 잡지 등)의 쇠퇴와 모바일 인터넷을 활용한 뉴스 이용의 증가가 두드러진다. 아울러 인터넷 포털 및 SNS 등의 소셜미디어를 통한 뉴스 유통 증가가 특징적이다(〈그림 4-2〉). 즉, 전통적인 뉴스 생산자보다는 이들의 뉴스 콘텐츠를 뉴스 이용자들에게 통합적으로 매개 혹은 재매개하는 플랫폼 사업자의 역할이 매우 막강해졌다. 한편 플랫폼 사업자가 중심이 되는 인터넷 뉴스 생태계에서는 다음과 같은 경제적 특징의 변화가 포착된다.

먼저 뉴스 생산 시장의 진입장벽은 낮아졌고, 전통적인 뉴스 생산자의 시장 지위가 대폭 하락했다. 앞서 살펴본 바와 같이 인터넷 시대의 도래로 뉴스 콘텐츠를 생산하는 사업자의 수는 폭발적으로 늘었다. 본래 전통적인 뉴스 시장은 언론사의 브랜드와 명성을 기반으로 독자들의 주목을 얻어야 하고(박주현, 2014), 특히 인쇄매체의 경우는 배달 및 판매 조직을 갖추어야 해서 나름 시장 진입장벽이 높은 편에 속했다(양승찬 외, 2018). 그러한 이유로 일반적으로 신생 업체가 진입하기 쉽지 않은 경쟁구조를 유지해 왔다. 하지만 포털과 같은 플랫폼 사업자의 등장으로 이러한 조건을 충족하지 못하는 사업자일지라도 뉴스 시장에 자유롭게 진입할 수 있는 길이 열렸다. 인터넷 뉴스 생태계에 있어 이른바 포털 뉴스의 등장은 뉴스의 생산자와 공급자의 분리 및 분업화를 촉진시켰고, 인터넷 기술 환경의 변화로 인터넷 기반 언론사가 새로운

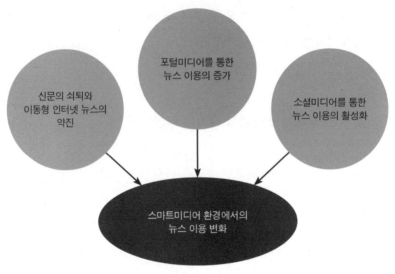

포털미디어를 통한
뉴스 이용의 증가

신문의 쇠퇴와
이동형 인터넷 뉴스의
약진

소셜미디어를 통한
뉴스 이용의 활성화

스마트미디어 환경에서의
뉴스 이용 변화

자료: 양승찬 외(2018).

뉴스 생산자로 성장할 수 있게 된 것이다(곽규태·이상우·홍성철, 2018). 예컨대 포털은 이들 신생 사업자들에게 뉴스 이용자(독자)와 만날 수 있는 가교를 제공해 주었고, 자신의 플랫폼에 입점한 신생 언론의 낮은 브랜드 인지도 문제를 해결해 주었다. 이로 인해 포털 플랫폼에서는 인터넷 기반 뉴스 사업자의 지속적인 시장 진입, 오프라인 전문 매체의 대중화, 지역 언론과 잡지 뉴스의 온라인 부가가치 창출이 가능하게 되었다(오세욱·정세훈·박아란, 2017). 그러나 다른 한편으로 이러한 변화는 전통적인 언론 사업자가 누려온 뉴스 생산의 시장 지위를 하락시켰다. 뉴스 콘텐츠를 공급할 수 있는 사업자의 증가로 경쟁이 심해졌고, 이로 인해 기존 언론사들은 뉴스 이용률의 하락과 광고 수익 감소라는 어려움을 겪게 되었다.

다음으로 인터넷 뉴스 유통 시장은 포털 등 플랫폼 사업자에 의해 주도되는 것이 특징이다. 오늘날 우리나라 국민의 대다수는 포털에 접속해 인터넷

〈그림 4-3〉 온라인에서 뉴스를 보는 경로

(단위: %)

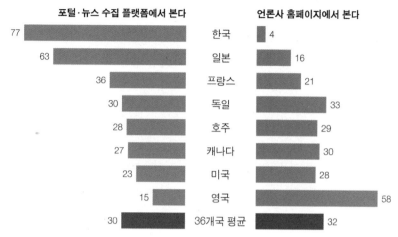

자료: 김선호·김위근(2017).

뉴스를 이용한다. 〈그림 4-3〉에서 보는 바와 같이 응답자의 77%가 포털에 접속해 온라인 뉴스를 이용하고 있는 것으로 확인되는데, 이는 비교 대상 국가 36개국의 포털 뉴스 이용 평균인 30%보다 두 배가 넘는 수치다. 반면 언론사의 개별 홈페이지를 통해 인터넷 뉴스를 이용하는 사람의 비중은 전체 응답자의 4%에 그쳤다(김선호·김위근, 2017). 다른 국가의 평균치(32%)와 비교할 때 가장 낮은 수준의 개별 언론사 홈페이지 이용률을 기록한 것이다. 이는 우리나라 인터넷 뉴스의 이용과 소비가 보편적으로 포털과 같은 통합 뉴스 플랫폼을 통해 이루어짐을 보여준다.

한편 플랫폼의 영향력이 막강한 뉴스 생태계에서는 과거와 달리 뉴스 선택과 소비의 주도권이 뉴스 생산자보다는 뉴스 이용자에게 부여되고 있다. 과거의 뉴스가 생산자인 기자와 PD가 선정한 뉴스 가치를 중심으로 '독자들이 알아야 할 이슈'를 바탕으로 하는 경성뉴스hard news 중심이었다면, 포털 뉴스의 등장 이후에는 뉴스 소비자들이 '알고 싶어 하는 이슈' 중심으로 전환이 이뤄지고 있다(조영신·유수정·한영주, 2015). 이용자 자신의 기호와 취향에 따라 뉴스의 취사선택과 이용이 이루어지기 때문이다. 예컨대 수많은 언론사들이 각각 수백 건씩의 인터넷 뉴스를 쏟아내고 있지만 실제 이용자들에 의해 선택받는 뉴스는 그리 많지 않다. 자사 뉴스가 절반 이상 소비되던 과거와는 사뭇 다른 미디어 환경이다. 그만큼 뉴스 기사는 양적으로나 내용적으로 급격히 늘었고 흔해졌다. 따라서 뉴스 콘텐츠 공급 과잉의 시대에는 오히려 이용자의 선택 권한이 늘어날 수밖에 없다. 여기에 새로운 뉴스 플랫폼이 가진 서비스 특성도 뉴스 이용자의 주도권을 신장시켰다. 예컨대 포털은 인터넷 뉴스의 편집자뿐 아니라, 뉴스 이용자에게도 게이트키퍼로 활동하는 환경을 제공하고 있으며(김경희, 2016), 이와 유사하게 소셜미디어들도 자신과 관계망을 구축한 지인들과 자신의 관심사를 기반으로 뉴스를 취사선택해 공유할 수 있도록 돕는다. 따라서 이들 뉴스 플랫폼은 지속적인 이용자의 유입을 위해 대중의 선호에 근거한 뉴스 서비스를 제공하고, 이들의 취향과 선호를 실시간으로 보여주며 이를 반영하는 역할을 수행한다. 다양한 뉴스 공급원으로부터 생산된 수많은 기사들을 나름의 새로운 뉴스 가치에 따라 재배열하고 제목을 달아 처리하는 방식인 것이다(박주현, 2014). 따라서 플랫폼 중심의 인터넷 뉴스 생태계에서는 뉴스 생산자보다는 이들의 기사를 선택하고 배열하는 플랫폼 사업자와 이들의 판단에 영향을 미치는 이용자들의 뉴스 소비 행위가 더욱 중요한 게이트키핑의 원칙이 되고 있다.

끝으로 인터넷 뉴스 플랫폼의 특성에 맞는 새로운 뉴스의 내용과 형식이 등장하고 있다. 전통적인 뉴스의 가치가 인터넷 뉴스의 시대를 맞아 변하고 있기 때문이다. 본래 뉴스 가치news values는 '언론매체가 사실을 뉴스화하는 기준'으로, '어떠한 사건이나 이슈의 속성 가운데 언론매체에 해당 사건이나 이슈가 선택돼 보도될 가능성을 높이는 것'을 의미한다(Harcup and O'Neill, 2001). 전통적으로는 어떤 사실이 영향성, 시의성, 저명성, 근접성, 갈등성, 신

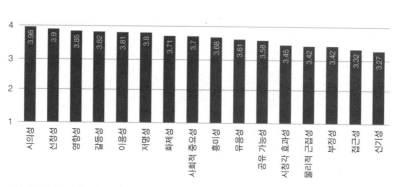

〈그림 4-4〉 포털 뉴스 이용에서의 뉴스의 가치(상위 16개, 5점 척도)

자료: 곽규태·이상우·홍성철(2018: 61).

기성 등의 요소 중 하나 이상을 가지고 있을 경우 뉴스가 될 가능성이 높았다 (곽규태·이상우·홍성철, 2018). 하지만 인터넷 뉴스 환경에서는 이러한 뉴스의 가치에 변화가 일고 있다. 예컨대 신문, 방송과 같은 전통적 매체와 포털, SNS와 같은 새로운 온라인 매체들의 뉴스 의제설정 패턴은 전혀 다른 양상을 보이는 것으로 나타난다. 전통적으로 중요하게 고려되어 온 객관성, 공정성 과 같은 객관주의 저널리즘의 가치 대신, 주관성, 당파성과 같은 새로운 뉴스 가치가 주목받고 있고(박주현, 2014), 무엇보다 인터넷 공간의 상호작용적 속 성과 멀티미디어 서비스 특성을 반영한 뉴스가 대중의 호응을 얻고 있다. 일 례로 정보통신정책학회가 2018년 9월, 18세 이상의 성인 남녀 558명을 대상 으로 시행한 '포털 뉴스 소비 행태 설문조사'에 따르면(곽규태·이상우·홍성철, 2018, 〈그림 4-4〉), 응답자들은 포털 뉴스의 소비에서 시의성, 선정성, 영향력, 갈등성 등의 뉴스 가치에 영향을 많이 받는 것으로 나타났다. 특히 선정성이 시의성에 이어 두 번째로 높은 점수를 받았다는 점은 주목할 만하다. 이와 함 께 흥미성, 공유 가능성, 시청각 효과성 등과 같이 인터넷 뉴스 매체가 제공하는 속성들이 비교적 높은 평가를 받았다. 포털은 오락적 요소와 흥미성이 강한 뉴스 소재들을 화면의 중앙에 배치해 이용자들의 시선을 집중시키며, 소셜미디어도 이용자의 이해와 흥미를 끌어당기는 자극적인 뉴스의 공유와 확산에 주로 동원되고 있는 상황은 이러한 변화를 입증해 준다. 이처럼 주관성, 선정성, 흥미성 등의 새로운 뉴스 가치의 부각은 인터넷 공간에서의 주류 뉴스가 연성화되는 데 영향을 미치고 있으며(박주현, 2014), 세부적으로 뉴스의 내용 측면에서는 '사적 영역의 뉴스화', '주관적 의견의 뉴스화', '조각 사건의 뉴스화'라는 풍조를, 뉴스 형식의 측면에서는 '문어체 탈피', '기사 형식 파괴', '멀티미디어 콘텐츠화'라는 특징적 변화를 유발하고 있다(김경희, 2016).

인터넷 뉴스 생태계가 직면한 과제는 무엇인가

포털 등 플랫폼 중심으로 뉴스 이용이 이루어지는 인터넷 뉴스 생태계에서 나타나는 특징적 변화는 이전에 겪어보지 못한 새로운 문제점과 부작용도 야기하고 있다. 몇 가지 대표적인 문제점들을 살펴보자.

첫째, 언론사의 양적 증가로 뉴스 생산자들의 생존 여건이 크게 위협받고 있다. 경쟁 강도가 심해진 인터넷 뉴스 시장에서는 자사의 생존을 위해 뉴스 생산자의 수익화 노력이 지속적으로 가열되고 있다. 인터넷 시장의 광고 수익이 뉴스 이용자를 연결해 주는 플랫폼 사업자에게 집중되면서, 인터넷 뉴스의 생산자들, 특히 구독률과 열독률 감소에 시달리는 신문 매체는 구독료 수익과 광고료 수익 감소라는 이중고에 시달리고 있다. 이를 타개하기 위해 뉴스 생산자들은 온라인 뉴스 콘텐츠 비즈니스 모델 수립을 위해 고심하고 있으며, 일각에서는 조심스럽게 뉴스 콘텐츠 유료화도 시도하고 있다(양승찬 외, 2018). 하지만 무료로 뉴스를 이용할 수 있는 대체 서비스들이 많이 있기

〈표 4-5〉 인링크와 아웃링크 뉴스 방식

인링크	구분	아웃링크
네이버, 다음	서비스 제공처	구글, 페이스북
포털 내에서 소비	뉴스 소비 형태	언론사 사이트에서 소비
포털 사이트	댓글 다는 곳	각 언론사 사이트
많이 본 순서 등 포털 내부 기준	뉴스 배열 기준	개별 언론사 판단
하나의 인터페이스에서 뉴스 소비 가능	장점	댓글, 순위 조작 가능성 낮음
여론 조작이 쉽고 이용자들로부터 뉴스가 '무료'라는 인식 심어줘	단점	불필요한 광고, 중소 사이트 마비 가능성

자료: 강미선·이해인(2018).

때문에 온라인 뉴스 콘텐츠를 유료로 이용하고자 하는 사람의 비율은 현재까지 매우 제한적이며, 따라서 온라인 뉴스 콘텐츠 유료화를 통한 수익 창출이 쉽지 않은 상황이다.

한편 일부 언론사와 포털 간의 갈등도 끊임없이 일어나고 있다. 예컨대 '아웃링크-인링크 뉴스 서비스 방식'과 관련한 입장 차가 대표적이다. 아웃링크는 포털에서 뉴스를 클릭할 경우 해당 기사를 작성한 언론사 웹페이지로 연결되는 것을, 인링크는 개별 언론사 사이트로의 연결 없이 포털 플랫폼 내에서 관련 기사를 이용할 수 있는 방식인데(〈표 4-5〉), 일부 언론사들은 뉴스 전재료 이외에 광고 수입을 얻지 못하는 상황이 되면서 뉴스 트래픽의 증가를 위해 아웃링크의 필요성을 주장하고 있다. 반면 또 다른 언론사들은 아웃링크를 통한 광고 수입 증가분이 인링크의 네이버 전재료 수입보다 적어질 수 있기에 인링크 방식을 선호하기도 한다.

둘째, 저널리즘 윤리를 위반하는 낮은 품질의 뉴스 콘텐츠가 확산되고 있다. 이는 앞서 언급한 바와 같이 언론사의 무분별한 증가로 인한 뉴스 생산 시장의 경쟁 강화 및 관련 언론사의 경영 악화와 밀접한 관련이 있다. 인터넷, 특히 모바일 시대의 뉴스 이용 환경으로 인해 언론사들은 이전보다 더욱 많은 양의 뉴스 기사를 생산해야 하는 환경에 놓였다. 한국언론진흥재단(2018c)

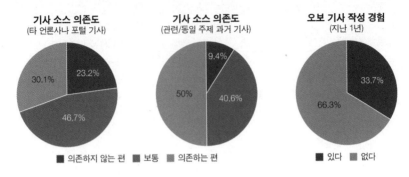

〈그림 4-5〉 언론인들의 기사 소스 의존도 및 오보 작성 경험

(단위: N=1336명, %)

기사 소스 의존도
(타 언론사나 포털 기사)

30.1%　23.2%
46.7%

기사 소스 의존도
(관련/동일 주제 과거 기사)

9.4%
50%　40.6%

오보 기사 작성 경험
(지난 1년)

33.7%
66.3%

■ 의존하지 않는 편　■ 보통　■ 의존하는 편

■ 있다　■ 없다

자료: 한국언론진흥재단(2018b).

의 언론인 의식조사에 따르면(〈그림 4-5〉), 우리나라 기자들이 일주일 평균 작성하는 기사 수는 22.4건(온라인 기사 13.6건, 오프라인 기사 8.8건)이고, 전체 응답자의 약 1/3이 지난 1년 동안 오보 기사를 작성한 경험이 있다고 답했다. 소수의 인원으로 최대한 많은 뉴스를 만들어야 하는 상황이다 보니 사실 확인을 거치지 못한 부정확한 기사들과 취재원이 제공하는 보도자료를 거의 그대로 활용하는 경우는 당연히 늘어날 수밖에 없다. 이에 더해 언론인 의식조사에 따르면, 응답자의 약 77%가 기사 작성 시 타 언론사 사이트나 포털 기사에 어느 정도 의존하는 것으로 나타났고(5점 척도 기준 평균값 3.06), 관련(동일) 주제의 과거 기사에 대한 의존도도 대체로 높게(5점 척도 기준 평균값 3.44) 나타났다. 상황이 이렇다 보니, 일부 언론사들은 경쟁이 심화되는 인터넷 뉴스 시장에서 언론사 수익 제고를 위해 뉴스 콘텐츠의 차별화보다는 공공연하게 광고 수입의 기반이 되는 인터넷 클릭 수를 늘리고 트래픽을 유도하기 위한 편법을 자행한다. 예컨대 '단독'과 같은 속보성 기사, 선정적인 기사제목을 활용한 낚시성 기사(클릭베이트click-bait), 타 언론사나 자사의 뉴스 기사를 거의 그대로 표절하는 뉴스 어뷰징news abusing, 특정 제품의 광고나 기업 홍보 목적에서 제작하는 콘텐츠를 뉴스의 형식으로 활용하는 등 광고 수익의 극대화를 꾀하는 폐단을 보이기도 한다.

셋째, 소셜미디어와 인터넷 동영상 서비스OTT 등을 통해 '혐오 메시지'와 '선동'을 목적으로 하는 가짜 뉴스와 허위 정보가 공공연하게 만연하고 있다. 이는 앞서 살펴본 선정적 기사, 뉴스 어뷰징 등과는 또 다른 차원의 문제다. 가짜 뉴스는 통상 '정치적, 경제적 이익을 위해 의도적으로 언론 보도의 형식을 차용해 유포된 거짓 정보'를 의미하는데, 기본적으로 뉴스의 정보도 거짓이고, 이용자들로 하여금 뉴스로 오인하게 만든다는 점에서 일반적으로 비고의성을 지닌 오보, 경제적 이익을 목적으로 하는 문제적 뉴스 기사와도 구분되는 개념이다. 널리 회자된 바와 같이 "프란체스코 교황이 트럼프를 지지", "베를린에서 러시아 국적의 미성년자가 난민들에게 성폭행 이후 살해당함", "독일의 앙겔라 메르켈 총리는 아돌프 히틀러의 딸"과 같은 터무니없는 기사들이 확산된 적이 있었는데, 흔히 접할 수 있는 이러한 가짜 뉴스들은 전 세계적으로 큰 문제다(오세욱·정세훈·박아란, 2017). 특히 우리나라에서는 이러한 가짜 뉴스가 언론매체와 제휴해 뉴스 콘텐츠를 공급하는 포털 서비스보다는 주로 소셜미디어와 OTT를 통해 보급되고 확산되는 특징이 있어 이에 대한 대응과 방책을 마련하기가 매우 어려운 상황이다.

끝으로, 플랫폼 중심의 뉴스 소비 풍토는 언론사의 의제설정agenda setting 기능을 약화시키고, 필터버블filter bubble에 대한 고민도 증가시키고 있다. 앞서 설명한 바와 같이 기본적으로 인터넷 플랫폼은 이용자의 선호와 기호에 민감한 특성을 가지고 있으며, 때문에 예전과 다른 새로운 뉴스의 가치들이 다양하게 혼재된 상태로 이용자에게 제공된다(박주현, 2014). 특히 포털의 경우는 다양한 언론사의 뉴스 기사들 속에서 이용자들의 뉴스 선택을 돕는 알고리즘을 지원하고 있어, 필터버블의 이슈가 수면 위로 부상하고 있다. 필터버블은 뉴스 플랫폼이 이용자에게 맞춤형 뉴스 정보를 제공하는 과정에서 이용자들이 특정 정보를 편식하게 되는 현상을 의미하는데, 특히 개인화된 알고리즘은 뉴스 콘텐츠와 만나 필터버블 현상이 극대화되는 경향이 있다(오세욱·정세훈·박아란, 2017). 예컨대 구글의 페이지랭크, 다음의 루빅스와 같은 알고리즘은 개인 이용자의 취향과 선호에 따른 맞춤형 서비스를 제공한다. 이러한 서비스는 개인 이용자에게 매우 큰 편리함을 제공하지만, 또 다른 측면에서는 반대 의견이나 관심이 적은 소식에 대해 이용자를 차단해 버림으로써 이용자를 '버블' 속에 가두는 부작용을 초래하기도 한다(황용석·권오성, 2017). 결과적으로 개인은 다양한 사고의 기회를 놓치고, 자신과 다른 성향을 가진 사람들을 배척하거나 몰이해할 가능성도 높아진 셈이다.

인터넷 뉴스 생태계를 교란하는 유해한 콘텐츠는 무엇인가

그렇다면 인터넷상에서 만나는 가장 유해한 콘텐츠 유형은 무엇일까? 이와 관련해 최근 시행된 한국언론진흥재단의 설문조사 결과(〈그림 4-6〉)에 따르면, 일반 시민들은 '가짜 뉴스'를 가장 유해한 유형으로 인식하고 있는 것으로 나타났다.

더불어 이들은 유해한 인터넷 콘텐츠의 유형을 모두 가짜 뉴스의 범주로 인식하는 경향이 있었다. 예컨대 응답자들은 메신저를 통해 유포되는 속칭 '지라시'부터, 애드버토리얼advertorial 형식의 조작형 콘텐츠, 언론사의 오보, 편파적 기사, 광고성 기사와 함께 어뷰징 뉴스나 낚시성 기사의 유형 모두를 '가짜 뉴스'의 한 유형으로 인식하는 것으로 나타났다. 무엇보다 응답자들은 '언론사의 사실 확인 부족으로 생긴 오보(일반인들은 오보도 가짜 뉴스로 인식)'와 '언론기사 형식의 조작 콘텐츠', '지라시', '편파기사'의 유형을 가짜 뉴스의 범주에서 가장 유해한 유형으로 꼽았으며, 클릭 수를 높이기 위한 '낚시성 기

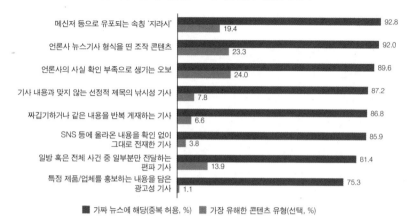

〈그림 4-6〉 가짜 뉴스의 범위와 가장 유해한 콘텐츠에 대한 일반 시민들의 생각

메신저 등으로 유포되는 속칭 '지라시' — 92.8 / 19.4
언론사 뉴스기사 형식을 띤 조작 콘텐츠 — 92.0 / 23.3
언론사의 사실 확인 부족으로 생기는 오보 — 89.6 / 24.0
기사 내용과 맞지 않는 선정적 제목의 낚시성 기사 — 87.2 / 7.8
짜깁기하거나 같은 내용을 반복 게재하는 기사 — 86.8 / 6.6
SNS 등에 올라온 내용을 확인 없이 그대로 전재한 기사 — 85.9 / 3.8
일방 혹은 전체 사건 중 일부분만 전달하는 편파 기사 — 81.4 / 13.9
특정 제품/업체를 홍보하는 내용을 담은 광고성 기사 — 75.3 / 1.1

■ 가짜 뉴스에 해당(중복 허용, %) ■ 가장 유해한 콘텐츠 유형(선택, %)

*N=1200명
자료: 한국언론진흥재단(2019).

사'와 '뉴스 어뷰징'의 유형은 상대적으로 이들보다는 덜 유해하게 인식하는 것으로 확인되었다. 이러한 결과는 인터넷 뉴스 생태계의 지속적인 성장과 발전을 위해 가짜 뉴스 및 저널리즘 품질 저하와 관련한 이슈를 보다 적극적으로 해결할 필요가 있음을 시사한다. 또한 문제적 콘텐츠가 다양해지고 교묘해져서 대중들이 가짜 뉴스의 폐해에 대해 명확하게 인식하고 있음에도 이를 구분해 내기가 어렵고, 문제적 콘텐츠의 유해성을 인식하는 데 다소 둔감해진 현실 또한 동시에 보여준다고 볼 수 있다.

한편 문제적 콘텐츠의 유형은 축약하면 '오보'와 '편파보도', '가짜 뉴스'와 '어뷰징 뉴스(클릭베이트 포함)'로 귀결이 가능하며, 이 중 이전 시대와 달리 인터넷 뉴스 생태계에서 새롭게 부상된 문제적 개념은 가짜 뉴스*와 어뷰징 뉴스로 볼 수 있다. 따라서 이 장에서는 인터넷 뉴스 서비스의 품질 저하에 주

* 가짜 뉴스에 대한 논의는 이전 시기에도 있었으나, 최근 뉴스 플랫폼에서 나타나는 가짜 뉴스의 전개 양상과 그 유형은 이전과는 다르기에 새로운 유형으로 이를 바라보고자 한다.

도적인 역할을 하고 있는 가짜 뉴스와 언론사의 경제적 동기로 자행되는 뉴스 어뷰징 현상의 유형과 특성을 집중적으로 조망해 본다.

가짜 뉴스

가짜 뉴스fake news는 현재까지 사회적으로 명확히 합의된 용어는 아니지만, 학술적 논의에서는 "콘텐츠 생산이 급격히 증가한 환경에서, 원본과 작성 주체의 불명확성이라는 특성을 감안해, 그 강도에 상관없이 정치적·경제적 목적으로 거짓 내용을 작성하고, 독자를 기만할 목적으로 뉴스 형식을 차용한 거짓 정보로서 이용자가 믿을 수 있는 뉴스 형식을 갖춰 한눈에 전체 내용을 파악할 수 없는 소셜미디어, 모바일 메신저 등 유통 플랫폼을 통해 콘텐츠 확산을 의도한 뉴스 형식의 정보"로 통용된다(오세욱·정세훈·박아란, 2017: 42).

이를 실체적으로 파악하기 위해 가짜 뉴스에 대한 다양한 유형화 작업이 진행되었다. 먼저 황용석과 권오성(2017)은 인터넷상에 유통되는 가짜 정보의 유형을 의도적으로 만들어진 '허위 정보disinformation', 진실을 가장해 고의로 조작한 '거짓 정보hoax', 비의도적으로 전파된 '오인 정보misinformation', 허구임을 인지할 수 있는 상태로 구성된 '패러디parodies', 근거 없이 퍼지는 소문과 같은 '루머/유언비어rumor'로 구분한 바 있고, 오세욱과 정세훈, 박아란(2017)은 의도성을 가지고 뉴스를 조작한 목적에 따라 '유머형 가짜 뉴스'와 애드버토리얼과 같은 '수익형 가짜 뉴스', 정치적 목적이 짙은 '기만형 가짜 뉴스', 봇bot을 이용해 자동 작성하고 전파하는 '봇 활용 가짜 뉴스' 등으로 유형화를 시도한 후, 가짜 뉴스로 논의되는 유형들과 유사 개념을 대상으로 작성 내용과 작성 목적, 독자 기만 여부, 작성 형식으로 범주화해 그 특징을 비교한 바 있다(〈표 4-6〉).

사실 가짜 뉴스와 같은 인터넷 뉴스 서비스의 부작용은 디지털콘텐츠로서

〈표 4-6〉 범주에 따른 가짜 뉴스의 분류

가짜 뉴스 구분	작성 내용	정치적 목적	경제적 목적	독자 기만	뉴스 형식
유머형 가짜 뉴스	거짓	낮음	높음	X	O
수익형 가짜 뉴스	거짓	낮음	높음	O	O
기만형 가짜 뉴스	거짓	높음	높음	O	O
봇 생성 가자 뉴스	거짓	높음	낮음	O	△
풍자	일부 거짓	높음	낮음	X	O
거짓말	거짓	높음	높음	O	O
정치적 선동	일부 거짓	높음	낮음	O	O
루머	일부 거짓	낮음	높음	O	X
오보	일부 거짓	낮음	낮음	X	O

자료: 오세욱·정세훈·박아란(2017: 41).

의 뉴스 상품 속성에 기인하는 측면이 강하다. 이전 시기보다 뉴스 콘텐츠의 생산량이 급격히 늘고 있고, 이를 다양한 용도로 활용 가능한 기술 환경이 구현되고 있으며, 더불어 원본과 사본의 차이 구분, 콘텐츠 작성 주체의 불명확성 등의 특징에 기인해 더욱 손쉽게 불법과 부작용이 늘어나는 셈이다. 특히 기만형 가짜 뉴스와 수익형 가짜 뉴스의 폐해는 심각한 수준이다.

알려진 바와 같이 가짜 뉴스의 광범위한 확산은 사회정치적으로 이념과 사상의 양극화를 조장하고, 여론을 호도하거나 선거에 영향을 미치기도 하며, 특정 이익집단의 부당한 경제적 이익 취득 및 상대방에 대한 경제적 손실을 야기한다(황용석·권오성, 2017). 무엇보다 가짜 뉴스는 대부분 사실 확인이 쉽지 않은 자극적인 내용들로 구성되어 모바일 메신저 등을 통해 비공개적으로 은밀하게 퍼지고 있고, 때때로 화제성이 강할 경우는 공개적으로 유통, 대거 확산되기도 하는 등 다양한 형태와 단계로 유통되기에 이에 대해 선제적으로 대응하기는 매우 어렵다. 따라서 이를 방지하기 위한 사회적 논의는 지금보다 더욱 심화되어야 한다. 가짜 뉴스가 야기하는 폐단이 우리 모두에게 영향을 미치기에 문제의 해결도 모두가 나설 때 가능하다. 이에 대한 실천적

수단으로는 이미 법적 규제와 자율 규제, 팩트 체크, 미디어 리터러시 교육, 저널리즘 품질 향상 노력 등의 대안들이 제기된 바 있다(오세욱·정세훈·박아란, 2017). •

뉴스 어뷰징

가짜 뉴스와 마찬가지로, 뉴스 어뷰징의 개념적 이해 역시 현재까지 다소 명료하지 않은 편이다. 그간 업계와 정부 측에서는 대체로 "동일하거나 비슷한 기사를 반복 전송해 언론사가 자사의 트래픽을 늘리려는 수법"으로 이를 이해해 왔고, 학계에서는 "특정 언론사가 기사 노출을 위해 자사의 뉴스를 (24시간 내에) 2회 이상 거의 동일한 내용으로 활용하는 행태"로 어뷰징을 정의해 왔다(최수진·김정섭, 2014; 조영신·유수정·한영주, 2015). 이는 부정한 행위 특성 중 '기사의 반복적 활용'과 '자기복제의 꼼수' 측면을 부각한 것이다. 이 외에 클릭베이트(낚시성 기사)의 개념과 혼용해 어뷰징의 정의를 설명하는 시도도 있었지만, 결국 이러한 어뷰징에 대한 개념들은 자칫 타사의 기사를 베껴 쓰는 더 심한 표절을 어뷰징에서 제외하는 문제점을 지닐 소지가 있다 (Kwak, Hong and Lee, 2018). 따라서 뉴스 어뷰징의 정의는 클릭 수를 높이기 위해 취재 없이 타 언론사의 기사를 베껴 생산해 내는 행위와 동일 매체에서 같은 내용의 기사를 반복 생산하는 행위를 모두 포괄하는 것이 옳을 것이다. 사실 미국과 유럽 등의 저널리즘 논의에서는 어뷰징이라는 용어를 사용하지 않는다. 굳이 유사한 용어를 찾자면 반복 뉴스repetitive news나 콘텐츠 재사용 content reuse 등의 표현이 있지만, 실제로는 클릭을 유도하는 낚시성 기사를 지칭하는 '클릭베이트'라는 용어의 이용을 선호한다. 그 이유는 타 매체의 기사를 베끼는 것 자체가 표절plagiarism로 지적재산권 위배에 해당돼 도덕적 비난

• 이와 관련한 세부 내용은 오세욱·정세훈·박아란(2017)의 연구보고서 64~73쪽 참조.

과 경제적 보상의 대상이 되기 때문이다. 또한 자사 기사의 제목을 바꾸어 이를 반복해서 송고하는 행위 역시 자기표절self-plagiarism에 해당되기 때문에 뉴스 공급자들은 이를 매우 경계하는 경향이 있다. 하지만 국내에서는 뉴스 시장에서 표절이라는 용어가 낯설고, 이 같은 사항이 기자들의 윤리로 확고히 자리 잡지 못한 상황이라서 어뷰징이라는 용어가 "지적생산물의 도둑질"이라는 의미보다 완화된 수준의 비난을 뜻하는 용어로 자리 잡은 측면이 있다 (곽규태·이상우·홍성철, 2018).

한편 뉴스 어뷰징은 자사의 기사를 더 많이 노출시켜 매체의 영향력을 높이고, 인터넷 신문과 포털 사업자가 운영하는 사이트의 광고 단가를 높이기 위한 목적에서 이루어지는 경우가 많다(Kwak, Hong and Lee, 2018). 인터넷 뉴스의 경우 수익에서 광고가 차지하는 비율은 절대적이고, 대다수 인터넷 언론사들은 광고를 기반으로 하는 수익 모델 이외에 여타의 뚜렷한 수익 대안이 없는 편이다. 그 때문에 이들에게 반복 전송을 통해 이용자들의 트래픽을 늘려 광고 단가의 상승을 노리는 뉴스 어뷰징의 유혹은 거부하기 힘든 측면이 있다. 결과적으로 인터넷 광고 경쟁의 심화로 언론사들은 양질의 뉴스 콘텐츠 생산보다는 광고 수익 창출을 위한 클릭 경쟁에 집중하게 되었고, 뉴스 어뷰징을 비롯한 비정상적인 언론 활동이 만연하게 된 측면이 있다(최수진·김정섭, 2014).

이미 언급한 바와 같이 어뷰징의 양상은 자신의 뉴스를 손쉽게 복제해 눈속임하는 한편, 타인의 저작물을 표절해 동일 혹은 유사상품을 확대 재생산하는 경향으로 이어지고 있다. 이 경우 온라인상에서 유통되는 뉴스 콘텐츠의 양적 확장에도 불구하고 실제로 뉴스의 다양성은 저하되어 이용자 입장에서는 질적 빈곤함을 느낄 수 있다(최수진·김정섭, 2014; Kwak, Hong and Lee, 2018). 더불어 선정적이고 자극적인 기사들이 유통되면 언론의 저널리즘 가치는 훼손되고 언론으로 인한 피해 구제의 실효성은 약화된다(조영신·유수정·한영주, 2015). 따라서 실제로 포털에 뉴스를 공급하는 언론사가 어떠한 정보가 담긴 뉴스를 얼마나 많이 온라인 공간에 쏟아내고 있는지, 더불어 이들이 생산한 기사가 진품인지 복제품인지, 어뷰징이 발생한다면 그 패턴과 양상이 어떠한지 등에 대한 다각적인 검토가 필요하다. 더불어 어뷰징의 판단 근거인 '동일하거나 비슷한 기사'의 측정과 판단에 대한 논거도 보다 정밀해질 필요가 있다. 이는 온라인 뉴스 콘텐츠의 다양성 강화와 뉴스 콘텐츠 거래의 합리적 대가 산정을 위한 기초 작업이다.

뉴스 생태계는 어떻게 공진화해야 하는가

지금까지 인터넷 뉴스 생태계의 현황을 진단하고, 인터넷 뉴스 생태계의 경제적 특징을 생산 시장, 유통 시장, 소비 시장, 상품 시장의 측면에서 살펴봤다. 이어 인터넷 뉴스 생태계가 직면한 갈등 요인 및 문제점을 진단하고, 인터넷 생태계를 위협하는 유해 콘텐츠인 가짜 뉴스와 뉴스 어뷰징의 특성과 대응책을 논의했다. 이러한 논의들을 종합해 인터넷 뉴스 생태계의 공진화 coevolution 방향을 정리해 보면 다음과 같다.

첫째, 뉴스의 생산자인 언론사들은 뉴스 이용자의 신뢰를 회복할 수 있도록 저널리즘 본연의 역할과 기능에 더욱 충실해야 한다. 인터넷 뉴스 이용이 보편화되면서, 무수히 많은 매체가 등장하고 이에 따라 이용 가능한 기사의 양도 엄청나게 증가해 뉴스 생산 경쟁은 이전보다 극도로 치열해졌다. 기본적으로 정당한 경쟁은 허용되어야 한다. 더불어 이러한 과정을 통해 양질의 언론사가 이용자에게 선택받아야 한다. 그러나 경쟁에서 우위를 점하기 위해 자행되는 편법과 불법은 용인될 수 없다. 따라서 언론사 스스로 뉴스 혹은 정보의 품질로 승부하는 자정 노력이 절실하며 이를 통해 신뢰를 확보해야 한다. 예컨대 뉴스 어뷰징 등 베끼기 관행을 근절하고, 팩트 체크를 확대함으로써 저널리즘의 기초 원칙인 독자 취재originality의 가치를 지켜갈 필요가 있다. 더불어 그러한 노력이 대우받는 시장 문화와 뉴스 이용자들의 품격도 형성되어야 한다.

둘째, 포털과 소셜미디어, OTT 등 플랫폼 사업자들은 유해 뉴스 콘텐츠를 감소시키고 차단해 문제적 콘텐츠를 통한 경제적, 정치적 이익 창출을 막는 자율적인 노력을 강화해야 한다. 예컨대 모바일 메신저를 통해 링크 형식으로 공유되는 가짜 뉴스의 경우 해당 플랫폼 사업자가 링크에 대한 부가 정보를 제공할 수 있을 것이고(오세욱·정세훈·박아란, 2017), 포털과 OTT의 경우 이용자 신고 제도를 도입해 누적 신고가 많은 콘텐츠는 심의를 거쳐 게시 여부를 최종 결정할 수도 있을 것이다. 여기에 더해 포털의 경우 전재료를 받는 협력 언론사의 평가기준을 더욱 고도화할 수도 있다. 즉, 언론사 기사의 클릭 수 외에도 기사의 품질, 언론사의 사회적 기여도, 뉴스 어뷰징 동참 여부, 가짜 뉴스나 오보 비율 등이 종합적으로 검토되어야 한다. 더불어 뉴스 이용자 보호를 위해 서비스 알고리즘을 개선하는 노력도 지속적으로 경주할 필요가 있고, 포털의 사회적 영향력을 고려해 다양한 이해관계자들에게 조금 더 적극적으로 포털 뉴스 시장의 현황 정보를 공개할 필요가 있다.

셋째, 시민사회단체와 이용자들은 저널리즘의 원칙을 준수하는 언론사를 후원하고 민주사회 발전을 지지하는 언론사들의 안정적인 수익 창출 방안에 대해 보다 적극적으로 관심을 가져야 한다. 합리적인 뉴스 콘텐츠 이용 대가에 대한 지속적인 논의도 필요하고, 전 국민에게 미디어 리터러시 교육을 보편화하고 강화할 필요가 있다. 이러한 과정을 통해 인터넷 뉴스 시장의 구조 조정과 혁신에 근거한 경쟁이 가능해질 것이다. 더불어 수준 미달인 언론사의 자연 퇴출과 전반적인 뉴스 생산 시장의 합리적 구조가 정착될 것으로 기대한다.

넷째, 인터넷 시장에 정부와 법률기관이 개입하는 것은 차선으로 미루어야 한다. 정부와 법률의 개입은 가장 빠르고 간단한 방법일 수 있지만, 앞서 보았듯이 인터넷상의 유해 콘텐츠 유형과 형태를 획일적으로 결정하기 어려우므로 유해 콘텐츠에 대한 기준을 정교하게 마련하지 못할 경우 자칫 시장의 성장과 혁신을 방해할 소지가 있다. 기본적으로 인터넷 시장은 사후 규제와 자율 규제, 네거티브 규제 원칙이 확보되어야 한다. 정부의 개입은 온·오프라인 콘텐츠에 대한 검열로 받아들여질 수 있는 부분이 있고, 유해 콘텐츠를 해결하기 위해 또 다른 정치적 목적이 개입될 개연성이 높기에 자칫 의도하지 않은 부작용이 나타날 수 있기 때문이다.

끝으로 뉴스 생태계의 주요 주체인 언론사와 포털 플랫폼이 상생·협력하려는 진정성 있는 노력도 강화되어야 한다. 예컨대 2016년 'JOB&'을 필두로 네이버와 언론사 간 시행되고 있는 13개 조인트 벤처 프로그램은 좋은 사례다. 이 방식은 기존 언론사가 만든 기사를 그대로 포털에 싣는 다수의 뉴스 공급 방식과는 달리 특정 주제에 대해 언론사와 포털이 협업하며 뉴스 콘텐츠를 기획하고 제작하는 방식인데, 이러한 조인트 벤처 프로젝트는 파트너 기업들의 수익 향상과 인터넷 공간의 서비스 저널리즘 확대에도 긍정적으로 기여하는 것으로 평가되고 있다(양승찬 외, 2018). 이처럼 콘텐츠 기업과 플랫폼 기업이 서로 협력해 인터넷 생태계에서 다양한 비즈니스 모델을 시도하고 콘텐츠 생태계 확장을 위해 노력할 필요가 있다. 이와 함께 전통적인 언론사들은 더 늦기 전에 동영상 콘텐츠, 상호작용 콘텐츠 등 인터넷, 모바일 시대에 걸맞은 뉴스 콘텐츠 제작 능력을 배양하기 위해 지속적인 노력을 경주해야 할 것이다.

참 고 문 헌

강미선·이해인. 2018.4.23. "댓글망국, 뉴스 아웃링크가 답". ≪머니투데이≫. https://news.
　　naver.com/main/read.nhn?oid=008&aid=0004041552

곽규태·이상우·홍성철. 2018. 「디지털 환경에서 뉴스의 가치」. 정보통신정책학회 연구보고서.

김경희. 2016. 「저널리즘 관점에서 본 모바일 기반 포털 뉴스의 게이트키핑과 이용자의 뉴스
　　이용」. ≪한국언론학보≫, 60(3), 117~144쪽.

김선호·김위근. 2017. 「디지털 뉴스 리포트 2017: 한국」. 한국언론진흥재단.

문화체육관광부. 2019.3.2. 정기간행물 등록관리시스템. 신문 산업 정기간행물 등록 및 증감
　　현황. https://pds.mcst.go.kr/main/regstatus/selectRegStatusDetail.do

박주현. 2014. 『인터넷 저널리즘에서 의제의 문제』. 커뮤니케이션북스.

양승찬·류민호·곽규태·김익현. 2018. 「포털과 언론사 간 조인트벤처 성과와 과제」. 한국언
　　론진흥재단 지정 2018-08.

여론집중도조사위원회. 2018. 「뉴스 이용집중도 조사보고서 2016~2018」.

오세욱·정세훈·박아란. 2017. 『가짜 뉴스 현황과 문제점』. 한국언론진흥재단.

조영신·유수정·한영주. 2015. 「포털 기사 공급 형태 및 매체 지위와 어뷰징과의 관계에 대한
　　탐색적 연구」. ≪한국언론학보≫, 59(6), 314~338쪽.

최수진·김정섭. 2014. 『인터넷 공간에서 기사 어뷰징 실태 및 개선방안 연구』. 한국언론진흥
　　재단.

한국언론진흥재단. 2018a. "2018 언론산업통계".

_____. 2018b. "2018 언론수용자 의식조사".

_____. 2018c. "2018 언론인 의식조사".

_____. 2019.2.25. "일반 시민들이 생각하는 뉴스와 가짜뉴스". ≪미디어이슈≫, 1호.

황용석·권오성. 2017. 「가짜뉴스의 개념화와 규제수단에 관한 연구」. ≪언론과법≫, 16(1),
　　53~101쪽.

Harcup, T. and D. O'Neill. 2001. "What is news? Galtung and Ruge revisited." *Journalism
　　Studies*, 2(2), pp.261~280.

Kwak, K., S. Hong and S. Lee. 2018. "An Analysis of a Repetitive News Display
　　Phenomenon in the Digital News Ecosystem." *Sustainability*, 10(12), p.4736.

05 뉴스 인게이지먼트 행동의 유형과 의미

정용국

인터넷 시대가 열린 후로 언론 산업의 근간을 흔드는 변화는 항상 뉴스 유통의 영역에서 시작했다. 즉, 뉴스를 생산하는 과정보다는 뉴스를 유통하는 과정에서 일어난 변화가 언론 산업에 더 강력한 파괴력을 행사했다. 과거 종이 신문 시대에 뉴스 생산과 유통을 독점하던 언론사는 인터넷 환경에 제대로 적응하지 못하면서 네이버와 다음으로 대표되는 인터넷 포털 사업자에게 뉴스 유통의 통제권을 넘겨주었다. 최근에는 스마트폰 이용이 보편화되면서 소셜미디어가 인터넷 포털에 버금가는 디지털 뉴스중개자로 부상하고 있다. 뉴스 유통 방식의 변화는 미디어 이용자가 뉴스를 소비하는 행동을 즉각적으로 변화시켰다. 인터넷 이전 시대에는 신문이든 방송이든 정해진 시간에 뉴스가 전달되었고, 소비자는 생산자의 스케줄에 맞춰 뉴스를 소비할 수밖에 없었으며, 소통 방식 역시 일방향적이었다. 인터넷 포털 시대의 소비자는 자신이 원하는 뉴스를 검색하고, 하루 중 언제든지 자신이 편한 시간에 뉴스를 이용할 수 있으며, 댓글을 통해 자신의 의견을 표명하고 다른 사람의 의견을 확인할 수 있게 되었다. 이제 소셜미디어 시대의 소비자는 뉴스 이용에 있어서 훨씬 더 높은 자유를 향유할 수 있게 되었다. 자신의 관점과 취향에 맞는 언론사와 언론인을 '구독'하고, 자신이 좋아하는 뉴스에 '좋아요'를 누르고, 다른 사람들에게 널리 알리고 싶은 뉴스를 지인들과 '공유'하고, 때로는 자신의 의견을 덧붙여 '추천'하기도 한다. '참여·공유·개방'이라는 웹 2.0의 핵심 가치가 구현된 소셜미디어는 이용자들이 간편하고 다양한 방식으로 정보 소비 과정에 참여할 수 있는 기능을 제공하고 있다. 소셜미디어의 종류에 따라 차이는 있지만, 대부분의 소셜미디어는 '게시물 읽기 및 쓰기', '댓글 혹은 답글 달기', '좋아요, 공감, 이모티콘 표시하기', '공유하기' 등의 기능을 기본적으로 제공한다. 물론 이용자들이 이런 기능들을 모두 이용하는 것은 아니며, 어떤 기능은 다른 기능에 비해 더 많은 노력과 시간을 요구하기도 한다. 그럼에도 불구하고, 소셜미디어를 이용하여 뉴스를 소비하는 사람들은 기존의 단순하고 일방적인 뉴스 소비 방식과 달리 다양하고 능동적인 방식으로 뉴스 소비에 참여할 수 있는 기회를 얻는 것은 분명하다. 한국언론진흥재단이 최근에 실시한 조사에 따르면, 우리나라 소셜미디어 이용자들의 56.5%는 뉴스에 '좋아요'를 누른 적이 있으며, 36.8%는 뉴스를 다른 곳으로 '공유'한 적이 있고, 29.6%는 '댓글'을 작성한 적이 있으며, 13.4%는 뉴스를 직접 작성해서 올린 적이 있는 것으로 나타났다(한국언론진흥재단, 2017).

이 장은 소셜미디어 이용자가 뉴스 콘텐츠를 자발적으로 공유, 연결, 확산하는 경향이 빈번해지면서 다양한 형태의 참여적 소비 행동이 나타나고 있는 점에 착목하여, 이를 소비자 인게이지먼트engagement의 관점에서 살펴보고자 한다. 기존 문헌들은 인게이지먼트의 특성으로 '고객 스스로의 자발적 동기에 의하여 유발이 되며 고객과 기업·브랜드 간의 상호작용을 바탕으로 형성된다는 점'을 공통적으로 강조한다(Chan-Olmsted and Wolter, 2018; Brodie et al., 2011). 이러한 인게이지먼트의 특성은 최근 뉴스 소비자가 소셜미디어를 이용하여 뉴스 콘텐츠, 뉴스 생산자, 다른 뉴스 소비자와 적극적으로 상호작용하며 자발적으로 소비 과정에 참여하는 행동을 설명하는 데 적절하다.

또한 뉴스 소비자의 인게이지먼트 행동은 뉴스 생산에 중추적인 역할을 담당하는 언론사에도 중요한 관심 대상이다. 왜냐하면 기업의 성공은 결국 소비자의 구매 의사 결정에 달려 있고, 기업의 역량이란 그러한 의사 결정 과정에 얼마나 영향을 미칠 수 있는지를 말하기 때문이다(Oh et al., 2017). 국내와 국외를 막론하고 전 세계 언론사는 변화하는 미디어 환경에 대한 적응이 늦어지면서 생존의 갈림길에 놓여 있다. 특히 광고를 기반으로 하는 전통적인 비즈니스 모델이 더 이상 작동하지 않음으로써 언론사뿐만 아니라 저널리즘 산업 전체의 위기가 더욱 심화되고 있다. 이러한 상황에서 선도적인 언론사들은 뉴스 콘텐츠와 언론사에 대한 소비자의 인게이지먼트를 강화시킴으로써 언론의 위기를 타개하려는 노력을 하고 있다. 따라서 소비자 인게이지먼트가 저널리즘이 당면한 문제들, 예를 들어, 뉴스에 대한 지속적 이용, 기자에 대한 신뢰도, 언론사에 대한 충성도, 뉴스 콘텐츠의 유료 구매 행동 등에 어떤 영향을 미치는지를 살펴보는 것도 의의가 있을 것이다.

이 장은 크게 다섯 가지 주제로 구성되어 있다. 첫째, 인게이지먼트의 정의, 둘째, 뉴스 인게이지먼트 정의와 특성, 셋째, 뉴스 인게이지먼트 행동의 유형, 넷째, 뉴스 인게이지먼트 행동의 특성, 다섯째, 뉴스 인게이지먼트와 저널리즘의 관계에 대해 살펴본다.

인게이지먼트란 무엇인가

'인게이지먼트'라는 용어는 지난 20년 동안 사회학(예, civic engagement: 시민 참여 혹은 시민 관여), 교육학(예, student engagement: 학생 참여 혹은 학습 참여), 심리학(예, social engagement: 사회적 참여 혹은 사회 관여), 조직 행동(예, employee engagement: 종사자 참여 및 열의), 미디어(예, user engagement: 이용자 관여) 등 사회과학의 다양한 분야에서 사용되어 왔다(Brodie et al., 2011; 신현철·변숙은, 2016; O'Brien, 2016). 특히 2005년 이후 경영학 및 마케팅 분야에서도 '컨슈머 인게이지먼트consumer engagement', '커스터머 인게이지먼트customer engagement', '브랜드 인게이지먼트brand engagement'와 같은 용어가 빈번하게 사용되고 있다(Brodie et al., 2011). 하지만 그 용어의 활용 빈도가 늘어나고 있음에도 불구하고, 인게이지먼트에 대한 개념적 정의가 통일되지 않아서 여전히 연결connection, 애착attachment, 감정적 관여emotional involvement, 참여participation 등의 용어와 혼용되어 사용되고 있다. 특히, 국내에서는 인게이지먼트를 어떻게 번역해야 하는지에 대한 합의가 아직 이루어지지 않아서, 무리한 번역으로 용어가 가진 의미를 훼손하기보다는 영문 표기 그대로 사용하는 것이 바람직한 것으로 받아들여지고 있다.

학문 분야를 막론하고, 인게이지먼트에 관심을 가지게 된 계기는 인게이지먼트를 행하는 주체(예, 고객, 종사자, 이용자 등)의 자발적이고 능동적인 참여 행위를 설명해야 할 필요성이 생겼기 때문이다. 예를 들어, HCI Human-Computer Interaction 분야에서는 이용자가 컴퓨터 테크놀로지와 상호작용하면서 느끼는 경험 혹은 체험을 나타내기 위해 인게이지먼트라는 개념을 사용하기 시작했다. 이용자의 경험 혹은 체험은 도전감, 긍정성, 지속성, 심미적 혹은 감각적 소구, 주목, 피드백, 참신성, 상호작용성, 통제감 등 다양한 속성에 의해 특징지어질 수 있기 때문에(O'Brien, 2016; Oh, Bellur and Sundar, 2018), 이러한 경험의 질을 나타내기 위한 통합적 개념으로 인게이지먼트가 사용되는 경향이 있다. 또한 경영학 분야에서는 상품이나 서비스 구매와 관련된 소비자 행동이 복잡해지면서 사이트 방문자 수나 거래량과 같은 전통적 지표들이 소비자의 구매 행동을 더 이상 적절하게 반영하지 못한다는 한계를 인식하면서 인게이지먼트 개념에 주목하게 된다(Brodie et al., 2011). 특히 소셜미디어를 통한 정보 유통이 일상화되면서 소비자들이 자발적으로 구매 결정에 필요한 정보를 댓글, 공감 반응, 구전 등을 통해 공유하고 확산하는 경향이 일상화되면서, 소비자의 새롭고 다양한 형태의 상호작용적 행동을 인게이지먼트의 관점에서 바라보는 시각이 학계와 업계에서 공통적으로 증가하게 된다.

이렇듯 인게이지먼트에 대한 학문적 및 실무적 관심이 증가함에 따라, 다양한 분야의 연구자들이 인게이지먼트에 대한 개념적 정의와 특성을 밝히려고 시도했다. 특히 경영학 및 마케팅 분야의 연구자들은 고객을 기업 경영의 중요한 인적 자원으로 간주해 왔기 때문에, 상품이나 서비스 교환 과정에서 고객이 보여주는 인게이지먼트 행동의 중요성에 일찍부터 주목해 왔다. 더욱이 최근 '서비스 지배 논리service-dominant logic'가 대두하면서 소비자 인게이지먼트 행동은 더욱 강조되는 추세이다. '서비스 지배 논리'는 서비스를 제품을 보조하는 비생산적인 활동으로 간주하는 '제품 지배 논리good-dominant logic'와 정반대의 개념으로, 서비스를 실제 사용하는 고객의 입장에 중점을 두고 서비스 제공자와 고객 간의 상호작용을 통해 창출되는 서비스 가치를 극대화시켜야 한다는 주장이다. 즉, 서비스 지배 논리에서는 제품 또는 산출물에 부과되어 있는 가치보다는 고객과 서비스 제공자가 공동으로 창출하는 가치를 중요시하여, 고객을 '공동 가치 창출자value co-creator'로 바라보고, 이들의 참여를 강조한다(Vargo and Lusch, 2008; 남기찬 외, 2009).

인게이지먼트의 개념에 대한 무수한 논의가 있지만, 인게이지먼트의 본질은 "구매와 같은 거래적 행위를 넘어 브랜드와 기업과의 관계에서 자발적으로 나오는 소비자의 행동"이라는 것이다(Verhoef, Reinartz and Krafft, 2010). 브로디와 동료들(Brodie et al., 2011)은 사회학, 정치학, 심리학, 경영학, 마케팅 등 다양한 분야에서 수행된 인게이지먼트 관련 연구들을 광범위하게 검토한 후, 인게이지먼트를 "특정 서비스 관계에서 특정 대상(예, 브랜드, 제품, 기업)과의 상호작용적이고 동반가치창출적인 고객 경험에 의하여 생성된 고객의 심리적 상태"라고 정의 내렸다. 또한 이러한 심리 상태는 기업과 소비자가 공동의 가치를 창출하는 서비스 과정에서 형성되고, 또한 이 과정을 구성하는 중요한 연결 고리 중 하나이다. 또한 인게이지먼트는 인지, 감정, 행동의 다차원으로 구성된 개념이지만 각 차원의 상대적 중요성은 상황에 따라 달라지며, 그 정도 또한 변할 수 있다는 점을 강조한다.

소셜미디어 시대의 소비자는 소비 과정에 적극적으로 참여하며 기업과 함께 공동 가치를 창출한다. 소셜미디어는 기업의 비즈니스 모델을 바꿀 수도 있다. 예를 들어, 기업의 담당자는 소셜미디어를 통해 소비자의 필요와 요구를 즉각적으로 파악하여 사업 기회를 감지하거나 자원을 재조정하여 대응할 수 있을 뿐만 아니라 소비자와의 관계를 효율적으로 운영할 수 있다. 소셜미디어상에서 일어나는 소비자 인게이지먼트 행동은 콘텐츠를 소비하는 것에서부터 토론에 참여하고 다른 소비자와 상호작용하는 것까지 매우 다양하기 때문에, 제품과 서비스에 대한 구전 효과가 발생할 가능성이 높아질 뿐만 아니라 항시적으로 관련 정보들을 주변에서 찾을 수 있는 환경이 조성된다(Oh, Bellur, and Sundar, 2018). 이러한 소비자의 자발적인 행위로 기업은 별도의 광고비를 지출하지 않으면서도 광고 효과를 볼 수 있기 때문에, 소비자들 간의 커뮤니케이션을 활성화시켜서 고객 충성도를 높이며, 나아가 교차 판매와 프로모션 및 이벤트 등 마케팅의 도구로서 적극 활용할 필요가 있다(신현철·변숙은, 2016).

뉴스 인게이지먼트의 특성은 무엇인가

영어에서 '인게이지engage'라는 동사가 사용되는 문맥을 살펴보면, 주로 "주체 + engage in/with + 객체"로 사용된다. 즉, '인게이지'하는 주체(예, 고객, 소비자, 이용자)가 있고, 그 대상이 되는 객체(예, 브랜드, 미디어, 기술)가 있다. 인게이지먼트의 용례를 살펴보면, 일부는 주체를 중심에 놓고 명명하는 경우가 있고, 또 다른 경우는 객체를 중심에 놓고 사용하는 경우가 있다. 주체를 중심에 놓고 사용하는 경우는 커스터머 인게이지먼트customer engagement, 컨슈머 인게이지먼트consumer engagement, 유저 인게이지먼트user engagement, 오디언스 인게이지먼트audience engagement 등이다. 반면에 객체를 중심으로 명명하는 경우도 있는데, 브랜드 인게이지먼트brand engagement, 미디어 인게이지먼트media engagement, 광고 인게이지먼트advertising engagement 등이다. 주체 중심 명명의 경우 주체가 관여 혹은 참여의 행위자이기 때문에 용어 사용에 문제가 없지만, 객체 중심 명명의 경우 인게이지먼트는 '객체에 대해(예, with the media)' 혹은 '객체를 통해(예, through the media)'와 같은 식으로 이해하는 것이 적절하다 (Chan-Olmsted and Wolter, 2018). 따라서 뉴스 인게이지먼트라면 뉴스에 대한 혹은 뉴스를 통한 몰입, 연결, 관여, 참여와 같은 심리적 경험과 관련이 있다.

인게이지먼트는 뉴스 분야보다는 마케팅이나 광고 분야에서 광범위하게 사용되어 왔으므로, 브랜드 인게이지먼트나 광고 인게이지먼트의 정의를 참고할 수 있다. 예를 들어, 홀리벡(Hollebeek, 2011)은 브랜드 인게이지먼트를 "브랜드와의 직접적인 상호작용 과정에서 스스로 동기 유발되어 나타나는 고객의 브랜드에 대한 인지적, 감정적, 행동적 활동의 수준"이라고 정의한다. 또한 이와 유사하게 IAB(International Advertising Bureau, 2014) 역시 광고 인게이지먼트를 "브랜드에 긍정적인 영향을 주며, 광고와 관련된 소비자의 인지, 감정, 행동적 행동 및 경험의 범위"라고 정의한다. 그렇다면, 이러한 정의를 차용하여 뉴스 인게이지먼트는 "뉴스와의 상호작용 과정에서 스스로 동기 유발되어 나타나는 소비자의 뉴스에 대한 인지적, 감정적, 행동적 활동 수준"으로 정의할 수 있을 것이다.

하지만 이렇게 뉴스 인게이지먼트를 인지, 감정, 행동의 측면으로 구성된 다차원적 개념으로 정의하더라도, 인지, 감정, 행동 중 어떤 차원이 주도적으로 표출되는지는 인게이지먼트의 주체와 상황에 따라 달라진다는 브로디와 동료들의 지적을 고려할 필요가 있다(Brodie et al., 2011). 즉 소비자의 뉴스에 대한 인게이지먼트는 상황과 조건에 따라 인지적 차원(예, 인지적 정교화 혹은 주목 등), 감정적 차원(예, 뉴스 기사에 대한 강렬한 몰입 혹은 공감 등), 행동적 차원(예, 뉴스 퍼 나르기 혹은 뉴스 댓글 달기 등)으로 나타날 수도 있는 것이다. 전통적으로 미디어 분야에서는 미디어 콘텐츠나 인터페이스에 대한 인지적 및 감정적 몰입, 집중, 끌림, 호기심 등 인지 및 감정적 측면의 인게이지먼트에 집중해 왔다(Oh and Sundar, 2016; Oh, Bellur and Sundar, 2018; Calder and Malthouse, 2008). 예를 들어, 칼더와 맬트하우스(Calder and Malthouse, 2008)는 광고에 대한 소비자의 경험을 구성하는 2개의 요소를 '좋아함liking'과 '인게이지먼트'로 본다. 인게이지먼트는 좋아함과 질적으로 다른 경험이며, 소비자가 광고에 대해 어떤 강렬한 연결, 혹은 동기적 끌림을 경험하는 것을 말한다. 예를 들어, 광고를 좋아할 수는 있지만 나와의 특별한 연결(혹은 관여)이 없다고 생각할 수도 있고, 그 반대의 경우도 가능한 것이다. 이렇게 광고에 대한 인게이지먼트 요소가 인지와 감정과 같은 심리적 요소에 치우치게 된 것은 송신자와 수신자의 관계가 일방적이고, 수신자의 피드백 행위가 기술적으로 제한되었기 때문에 이용자의 능동적인 참여 행위가 발생하지 않았기 때문이다.

하지만 최근의 미디어 환경을 고려할 때, 소비자의 미디어 활용 및 콘텐츠 이용에서의 상호작용적 특성을 고려하지 않을 수 없다. 즉, 소비자가 능동적인 이용을 하건 그렇지 않건 간에, 정보의 생산, 소비, 확산의 모든 측면에서 이용자의 상호작용성이 발휘될 가능성이 높아진 것은 분명하다(Ksaizek, Peer and Lessard, 2016). 이렇게 소비자가 미디어와 물리적으로 상호작용하면서 정보의 내용과 흐름을 통제할 수 있게 된 환경을 고려할 때, 인게이지먼트에 대한 정의를 행동적 측면으로 확장할 필요성이 있다(Oh, Bellur and Sundar, 2018). 양정애와 최지향(2017)은 뉴스 인게이지먼트를 행동적 측면을 중심으로 살펴볼 때 생기는 장점으로 다음 세 가지를 제시한다. 첫째, 관여 혹은 참여 등과 같은 인접 개념과의 구분이 명확해진다. 둘째, 인게이지먼트의 선행 및 후행 요인과의 구분이 용이하다. 셋째, 인게이지먼트 행동의 관찰과 측정이 용이하다. 이와 같이 최근의 미디어 환경과 연구의 편이성을 고려할 때, 뉴스 인게이지먼트를 행동적 측면을 중심으로 살펴보는 것은 타당한 흐름이라고 볼 수 있다.

뉴스 인게이지먼트 행동의 유형은 어떠한가

디지털 뉴스 이용의 맥락에서 소비자의 인게이지먼트가 주로 행동적 지표를 통해 발현된다고 한다면, 그 다음으로 고려할 문제는 뉴스 소비자가 어떤 유형의 인게이지먼트 행동을 보이는지에 대한 것이다. 뉴스 소비자의 인게이지먼트 행동은 공유하기, 댓글 달기, '좋아요' 누르기 등이 대표적이지만, 최근 뉴스 유통 플랫폼의 연결과 공유 기능이 강화되면서 그 형태가 더욱 분화되고 있다. 또한 소셜미디어 및 뉴스 플랫폼의 상호작용성 구현 방식이 점점 발달하는 상황을 볼 때, 앞으로도 새로운 형태의 인게이지먼트 행동이 등장할 것으로 예상된다.

뉴스 인게이지먼트 행동이 다양해지면서 그 유형을 구분하고자 하는 시도

〈그림 5-1〉 소셜미디어에서 나타나는 뉴스 인게이지먼트 행동별 참여 수준

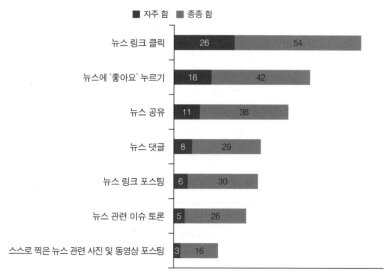

자료: Mitchell et al.(2016).

가 계속되었다. 흥미로운 점은 대부분의 연구들이 뉴스 인게이지먼트 행동을 관여 혹은 참여 정도에 따라 층위가 구분되며, 단계적으로 발전하는 위계 구조로 파악한다는 것이다. 대표적으로 미첼과 동료들(Mitchell et al., 2016)은 소셜미디어에서 나타나는 소비자의 뉴스 인게이지먼트 행동을 '뉴스 링크 클릭'부터 '사진 및 동영상 포스팅'까지 참여 수준에 따라 일련의 층위를 가진 것으로 파악한다(〈그림 5-1〉). 유사하게 하와 동료들(Ha et al., 2018) 역시 뉴스 관여를 네 개의 단계로 구분된 위계 구조로 본다. 여기서 1단계는 뉴스 노출 및 이용, 2단계는 다양한 플랫폼에 의존한 뉴스 이용, 3단계는 뉴스 선택, 처리, 추천이 포함된 뉴스 공유 및 교환, 4단계는 시민 기자 수준의 뉴스 생산 활동을 말한다(〈그림 5-2〉).

또 다른 연구들은 뉴스 생산 활동을 배제하고, 뉴스 소비자가 쉽게 참여할 수 있는 인게이지먼트 행동을 중심으로 유형을 구분한 경우도 있다. 예를 들

〈그림 5-2〉 뉴스 관여 수준

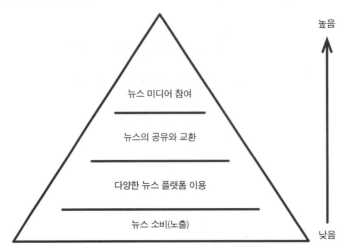

높음

뉴스 미디어 참여

뉴스의 공유와 교환

다양한 뉴스 플랫폼 이용

뉴스 소비(노출)

낮음

자료: Ha et al.(2018).

어, 현과 김(Hyun and Kim, 2015)은 소셜미디어상에서 일어나는 뉴스 인게이지먼트 행동을 뉴스 수용news reception, 뉴스 팔로잉news following, 뉴스 배포news dissemination 등으로 구분했다. 여기서 뉴스 수용은 소셜미디어를 통해 뉴스를 접하는 것을 말하고, 뉴스 팔로잉은 페이스북에서 친구 맺기나 트위터의 팔로잉 기능을 이용하여 언론사나 언론인으로부터 뉴스를 정기적으로 수신하는 관계를 맺는 것, 뉴스 배포는 자신의 소셜네트워크상의 지인들과 뉴스를 공유하는 것을 말한다. 이용자의 동기나 관여 수준의 측면에서 보자면, 대부분의 뉴스 수용은 우연히 일어나기 때문에 정보를 추구하려는 동기가 높다고 보기는 어렵지만 뉴스 팔로잉과 뉴스 배포는 상당히 관여도가 높은 행동으로 본다.

마지막으로, 양정애와 최지향(2017)은 소셜미디어 뉴스 소비자의 인게이지먼트 행동을 ① 뉴스관찰, ② 뉴스 개인화, ③ 뉴스 공감표시, ④ 뉴스 공유, ⑤ 뉴스 댓글, ⑥ 뉴스 커뮤니티 형성 등 6개 유형으로 구분했다. 여기서 뉴스

〈표 5-1〉 뉴스 소비를 중심으로 본 인게이지먼트 행동 분류

	낮음 ◀──── 관여 정도 ────▶ 높음					
Hyun and Kim (2015)	뉴스 수용		뉴스 팔로잉		뉴스 배포	
양정애와 최지향 (2017)	뉴스 관찰	뉴스 개인화	뉴스 공감표시	뉴스 공유	뉴스 댓글	뉴스 커뮤니티

관찰은 소셜미디어상의 친구가 공유하는 뉴스를 보는 행동, 뉴스 개인화는 특정 언론사나 언론인과 '친구 맺기', '좋아요', '팔로우' 등의 방식으로 관계를 맺고 뉴스를 구독하는 행동, 뉴스 공감표시는 뉴스나 댓글에 '좋아요' 등을 통해 반응을 보이는 행동, 뉴스 공유는 뉴스나 뉴스 링크를 자신의 소셜미디어 계정에 공유하는 행동, 뉴스 댓글은 댓글이나 답글을 다는 행동, 뉴스 커뮤니티 형성은 뉴스 링크를 공유할 때 자신의 의견을 함께 올리는 것, 뉴스에 대한 의견을 작성해서 올리는 것, 뉴스의 핵심 내용을 해시태그(#)로 남기는 것, 뉴스를 작성해서 올릴 때 관심이 있을 만한 친구를 태그하는 것 등의 행동을 포함한다(〈표 5-1〉).

　뉴스 인게이지먼트 행동의 유형 분류를 시도한 기존 연구에서 나타나는 하나의 특징은 다양한 행동을 유형화하기 위한 기준이 명확하지 않다는 것이다. 대부분의 연구들이 소비자의 '관여', '참여', '동기' 등 소비자가 그 행위를 하는 데 투입하는 시간 혹은 노력을 분류의 기준으로 삼는다. 하지만 어떤 연구도 분류의 기준을 명확한 이론적 시각을 바탕으로 구성한 적은 없다. 즉, 특정 행동이 다른 행동에 비해 동기, 관여, 참여 정도가 더 높거나 낮다는 것을 판단할 만한 객관적인 지표나 측정 도구는 제시된 적이 없다. 이는 뉴스 인게이지먼트 행동이 미디어의 진화와 더불어 새롭게 생성되거나 소멸되는 경우가 많고, 미디어가 어떤 기능을 갖추고 있는지에 따라 역동적이고 다양한 형태로 나타나기 때문인 것으로 보인다. 따라서 현 시점에서는 어떤 일관된

〈표 5-2〉 소셜미디어에서 나타나는 뉴스 인게이지먼트 행동의 유형

연번	유형	정의	사례
1	구독	언론사 및 언론인과 상호작용 시작 및 종료	• 인스타그램, 페이스북: 팔로잉 • 페이스북: 페이지 좋아요 • 유튜브: 구독
2	저장	개별 소비자가 뉴스를 자신만 볼 수 있는 계정(혹은 공간)에 스크랩하는 행동	• 인스타그램: 저장 • 페이스북: 게시물 저장 • 트위터: 북마크에 트윗 추가하기 • 유튜브: 나중에 볼 동영상
3	공감표시	뉴스에 대한 소비자의 감정을 표현하는 행동	• 페이스북/인스타그램: '좋아요' 및 감정 이모티콘 누르기 • 트위터: '마음에 들어요' • 유튜브: '이 영상이 마음에 듭니다' 혹은 '마음에 들지 않습니다'
4	공유	뉴스 정보를 그대로 혹은 자신의 의견을 추가하여 다수의 사람들에게 확산하는 행동	• 페이스북/인스타그램/유튜브: 공유하기 • 트위터: 리트윗 혹은 의견을 추가하여 리트윗
5	의견 표명	뉴스기사 혹은 다른 사람의 코멘트에 대해 자신의 의견을 표시하는 것	• 뉴스 정보에 대한 댓글 • 타 이용자의 댓글에 대한 답글
6	커뮤니티 참여	언론사 및 뉴스 관련 커뮤니티 참여 행동	• 유튜브, 페이스북: 커뮤니티
7	실시간 방송 참여	라이브 뉴스 방송을 시청하면서 채팅 등을 통해 참여하는 행동	• 유튜브: 실시간 방송 • 페이스북: 페이스북 라이브

기준으로 인게이지먼트 행동을 구분 혹은 서열화하는 것보다는 현상적으로 관찰되는 다양한 행동의 형태와 특성을 확인하는 작업이 우선적인 과제이다.

이 장에서는 소셜미디어를 통해 뉴스를 이용하는 과정에서 흔히 나타나는 뉴스 인게이지먼트 행동을 크게 구독, 저장, 공감표시, 공유, 의견 표명, 커뮤니티 참여, 실시간 방송 참여 등 7개로 구분한다(〈표 5-2〉).

뉴스 인게이지먼트 행동별 특성은 무엇인가

소셜미디어 이용자의 뉴스 인게이지먼트 행동은 소셜미디어가 어떤 종류의 서비스를 제공하는지에 따라 달라진다. 여기서는 한국언론진흥재단이 실시한 '2017 소셜미디어 이용자 조사'에서 우리나라 성인들이 뉴스를 이용할 때 가장 많이 이용하는 소셜미디어로 밝혀진 '페이스북', '유튜브', '트위터'와 최근 20~30대를 중심으로 이용이 급증하고 있는 '인스타그램'을 선정하여 뉴스 소비자의 인게이지먼트 행동 유형의 특징을 살펴보도록 하겠다. 또한 대부분의 이용자가 스마트폰을 이용하여 뉴스를 이용하는 현실을 반영하여 각 소셜미디어의 모바일 앱에 포함된 기능을 중심으로 살펴본다.

구독

'구독'은 뉴스 소비를 위해 뉴스 정보원(언론사 혹은 언론인)과 커뮤니케이션 관계를 수립하는 행동을 말한다. 이는 자신이 관심 있는 언론사의 채널이나 사이트를 자기 계정의 '즐겨찾기' 목록에 저장해 두는 행위라고 할 수 있다. 일반적으로 구독은 추가로 비용이 발생하지 않기 때문에, '구독'이나 '팔로잉' 버튼을 누르기만 하면 자동으로 구독이 신청되고, 이용자가 원한다면 아무 조건 없이 구독을 취소할 수도 있다. 이용자의 구독 행위는 웹사이트를 자신의 브라우저에 즐겨찾기 하는 정도의 부담 없는 행위지만, 언론사 입장에서 구독자 수는 자신의 명성과 영향력을 결정하는 대표적인 지표이다. 구독을 하는 방식은 소셜미디어에 따라 다르다. 예를 들어, 페이스북은 개별 뉴스 게시물을 '팔로잉'하거나 언론사의 페이지에 '페이지 좋아요' 기능을 통해 뉴스를 구독할 수 있고, 트위터와 인스타그램은 '팔로잉'을 통해, 유튜브는 '구독'을 통해 가능하다(〈그림 5-3〉).

군이 언론사나 기자와 같은 뉴스 정보원과 '팔로잉'이나 '구독'을 통해 커뮤

〈그림 5-3〉 트위터 언론사 팔로잉 사례

니케이션 관계를 맺지 않더라도 알고리즘 추천이나 다른 이용자의 추천으로 뉴스를 볼 수 있기 때문에 구독이 뉴스 소비에 필수는 아니지만 이용자는 구독을 통해 좀 더 효율적으로 뉴스를 이용할 수 있게 된다. 예를 들어, 최근의 한 연구는 이용자들이 유튜브 채널을 구독하는 이유는 편의성(예, '한꺼번에 영상을 모아서 볼 수 있어서', '다음에 또 검색하기 귀찮아서', '새로운 영상을 빨리 보기 위해' 등), 인센티브(예, '경품을 받기 위해서', '구독 이벤트를 신청하기 위해서' 등), 유튜버와 소통(예, '유튜버와 대화하기 위해서', '유튜버에게 나의 관심을 표현하기 위해서' 등) 등으로 나타났다(이보미, 2019).

저장

'저장'은 뉴스를 자신만 볼 수 있는 계정 혹은 공간에 스크랩하는 행동을 말한다. 소셜미디어의 특성상 최신의 게시물이 계속해서 자신의 계정에 올라오게 되므로, 업데이트되는 게시물이 많을 경우 자신이 읽고 싶었던 혹은 나중

〈그림 5-4〉 인스타그램 '저장' 기능

저장

다시 보고 싶은 사진과 동영상을 저장하세요.
콘텐츠를 저장해도 다른 사람에게 알림이
전송되지 않으며, 저장된 콘텐츠는 회원님만 볼 수
있습니다.

에 다시 읽으려고 했던 게시물을 다시 찾기 어려울 수 있다. 이럴 경우, 게시물을 저장해 놓으면 나중에 쉽게 찾아볼 수 있기 때문에 요긴한 기능이다. 인터넷 뉴스 서비스 초기부터 제공되던 기능으로 '뉴스 스크랩'이나 '책갈피'와 유사한 기능이다. 페이스북, 인스타그램, 유튜브는 '저장', 트위터는 '북마크에 트윗 추가하기'를 통해 가능하다(〈그림 5-4〉).

페이스북의 경우 정보를 '동영상', '링크', '게시물' 등으로 구분하여 저장할 수 있고 '저장됨' 메뉴에서 추후에 확인이 가능하다. 인스타그램의 경우 게시물 바로 아래(🔖) 버튼을 누르면 프로필의 비공개 섹션에 저장이 되어서 나중에 '저장됨' 메뉴에서 확인할 수 있다. 트위터에서 저장된 트윗은 '북마크' 메뉴에서 확인할 수 있고, 유튜브의 경우에는 저장하고 싶은 동영상을 '나중에 볼 동영상' 혹은 '재생 목록'에 추가할 수 있다.

공감표시

'공감표시'는 뉴스 게시물에 대한 소비자의 감정을 표현하는 행동을 말한다. 감정은 선호, 동의 지지, 애정 등 다양한 종류가 있고, 그 모든 감정을 포

함하는 근본적인 것은 관심이다. 게시물에 따라 소비자가 생각하는 감정은 다르지만, '좋아요' 버튼을 누르는 행위는 자신이 상대방의 게시물에 관심을 두고 있다는 하나의 표현이며, 대체로 이 감정은 긍정적인 반응으로 인식된다. 그렇기 때문에 '좋아요'의 수는 게시물의 영향력과 평판의 척도로 가늠되기도 한다. 기존에는 이용자가 뉴스에 대해 어떤 감정을 경험하더라도 그것을 즉각적으로 표현하기가 쉽지 않았다. 하지만 이용자의 반응에 민감하게 반응하는 소셜미디어의 경우 신속하고 간결하게 이용자의 감정 경험을 표현할 수 있다. 특히, 일반적인 게시물과 달리 뉴스는 분노, 걱정, 공포와 같은 부정적인 감정을 일으키는 경우도 매우 많기 때문에 뉴스 게시물에 대한 다양한 감정 표현 기능은 매우 유용하다.

공감표시의 대표적인 예는 페이스북의 '좋아요' 버튼이다. 초기에는 '좋아요' 버튼으로 공감 여부만 표시할 수 있었지만, 최근에는 '좋아요', '최고예요', '웃겨요', '멋져요', '슬퍼요', '화나요' 등 여섯 가지 감정을 표현할 수 있다. 트위터는 게시물 하단에 있는 '♡' 버튼 혹은 하트 버튼을 누르면 '마음에 들어요'라는 표시가 되며, 인스타그램의 경우 게시물 하단에 있는 '♡' 버튼 혹은 하트 버튼을 누르면 '좋아요'로 표시가 된다. 반면에, 유튜브의 경우, '이 영상이 마음에 듭니다'를 나타내는 아이콘과 '이 영상이 마음에 들지 않습니다'를 나타내는 아이콘이 동시에 표시된다.

공유

'공유'는 뉴스 정보를 다수의 사람들에게 확산하는 행동을 말한다. 뉴스 소비자는 클릭 한 번으로 뉴스를 다른 사람들과 공유할 수 있기 때문에 손쉽게 정보 확산 활동에 참여하게 된다. 뉴스 공유는 소셜미디어를 통한 뉴스 이용이 확산시킨 가장 특징적인 인게이지먼트 행동이다(양정애·최지향, 2017). 이미 2011년에 퓨 리서치 센터 Pew Research Center의 연구자들은 "뉴스 검색이 지난 10년간 가장 중요한 발전이었다면, 다음 10년은 뉴스 공유가 그렇게 될 가능성이 높다"라며 뉴스 공유의 중요성을 강조한 바 있다(Olmstead, Mitchell and Rosenstiel, 2011).

소비자들이 뉴스를 공유하는 이유는 크게 세 가지 정도로 알려졌다. 첫째, 지인들과 관계를 유지하기 위해서이다. 많은 뉴스 소비자들이 뉴스를 공유하면서 안부를 묻고 소식을 전하면서 상호 소통을 한다. 둘째, 정보 추구를 위해서이다. 지인들과 뉴스를 공유하는 것은 유용한 정보를 저장하거나 필요할 때 정보를 찾아내기에 효과적인 방법 중 하나이다. 또한 최신 정보를 공유하면서 자신도 새로운 정보에 민감하게 된다. 셋째, 사회적 지위 추구를 위해서이다. 뉴스를 공유하면서 자신이 중요한 사람이 된 것과 같은 느낌을 받을 때나 사람들에게 좋은 인상을 주고 있다고 느낄 때이다. 또한 김은미와 임소영, 박현아(2017)는 자기 제시 성향이 강하고 대화 상대자의 규모가 작고 친밀감을 느낄수록 뉴스를 공유할 의도가 높아진다는 결과를 제시하면서, 뉴스 공유 행위는 정보 전달 이상의 관계 유지를 위한 커뮤니케이션 활동이라고 주장했다. 결과적으로, 이러한 뉴스 공유 행동은 뉴스에 대한 관심과 관여를 증진시키고 궁극적으로 더 많은 뉴스와 의견에 노출되게 한다.

공유는 뉴스 정보를 사람들에게 확산시키는 행동이지만, 일부 소비자는 뉴스에 자신의 의견이나 해석을 추가해서 확산시키는 것을 즐긴다. 최(Choi, 2016)는 이러한 형태의 공유 행동을 '뉴스 재맥락화 news recontextualing', 즉 뉴스

에 자신의 해석이나 관점을 추가하는 행동이라고 명명했다. 대표적인 예는 트위터를 이용해서 뉴스 정보를 공유할 때, '리트윗'과 '의견을 추가하여 리트 윗하기'가 구분되어 있는 경우다(〈그림 5-6〉). 인스타그램이나 페이스북 역시 '공유하기' 기능을 실행할 때 게시물을 그대로 공유할 수도 있고, 자신의 의견 을 추가할 수도 있다.

의견 표명

'의견 표명commenting'은 뉴스 또는 다른 이용자의 게시물에 대해 자신의 의 견을 표명하는 행동이다. 흔히 뉴스 게시물에 직접 의견을 표명하는 것은 '댓 글', 다른 사람의 게시물에 의견을 표명하는 것은 '답글'이라고 불린다. 온라 인 미디어를 중심으로 한 뉴스 소비가 본격화되면서, 댓글 혹은 답글을 통해 자신의 의견을 공개적으로 표명하는 행동이 증가했다는 것이다. 뉴스 댓글은 뉴스 생산자에서 뉴스 이용자로의 일방향적인 정보 흐름을 양방향적으로 바 꿔놓았고, 뉴스 소비자를 수동적 관망자에서 적극적 참여자로 전환시켰다. 더 나아가, 뉴스 댓글은 사회적 의제에 대한 시민들의 자유롭고 평등한 의견 교환을 가능하게 하는 온라인 공론장의 기능을 수행함과 동시에 공적 이슈에 대한 정치적 대화와 정치 참여의 대안적 통로로 인식되기도 했다. 반면에, 댓 글의 부정성에 대한 문제도 끊임없이 제기되었다. 댓글이 기존 저널리즘의 일방향성을 보완해 주고 뉴스 소비자를 이용자로 전환시킨 점은 긍정적이지만, 댓글을 통한 자유로운 의견 교환이 과연 숙의 민주주의를 구현하는 데 기여하고 있는지에 대한 의문이 끊임없이 제기되었다. 특히 대부분의 뉴스 댓글에서 나타나는 근거 없는 비방과 부정, 타인에 대한 욕설과 공격, 일부 집단의 의도적 조작 등은 댓글의 순기능에 대한 회의를 불러일으키기도 했다.

하지만 뉴스 소비자가 온라인 의견 표명 행위를 반복적으로 수행하고 있다는 것은 뉴스 댓글에 대한 소비자의 필요나 욕구가 존재한다는 것을 의미한다. 뉴스 댓글에 대한 기존 연구를 종합하면, 뉴스 소비자들이 댓글을 이용하는 이유는 크게 네 가지이다. 첫째, 여론 탐색 동기이다. 여론 탐색 동기는 '뉴스 기사에 대해 다른 사람들이 어떻게 생각하는지 궁금해서', '나의 생각과 다른 사람의 생각을 비교해 보기 위해서', '다양한 관점과 해석을 알기 위해서' 등 여론을 확인하고 싶은 욕구이다. 둘째, 의견 표명 동기로, '기사 혹은 기자에게 의견을 나타내기 위해서', '다른 사람의 주장에 반론을 제기하기 위해서', '기사에 동의하기 않기 때문에' 등 자신의 의견과 생각을 표명하고 싶은 욕구이다. 셋째, 재미와 습관 동기로, '지루한 시간을 때우기 위해서', '습관적으로', '기분전환을 위해서' 등 재미를 추구하거나 별 생각 없이 습관적으로 행동을 하는 것을 말한다. 넷째는 '정보 추구 동기'로, '지식을 얻기 위해서', '새로운 정보를 얻기 위해서' 등 뉴스에 대한 새로운 지식과 정보를 얻기 위해서이다. 이와 같이 뉴스 댓글은 디지털 미디어 이용자가 뉴스에 대해 느끼는 필요를 채우는 데 중요한 기능을 한다.

커뮤니티 참여

커뮤니티 참여 행동이란 특정 언론사를 중심으로 형성된 커뮤니티에 구성원으로 참여하여 활동하는 것을 말한다. 소셜미디어의 일상화와 함께 콘텐츠 서비스에 대한 관여도가 높은 소비자와 그들의 커뮤니티 활동에 대한 관심이

〈그림 5-7〉 유튜브의 언론사 커뮤니티

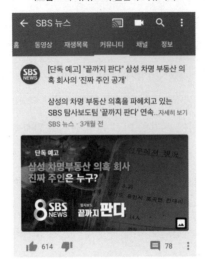

높아지고 있다. 잘만슨 등(Zalmanson and Oestreicher-Singer, 2016)은 이용자 간의 사회적 연결을 내재한 소셜 컴퓨팅은 단순히 기술적 발전이나 혁신적인 마케팅 수단을 넘어, 기업의 제품과 서비스의 본질적인 요소가 되고 있다고 주장한다. 따라서 기업의 역할은 단순히 콘텐츠를 제공하는 것이 아니라, 콘텐츠와 연관되고 기술로 실현 가능한 사회적 경험을 이용자에게 제공하는 것이다. 이들의 주장에 따르면, 뉴스 서비스 역시 단순히 콘텐츠를 제공하는 데 그치지 않고, 콘텐츠를 통한 사회적 경험을 제공할 수 있어야 한다.

이들의 주장은 최근 언론사들이 관여도가 높은 뉴스 소비자를 중심으로 뉴스 커뮤니티를 구축하려는 노력과 일맥상통한다. 특히 디지털 전략 면에서 선두를 달리고 있는 해외 주요 언론사들은 현재 '초고관여' 이용자 확보에 골몰하고 있다. 이들은 뉴스 댓글 등을 통해 기자 혹은 이용자 간 소통을 활성화시키거나 토론방을 활성화시키는 등 뉴스 이용자 커뮤니티를 형성하는 전략을 사용한다(양정애·최지향, 2017). 우리나라에서도 오래전부터 열성 독자를 중심으로 한 언론사 커뮤니티의 중요성이 제기되었으나, 아직까지 성공적인 사례가 보고된 적은 없다. 오히려 최근에는 소셜미디어 이용자들이 자발적으로 커뮤니티를 형성하는 경향이 나타나고 있다. 특히 정치 성향이 강한 미디어의 독자들끼리의 소통이 강화되면서 언론사 혹은 언론 미디어를 중심으로 한 커뮤니티가 형성된다(〈그림 5-7〉). 뉴스 커뮤니티에서는 언론사의 뉴스에 대한 명확한 피드백이 제시되고, 뉴스 소비자들끼리 비평이나 토론을 통해 상호작용하는 경향이 강하다. 언론사 커뮤니티를 이해하는 방식은 크게 두 가지이다. 하나는 언론사에 대한 열성적인 팬(지지자)의 모임이다. 또 하나는 언론사가 제공하는 뉴스에 대한 비평가의 역할을 하는 것이다(Saez-Trumper, Castillo and Lalmas, 2013).

실시간 방송 참여

실시간 방송 참여 행동은 소셜미디어를 이용해서 뉴스를 실시간으로 시청하면서 채팅 등을 통해 뉴스 이용에 참여하는 행동을 말한다. 정보를 받아들이는 플랫폼으로 글과 사진보다는 영상이 더욱 매력적이라는 사실은 유튜브의 약진을 통해 확인된다. 최근 트위터, 페이스북, 인스타그램 등이 모두 라이브 방송을 실행할 수 있는 기능을 추가하면서 라이브 방송 시청자들이 늘고 있다. 이러한 흐름을 타고 뉴스 공급자 역시 라이브 뉴스 방송에 적극적이며, 가장 대표적인 것은 JTBC의 '소셜라이브'를 들 수 있다. '소셜라이브'는 JTBC 메인 뉴스인 'JTBC 뉴스룸'과 연동된 실시간 방송 서비스로, 뉴스가 끝난 뒤 기자와 앵커가 뉴스 스튜디오에서 취재 내용을 토크쇼 형태로 전달하는 라이브 방송이다(〈그림 5-8〉).

라이브 방송의 가장 큰 매력은 동시성과 몰입이다. 실시간을 제외한 대부분의 콘텐츠는 이시성異時性을 강조한다. 즉, 이용자가 자신이 편한 시간에 자유롭게 콘텐츠를 선택해서 소비할 수 있는 장점이 있다. 하지만 동시성은 그

〈그림 5-8〉 JTBC 소셜라이브

러한 편이성 대신 같이 보고 즐기는 '순간의 공유'가 가능하다(조영신, 2016). 또한 이러한 동시적 소비는 몰입감을 극대화한다. 실시간 영상을 시청하면서 소비자들은 제작자나 다른 이용자와 직관적으로 연결되고 소통한다는 느낌이 들고 몰입감이 극대화된다. 또한 이 과정에서 실시간 채팅을 통해 소셜 시청의 장점을 누릴 수 있다.

이용자 인게이지먼트 행동은 저널리즘에 어떠한 영향을 미치는가

뉴스 소비자의 인게이지먼트 행동이 증가한다는 것이 궁극적으로 저널리즘에 긍정적인 영향을 미칠지 부정적인 영향을 미칠지에 대해서는 여전히 논란이다. 혹자는 소셜미디어를 통해 뉴스를 이용하게 되면, 사람들이 오히려 뉴스를 목적의식적으로 찾는 경우가 감소할 것이라고 예상한다. 즉, 소셜미디어를 통해 추천된 뉴스를 보다 보면 자기 스스로 중요한 뉴스를 찾는 습관이 줄어들고, 다른 목적으로 소셜미디어를 이용하다가 우연히 뉴스를 보게 된다는 것이다. 또한 어떤 사람이 뉴스를 공유한다는 것이 그 뉴스에 대한 혹은 언론사에 대한 충성도를 반영하는 것은 아니라는 주장 또한 어느 정도 설득력이 있는 것이 사실이다.

하지만 최근 들어 뉴스 소비자의 인게이지먼트 행동이 미디어 업계의 화두로 등장하게 된 것은 언론 기업이 처한 냉혹한 현실 때문이다. 언론 산업의 전통적인 비즈니스 모델은 광고 수익과 구독료이다. 즉, 언론사가 생산하는 뉴스 콘텐츠라는 상품을 구매하는 두 부류의 사람들은 광고주와 독자다. 그중 먼저 구매를 중단한 것은 독자였다. 뉴스 유통과 소비가 온라인으로 이동하면서 각 가구는 종이 신문의 구독을 중지했으나 이 수요가 온라인 구독으로 전환되지는 못했다. 독자가 뉴스를 구매하지 않는 시장에서 광고주는 독자를 대신해서 그들만의 이유로 뉴스를 구매해 왔다. 하지만 네이버와 구글로 대표되는 검색엔진 및 포털 사이트, 페이스북과 유튜브로 대변되는 소셜미디어의 공세 속에서 광고주도 이제 뉴스를 구매하는 것을 중단하고 있다.

독자와 광고주가 모두 언론사를 외면하는 위기를 맞아 일부 해외 언론사들은 광고주보다는 독자로부터 수익을 창출하는 전략을 사용하기 시작했다. 즉, 확실하지 않은 수많은 무료 이용자로부터 기대할 수 있는 광고 수익보다 충성도가 높고 확실한 소수 이용자의 구독료에 비중을 두는 전략을 구사하고 있다(양정애·최지향, 2017). 일반 기업의 경우 소비자 인게이지먼트를 강화하는 것이 기업의 성과로 연결된다는 연구 결과들은 무수히 많다. 예를 들어, 브로디와 동료들(Brodie et al., 2011)은 소비자 인게이지먼트에 대한 고찰 결과, 인게이지먼트가 증가할수록 고객과 브랜드와의 관계가 깊어지고, 몰입, 신뢰, 애착, 충성도 등이 상승한다는 것을 발견했다. 또한 판매량이나 수익성과 같은 기업의 재무적 지표와도 밀접한 연관이 있음을 보여주었다. 하지만 일반 기업에서 성공적인 것으로 인정받은 전략일지라도 현재 언론사가 당면한 위기를 헤쳐 나가는 데 어느 정도의 도움이 될지는 아직 단언하기 어렵다.

특히 국내외를 막론하고 뉴스 소비자의 인게이지먼트 행동이 브랜드 자산이나 콘텐츠 판매에 어떤 영향을 미치는지에 대한 과학적 연구가 아직은 충분하지 않으며, 진행된 극소수의 연구 결과 역시 그다지 긍정적이지는 않다. 예를 들어, 크레브스와 리스카(Krebs and Lischka, 2017)는 뉴스 소비자의 인게이지먼트 행동이 뉴스 브랜드 자산에 미치는 영향을 실증적으로 검증했다. 이들은 인게이지먼트 행동을 고수준 참여(이메일, 사진, 영상 올리기 등), 저수준 참여(설문조사에 응답하거나 '좋아요'나 공유 버튼 누르기 등), 개인 맞춤화(인터페이스 맞추기, 자기 아이디로 로그인하기 등), 댓글 읽기 등 네 가지 유형으로 구분하고, 각 유형이 뉴스 브랜드 자산 평가(브랜드 품질, 브랜드 충성도, 브랜드 연관, 브랜드 인지)에 어떤 영향을 미치는지 살펴보았다. 분석 결과, 일부 결과(예, 저수준 참여와 브랜드 충성도)가 매우 낮은 수준의 관련성이 있었지만 전체적으로 인게이지먼트 행동과 브랜드 자산은 서로 관련이 없는 것으로 나타났다.

최근 국내에서는 뉴스 인게이지먼트 행동과 뉴스 콘텐츠 유료 구매의 관계에 대한 연구가 수차례 진행되었다. 양정애와 최지향(2017)은 뉴스 인게이지먼트 행동의 중요성을 "초고관여도 이용자 집단에서 기대할 수 있는 궁극의 관여는 바로 주머니를 여는 행동이다. (중략) 관여도 높은 독자 확보를 통한 수익 증대는 저널리즘의 유지 발전을 위해 중요한 문제이다(28쪽)"라고 강조한다. 이러한 주장에 비추어볼 때, 언론사가 뉴스 인게이지먼트 행동에 관심을 가지는 가장 큰 이유는 소비자의 적극적인 뉴스 이용 행동이 언론사의 수익으로 귀결되기를 원하는 것이고, 결국은 과거 종이 신문의 시대처럼 뉴스를 유료로 구매하는 독자들이 증가하기를 기대하기 때문이라는 것을 확인할 수 있다.

하지만 소비자의 인게이지먼트 행동과 뉴스 유료화의 관계는 이제 겨우 학계와 업계의 관심을 받기 시작했기 때문에 극히 적은 수의 연구들이 수행되었고 그 결과 역시 일관되지 않은 편이다. 한 예로 양정애와 송인덕(2018)은 온라인 관여 행동이 디지털 유료 콘텐츠 이용에 미치는 영향을 고찰하기 위해 정보통신정책연구원이 매년 시행하는 한국미디어패널조사에 응답한 성인 8313명의 온라인 행동 데이터를 분석했다. 이들은 이용자의 온라인 행동을 적극적 관여 행동(게시물, 댓글 작성과 같이 직접적으로 콘텐츠를 생산하는 활동)과 소극적 관여 행동(콘텐츠 공유, 평점 주기, 투표하기 등 간접적으로 생산 및 유통에 참여하는 활동)으로 구분한 후, 각 행동 유형이 게임, 음악, 동영상, 신문 등의 디지털 콘텐츠 이용 횟수와 이용 금액에 미치는 영향을 분석했다. 분석 결과, 인구학적 요인, 성격 특성, 상품 구매 성향, 프라이버시 염려 등의 변인을 통제한 상태에서도 적극적 관여 행동이 유료 콘텐츠 구매에 유의미한 영향을 미치는 것으로 나타났다. 반면에 간접적으로 정보 생산 및 유통 활동에 참여하는 소비자들에게서는 그러한 경향이 나타나지 않았다. 이는 온라인에서 적극적으로 정보 생산 활동에 참여하는 소비자들은 유료 콘텐츠를 구매할 가능성이 높다는 것을 의미한다.

위의 연구 결과는 온라인 콘텐츠 비즈니스 유료화에 전향적인 함의를 제공하지만, 과연 뉴스 콘텐츠 유료화에도 동일한 전망이 가능할지는 의문이다. 양정애와 최지향(2017)의 연구 보고서는 이러한 의문에 대한 해답을 찾는 데 기여할 수 있다. 이들은 소셜미디어 이용자의 뉴스 인게이지먼트 행동이 온라인 유료 뉴스 이용 의향에 어떤 영향을 미치는지를 살펴보기 위해 두 개의 연구를 수행했다. 첫 번째 연구에서 이들은 뉴스 소비자를 뉴스 공유(예, 트위터상에서 리트윗, 답글 작성 등)를 주로 하는 집단과 언론사 사이트나 앱을 정기적으로 방문하는 집단으로 구분한 후, 각 집단의 특성과 디지털 유료 뉴스 이용 의향을 조사했다. 일반적인 예상과 달리, 뉴스 공유를 주로 하는 집단은 언론에 대한 신뢰도나 언론사에 대한 충성도도 낮았고 유료 콘텐츠 이용 경험도 적었으며, 유료 뉴스를 이용하려는 의향도 비교 집단에 비해 높지 않은 것으로 나타났다. 오히려 언론사에 대한 충성도나 언론 신뢰도는 언론사 사이트나 앱을 정기적으로 이용하는 집단이 더 높은 것으로 나타났다. 두 번째 연구에서 이들은 소셜미디어 이용자의 뉴스 인게이지먼트 행동을 관여도의 수준이 낮은 것부터 높은 것까지 유형별로 구분하고, 행동의 수준이 높아질 때 과연 유료 뉴스 구매 의향이 높아지는지를 확인했다. 연구 결과, 관여의 수준과 유료 뉴스 구매 의향은 대체로 정적 상관관계를 가지는 것으로 나타났다. 결론적으로 뉴스 인게이지먼트 행동과 뉴스 콘텐츠 유료 구매의 관계는 예상보다 복잡해 보인다. 단순화의 위험을 무릅쓰고 위의 두 연구를 종합하면, 뉴스 인게이지먼트 행동의 수준이 높아질 때 뉴스 콘텐츠를 유료로 구매할 가능성이 높아지지만, 그런 가능성은 인게이지먼트 행동보다는 뉴스 사이트나 뉴스 앱을 정기적으로 이용하는 사람들에게서 더 높게 나타나는 것으로 보인다.

참 고 문 헌

김은미·임소영·박현아. 2017. 「관계적 커뮤니케이션으로서의 뉴스 공유: 자기제시 성향과 뉴스 공유 대상의 특성을 중심으로」. ≪한국언론학보≫, 31권 3호, 114~151쪽.

남기찬·김용진·임명성·이남희·조아라. 2009. 「서비스지배논리하에서 가치공동창출 메커니즘과 기업성과간의 관계에 대한 연구」. ≪경영정보학연구≫, 19권 4호, 177~200쪽.

신현철·변숙은. 2016. 「페이스북 브랜드 커뮤니티에서 고객 인게이지먼트의 역할」. ≪경영학연구≫, 45권 2호, 659~685쪽.

양정애·송인덕. 2018. 「온라인 관여가 디지털 유료 콘텐츠 이용에 미치는 영향」. ≪한국콘텐츠학회논문지≫, 18권 9호, 468~481쪽.

양정애·최지향. 2017. 『이용자 관여가 언론사 가치 상승에 미치는 영향』. 서울: 한국언론진흥재단.

이보미. 2019. 「유튜브 이용자의 채널 구독 및 만족도에 영향을 미치는 요인에 대한 연구」. 동국대학교 대학원 석사논문.

조영신. 2016. 「뉴스시장의 과거, 현재, 그리고 미래: 트렌드로 읽는 뉴스시장」. ≪관훈저널≫, 통권 제139호, 139~154쪽.

한국언론진흥재단. 2017. 『2017 소셜미디어 이용자 조사』. 서울: 한국언론진흥재단.

Brodie, R. J., L. D. Hollebeek, B. Jurić and A. Ilić. 2011. "Customer engagement: Conceptual domain, fundamental propositions, and implications for research." *Journal of Service Research*, 14(3), pp.252~271.

Calder, B. J., and E. C. Malthouse. 2008. "Media engagement and advertising effectiveness." in Bobby J. Calder(ed.). *Kellogg on Advertising and Media: The Kellogg School of Management*. Hoboken, NJ: Wiley

Chan-Olmsted, S. M., and L-C. Wolter. 2018. "Perceptions and practices of media engagement: A global perspective." *International Journal on Media Management*, 20(1), pp.1~24.

Choi, J. 2016. "News Internalizing and Externalizing: The Dimensions of News Sharing on Online Social Networking Sites." *Journalism & Mass Communication Quarterly*, 93(4), pp.816~835.

Ha, L., Y. Xu, C. Yang, F. Wang, L. Yang, M. Abuljadail, X. Hu, W. Jiang and I. Gabay. 2018. "Decline in news content engagement or news medium engagement? A longitudinal analysis of news engagement since the rise of social and mobile media 2009–2012." *Journalism*, 19(5), pp.718~739.

Hollebeek, L. D. 2011. "Demystifying customer brand engagement: Exploring the loyalty nexus." *Journal of Marketing Management*, 27(7-8), pp.785~807.

Hyun, K. and J. Kim. 2015. "Differential and interactive influences on political participation by different types of news activities and political conversation through social media." *Computers in Human Behavior*, 45, pp.328~334.

Interactive Advertising Bureau(IAB). 2014. "Defining and measuring digital ad engagement in a cross-platform world." http://www.iab.net/media/file/Ad_Engagement_Spectrum 2014_FINAL2-5-2014-EB.PDF

Krebs, I. and J. A. Lischka. 2017. "Is audience engagement worth the buzz? The value of audience engagement, comment reading, and content for online news brands." *Journalism*. pp.1~19.

Ksiazek, T. B., L. Peer and K. Lessard. 2016. "User engagement with online news:

Conceptualizing interactivity and exploring the relationship between online news videos and user comments." *New Media & Society*, 18(3), pp.502~520.

Mitchell, A., J. Gottfried, M. Barthel and E. Shearer. 2016. "The modern news consumer: News attitudes and practices in the digital era." http://www.journalism.org/2016/07/07/the-modern-news-consumer/

O'Brien, H. 2016. "Theoretical perspectives on user engagement." in H. O'Brien and P. Cairns(eds.). *Why Engagement Matters: Cross-Disciplinary Perspectives of User Engagement in Digital Media*. Springer.

Oh, C., Y. Roumani, J. K. Nwankpa and H-F. Hu. 2017. "Beyond likes and tweets: Consumer engagement behavior and movie box office in social media." *Information & Management*, 54, pp.25~37.

Oh, J. and S. S. Sundar. 2016. "User engagement with interactive media: A communication perspectives." In H. O'Brien and P. Cairns(eds.). *Why Engagement Matters: Cross-Disciplinary Perspectives of User Engagement in Digital Media*. Springer.

Oh, J., S. Bellur and S. S. Sundar. 2018. "Clicking, assessing, immersing, and sharing: An empirical model of user engagement with interactive media." *Communication Research*, 45(5), pp.737~763.

Olmstead, K., A. Mitchell and T. Rosenstiel. 2011. "Navigating news online: Where people go, how they get there and what lures them away." Pew Research Center. http://assets.pewresearch.org/wp-content/uploads/sites/13/legacy/NIELSEN%20STUDY%20-%20Copy.pdf

Saez-Trumper, D., C. Castillo and M. Lalmas. 2013. "Social media news communities: Gatekeeping, coverage, and statement bias." in proceedings of the 22nd ACM international conference on information & knowledge management. New York, NY, USA: ACM.

Vargo, S. and R. F. Lusch. 2008. "Service-dominant logic: Continuing the evolution." *Journal of the Academy of Marketing Science*, 36(1), pp.1~10.

Verhoef, P. C., W. J. Reinartz and M. Krafft. 2010. "Customer engagement as a new perspective in customer management." *Journal of Service Research*, 13(3), pp.247~252.

Zalmanson, L. and G. Oestreicher-Singer. 2016. "Turning content viewers into subscribers." *MIT Sloan Management Review*, 57(3), pp.10~14.

06 스타트업 생태계의 형성과 전망

최흥규

"성공한 기업가와 성공하지 못한 기업가를 구분하는 데 절반 정도는 '순수한 인내'에서 차이가 난다고 확신합니다." 애플 창업자 스티브 잡스Steve Jobs가 생전에 한 말이다(Inc., 2016). 그는 사업의 성공을 위해서는 누구보다 부지런해야 하고 남보다 더 많이 일하며 더 많이 연구해야 한다고 했고 그것이 차별화된 사업가를 만든다고 강조했다. 스타트업은 본질적으로 혁신을 무기로 시장에 뛰어드는 사업자다. 아직 검증되지 않은 사업 모델로 시장에 뛰어들기 때문에 성공하면 혁신가가 되지만 실패하면 뜬 구름 잡는 실패자로 남는다. 스티브 잡스가 강조한 '순수한 인내'는 바로 앞이 보이지 않는 당시 스타트업 생태계를 대하는 태도를 표현한 것이라고 본다.

이번 장에서는 스타트업에 관해 다뤄보고자 한다. 스타트업이라는 용어가 생겨난 생태계를 살펴보고 이 생태계가 오늘까지 어떻게 이어져 구축되고 있는지 짚어보고자 한다. 구체적으로는 스타트업의 개념과 스타트업이 성장하는 데 필요한 요소들을 살펴본다. 또한 스타트업이 발전하는 단계에서 어떻게 성장하는지 그 유형은 어떻게 구분되는지 알아본다. 이후 스타트업의 주요 시장 현황을 짚어봄으로써 전체 생태계를 조망해 본다. 마지막으로는 스타트업과 인터넷의 연관성을 토대로 이들 산업에 대한 미래를 전망해 보고자 한다. 이러한 과정을 통해 변화무쌍한 스타트업 생태계에서 발견되는 현상들을 정형화된 용어와 개념으로 체계화하며 스타트업 생태계를 전체적으로 그려보고 특징을 포착하는 기회를 제공하고자 한다.

스타트업은 새로운 시장을 개척해야 하는 기업이다. 그래서 스타트업에는 언제나 혁신이 강조된다. 오늘날의 스타트업 생태계를 살펴보고 스티브 잡스가 말한 순수한 인내가 스타트업 기업들의 어떠한 지점에서 필요할지도 생각해 보자.

스타트업이란 무엇인가

스타트업start-up은 이제 막 사업을 시작한 벤처기업venture business을 의미한다. 벤처기업이 '혁신적인 아이디어와 신기술을 통해 새로운 사업에 도전하는 기업'을 의미하는 용어이니, 스타트업은 '아이디어와 기술은 있지만 대규모 자금을 조달하기 이전 단계의 창업 기업'으로 구분할 수 있다. 1990년대 말 인터넷 기술과 서비스의 확산과 함께 전 세계 주식 시장이 요동치는 이른바 닷컴버블dot-com bubble이 일어났는데, 이 시기에 위험 요소를 감안하면서도 성장의 기회를 노리는 벤처기업이나 그 시작 단계를 의미하는 스타트업이라는 용어가 알려지기 시작했다.

스타트업이라는 용어는 실리콘밸리Silicon Valley에서 생겨나 확산되었다. 오늘날 세계적인 기업으로 성공한 벤처기업들 대부분이 실리콘밸리에서 벤처 정신을 기반으로 성장했기 때문으로 여겨진다. 지역적으로 실리콘밸리는 샌프란시스코 내에서 샌머테이오San Mateo, 샌타클래라Santa Clara, 앨러미다Alameda, 샌타크루즈Santa Cruz 카운티를 기준으로 그 안에 포함된 지역을 말하며 팰로앨토Palo Alto 지역이 가운데에 있다.

이 지역은 본래 과수농사를 짓던 지역이다. 그런데 제1차 세계대전 이후인 1930년대 미국의 방위 산업 연구 예산이 급상승하고 팰로앨토 지역에 R&D 시설이 들어서면서부터 첨단 산업 단지로 조성되기 시작한다. 이후 1970년대 후반에 애플Apple과 오라클Oracle, 1980년대 시스코Cisco, 1990년대 야후, 구글, 2000년대 페이스북, 유튜브, 트위터 등이 창업하며 오늘날의 첨단 산업 단지라는 명성을 얻게 된다.

최근에도 전 세계에서 스타트업 생태계가 잘 구축된 도시들을 살펴보면 샌프란시스코의 실리콘밸리가 질적으로나 양적으로, 혹은 사업적인 성과 등에서 압도적인 우위를 보이고 있음을 확인할 수 있다(〈표 6-1〉). 상위 10개 도시

〈표 6-1〉 스타트업 생태계가 구축된 도시 순위

순위	도시명 / 국가	양적 평가 점수	질적 평가 점수	사업 점수	총계
1	샌프란시스코 / 미국(실리콘밸리)	35.49	278.11	9.00	322.60
2	뉴욕 / 미국	3.72	109.53	9.00	122.25
3	런던 / 영국	15.70	16.99	9.00	41.69
4	로스앤젤레스 / 미국	8.96	12.99	9.00	30.96
5	베를린 / 독일	4.36	10.81	9.00	24.17
6	보스턴 / 미국	4.72	8.23	9.00	21.95
7	텔아비브야파 / 이스라엘	3.84	9.13	8.80	21.77
8	시카고 / 미국	5.09	5.31	9.00	19.40
9	시애틀 / 미국	4.23	5.08	9.00	18.31
10	파리 / 프랑스	3.44	5.95	8.80	18.20

자료: Startup Blink(2017).

에 뉴욕, 로스앤젤레스, 보스턴, 시카고, 시애틀 등 미국 내 대도시와 런던, 베를린도 포함되어 있으나 실리콘밸리를 추격할 수 있는 수준에는 못 미친다.

실리콘밸리의 명성이 이렇게 이어지고 있는 이유는, 실리콘밸리 스타트업으로 성장한 거대 기업들이 스타트업에 재투자해 창업자가 '출구Exit' 전략을 활발히 구사할 수 있도록 하는 환경에서 찾아볼 수 있다. 2010년부터 2018년까지 테크 스타트업을 인수한 기업의 순위는 구글, 페이스북, 애플의 순이며, 이들 상위 3개 기업이 인수한 스타트업 개수만도 287개(거래 가치 약 81.8억 달러)로 유럽의 상위 15개 기업들이 인수한 스타트업 개수인 263개를 뛰어넘는다(Mind the Bridge and Crunchbase, 2018). 이처럼 실리콘밸리의 명성과 함께 성장한 기업들이 2010년대에 들어 현재까지도 대규모 스타트업 투자를 주도한다. 실리콘밸리에서 성장한 기업들이 창업자에게는 출구 전략을, 투자자에게는 투자금 회수의 기회를 모색하게 하여 그야말로 스타트업 생태계를 선도하고 있다. 혁신적인 아이디어와 기술로 성장한 스타트업이 어느새 거대 기업으로 성장하여 미래가 촉망되는 스타트업에 자금을 투입하는 현상은 아

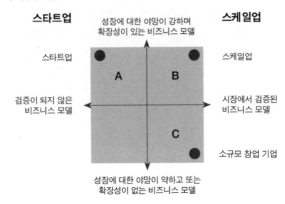

스타트업   성장에 대한 야망이 강하며   스케일업
                 확장성이 있는 비즈니스 모델

스타트업   **A**   **B**   스케일업

검증이 되지 않은   시장에서 검증된
비즈니스 모델   비즈니스 모델

                          C   소규모 창업 기업

              성장에 대한 야망이 약하고 또는
              확장성이 없는 비즈니스 모델

자료: startupcommons.org

직도 전 세계 중 실리콘밸리에서 가장 많이 일어난다.

스타트업 비즈니스의 개념은 실리콘밸리의 형성, 혹은 발전 단계와 상통하는 부분이 있다. 실리콘밸리가 당시 과수농장만 가능할 것 같은(?) 지역에서 시작해 다양한 아이디어와 막대한 연구 예산을 바탕으로 성장했다면 스타트업의 시작과 성장 개념도 이와 마찬가지로 설명할 수 있다. 스타트업도 현재로서는 보이지 않는 성과를 좇고 혁신적인 아이디어를 상품과 서비스로 구현하는 데 필요한 자금을 동원함으로써 성장을 도모하기 때문이다.

스타트업과 소규모 창업 기업small business은 도전 정신, 시장성, 확장성 측면에서 구분된다. 소규모 창업 기업은 성장에 대한 야망ambition 없이 시장에서 검증된 사업 모델market validated business model만으로 사업을 영위하는 기업에 지나지 않는다(〈그림 6-1〉). 현재의 관점에서 수익을 내는 구조가 확실하고 사업의 단계도 정해져 있기 때문에 물량을 투입하여 사업을 확장시키기 쉬운 것이 소규모 창업 기업의 이점일 수 있다. 그러나 이러한 기업은 시장의 영역을 넘나들며 사업을 확장하기는 어렵고 새로운 시장을 창출할 수도 없다.

스타트업은 그 반대다. 스타트업은 성장에 대한 야망을 바탕으로 아직 검증되지 않았지만 확장성이 있는 사업 모델scalable business model을 추구한다. 즉 독창적인 아이디어를 바탕으로, 사업을 성공시키고 확장해 나가겠다는 야망과 함께 시작하는 것이 스타트업이다. 그러나 스타트업은 관념적인 아이디어만을 우선시해 허황된 성공을 좇는 기업이 아니다. 아이디어는 실제 상품과 서비스를 생산해 낼 수 있는 기술력으로 드러나야 하고 성장에 대한 야망은 경영 능력과 사업 수단에서 발휘되어야 한다. 검증되지 않은 사업 모델을 결과적으로는 자금의 투자를 받아 입증해야 하는 것도 스타트업의 성장 요건에 포함된다.

따라서 '혁신innovation'은 스타트업의 핵심 키워드가 된다. 기술 경영의 측면에서 혁신은 '발명invention과 개발exploitation의 합'으로 정의되기도 하는데, 발명된 아이디어가 제대로 된 상품과 서비스로 거듭날 수 있도록 적절히 개발하고 상업화해야 그것으로 혁신이 완성된다는 말이다(Roberts, 1988). 발명품이 상품화되지 못하여 발명 단계에서 멈추거나, 별로 새로울 것 없는 상품을 만들어 판매하는 데 만족한다면 스타트업의 본질에서 벗어나는 기업이 되고 만다. 스타트업이 사업의 영위나 이익만을 목적으로 하는 소규모 창업과 구분되는 이유도 바로 혁신의 유무에서 드러난다. 결국 스타트업과 단순히 소규모로 창업한 기업과의 차이는 '보이지 않는 길을 만들어 가는 것과 보이는 길을 빠르게 뛰어가는 것'과 같다. 그 길 끝에서 목표했던 찬란한 여행지에 당도할지, 아니면 휴게소까지만 갔다 돌아오는 그런 소소한 여행을 반복하다 끝낼지 그 결과는 다르게 나타난다.

스타트업 성장 요소에는 어떠한 것들이 있는가

핵심 성공 요인Critical Success Factor: CSF은 기업들이 성공하는 과정에서 어떠한

〈그림 6-2〉 스타트업 발전 단계

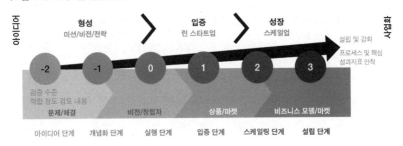

자료: startupcommons.org

원인이 있었는지를 도출하는 개념이다. 기업이 성공하기 위해서는 이 CSF를 신속히 파악하고 관리해야 그 성과를 오랜 기간 유지할 수 있다는 것이다. 스타트업의 성장에 있어서도 예외는 아니다. 스타트업의 개념에서 혁신이 강조되지만 그렇다고 혁신만이 스타트업의 유일한 성장 요소는 아니다. 스타트업이 시장에서 성공하기 위해서는 여러 가지 성장 요소들이 잘 갖춰져야 한다.

그렇다면 스타트업이 성장과 성공의 과정을 거칠 때, 이 과정에서 어떠한 요소들이 필요할까? 혁신적인 아이디어와 마일스톤milestone, 첨단 기술력, 적절한 인큐베이팅incubating, 적극적인 투자 유치를 꼽을 수 있다. 이러한 요소들은 아이디어를 관념적인 것에서 실재적인 것으로 구체화하고 사업을 체계적으로 성장시키기 위한 전략을 수립하며 이어 막대한 자본력을 바탕으로 시장을 확대하는 과정과 맞닿아 있다.

우선 스타트업이라면 혁신적인 아이디어와 마일스톤이 필요하다. 아이디어는 사업을 위한 아이템을 발굴하는 기본적인 구상이며 이러한 아이디어는 방향성과 계획에 따라 실행되어야 하기 때문에 여기서 사업의 구체적 단계를 나타내는 마일스톤이 필요하다. 스타트업 사업 과정에서 아이디어나 마일스톤은 모두 추상적 개념이므로 아이디어와 마일스톤이 스타트업의 전체 사업 과정에 어떠한 영향을 미치는지는 〈그림 6-2〉를 참고해 볼 만하다.

아이디어는 개념화concepting하는 과정이 필요한데 이 개념화 과정에서는 마일스톤과 함께 구체적인 목표가 제시되어야 한다. 목표를 구체화하고 방향성을 명확히 하면서 관념적인 아이디어를 실체화하는 것이다.

이후 공동의 비전과 가치관을 가진 조직을 중심으로 실행committing하는 것이 중요하고 다음으로 상품이나 성과 지표에 대한 철저한 입증validating 단계가 필요하다. 이 지점에서 린 스타트업Lean Startup의 개념이 등장한다. 린 스타트업은 짧은 시간에 최소요건제품Minimum Viable Product(혹은 시제품)을 만들고 이에 대한 성과를 측정해 개선된 상품을 만들어내는 데 주력하는 스타트업의 사업 방법론이다. 아이디어를 빠르게 실행하여 상품화하여 검증하는 데 초점을 맞추는 것이다. 성장의 과정을 거치는 스타트업은 이처럼 아이디어와 마일스톤을 기반으로 사업화가 진행된다.

아이디어와 마일스톤도 기술력이 확보되지 않을 경우 무용지물이 된다. 아이디어의 실체가 되는 핵심적인 기술력이 필요한 것이다. 기술력은 스타트업 영역에서 트렌드를 선도하고 자금 투자를 유치하는 데 큰 영향을 미치기 때문이다. 특히 첨단의 신기술이 빠르게 발전하고 있는 오늘날의 상황에서는 신기술을 얼마나 빠르게 개발하고 시장에서 선보이느냐가 스타트업 성장의 중요한 요소로 작용한다.

〈그림 6-3〉을 살펴보면, 500명이 넘는 직원을 거느린 대형 핀테크 기업들과 금융 기관들은 향후 12개월 내에 투자하는 데 적합한 기술로 블록체인Blockchain, 인공지능Artificial Intelligence, 생체인식 및 신원관리Biometrics and Identity Management 분야를 꼽았는데 특히 핀테크 기업들이 더 높은 비율로 첨단 신기술에 집중하고 있었다(PWC, 2017). 대규모 자금을 기반으로 사업을 영위하는 핀테크 기업들이 이러한 신기술에 집중하고 있는 현상으로 볼 때, 향후 신기술들을 다루는 스타트업에 대한 투자는 더욱 활발해질 것으로 예상해 볼 수 있다.

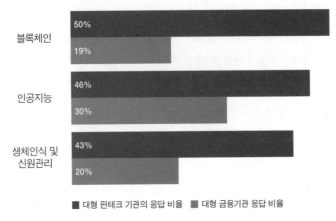

〈그림 6-3〉 금융 분야에서 향후 12개월 내 투자가 필요하다고 생각하는 기술(대형 핀테크 기업과 금융 기관의 응답 비율)

■ 대형 핀테크 기관의 응답 비율 ■ 대형 금융기관 응답 비율

자료: PWC(2017).

적절한 인큐베이팅incubating도 스타트업 성장에 중요한 요소이다. 스타트업이 좋은 아이디어, 마일스톤, 기술력을 보유한다고 해도 인프라, 경영 능력, 인적 네트워킹 등이 부족하여 사업화 단계까지 실현되지 못하는 경우가 많다. 이 경우 기존에 이미 경영의 인프라나 노하우를 보유한 기업들과 협업하여 도움을 받거나 전문 컨설턴트와 제휴를 통해 사업화를 추진하는 것이 효과적이다.

최근에는 대형 기업들이 스타트업을 위한 지원 프로그램을 갖추고 있는 경우가 많다. 비즈니스와 마케팅의 노하우를 전수하도록 전문가 멘토링을 제공하는가 하면 글로벌 마케팅이나 PR에 필요한 자원을 제공하기도 한다. 또한 기술 개발이 용이하도록 인프라를 오픈하거나 기술적 지원을 하고 기존 상품이나 서비스의 개발 매뉴얼을 공유하기도 한다. 이미 확보된 소비자나 시장 영역을 공유해 스타트업과 대형 기업이 함께 영업을 수행하기도 한다(〈그림 6-4〉). 이러한 협력 체계를 통해 스타트업은 사업화의 가능성을 높이고 대형

〈그림 6-4〉 오라클의 스타트업 지원 체계

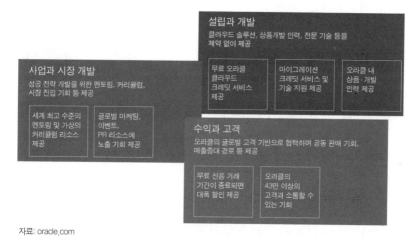

설립과 개발
클라우드 솔루션, 상품개발 인력, 전문 기술 등을
제약 없이 제공

| 무료 오라클 클라우드 크레딧 서비스 제공 | 마이그레이션 크레딧 서비스 및 기술 지원 제공 | 오라클 내 상품·개발 인력 제공 |

사업과 시장 개발
성공 전략 개발을 위한 멘토링, 커리큘럼, 시장 진입 기회 등 제공

| 세계 최고 수준의 멘토링 및 가상의 커리큘럼 리소스 제공 | 글로벌 마케팅, 이벤트, PR 리소스에 노출 기회 제공 |

수익과 고객
오라클의 글로벌 고객 기반으로 협력하며 공동 판매 기회, 매출증대 경로 등 제공

| 무료 신용 거래 기간이 종료되면 대폭 할인 제공 | 오라클의 43만 이상의 고객과 소통할 수 있는 기회 |

자료: oracle.com

기업은 필요한 기술과 서비스를 빠르게 개발할 수 있다.

마지막으로 적극적인 투자 유치는 스타트업 성장의 가장 중요한 요소로 꼽힌다. 스타트업이 성장을 증명하는 방법 중 하나가 투자 규모의 증대이기 때문이다. 사업이 성공하고 투자 규모가 증대해 성장하게 되면 스타트업에서 탈피하여 기업으로 안착하게 된다. 상장Initial Public Offering: IPO이나 기업 인수합병Mergers and Acquisitions: M&A의 새로운 기회도 모색할 수 있다.

전 세계적으로 1억 달러 이상의 자금을 지원받은 기업 수를 따져보면 2018년이 382건으로 역대 최대를 기록하고 있다(PwC·CB Insights, 2019). 이처럼 글로벌 벤처캐피털Venture Capital: VC을 통한 투자는 계속 증가하고 있는데, 스타트업 기업들에는 이러한 투자 자금을 얼마나, 어떠한 방식으로 확보하느냐가 중요한 숙제로 남는다.

〈그림 6-5〉 1억 달러 이상의 자금을 지원받은 기업 수

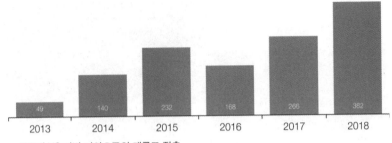

2013	2014	2015	2016	2017	2018
49	140	232	168	266	382

■ 글로벌 VC 기반 기업으로의 대규모 진출

자료: PwC·CB Insights(2019).

스타트업 발전 단계와 유형은 무엇인가

스타트업이 내적으로 성장 요소를 갖춰 사업에 성공하면 점차 대형화된 기업으로 성장하는 외형적 성장이 이뤄진다. 스타트업이라는 용어가 신생 벤처기업이라는 의미를 담고 있기 때문에 내부적으로 역량이 축적되어 사업성과를 거두며 여기에 외형적 규모 확장까지 달성되면 더 이상 스타트업으로 불릴 수 없게 된다. 이번 절에서는 스타트업 기업의 외형적 발전은 어떻게 일어나고 발전의 단계마다 유형이 어떻게 구분되는지 살펴보도록 하자.

신생의 소규모 벤처기업인 스타트업이 점차 외형적으로 성장하면서 기업가치가 상승하면 유니콘Unicom과 데카콘Decacom으로 발전하는 단계를 거친다. 최근 스타트업의 발전 단계와 현황을 살펴보면, 스타트업 성장에 필요한 시장적 상황과 트렌드 등을 발견할 수 있다.

스타트업이 사업을 개시하면 그 규모나 자원의 측면에서 소형의 기업이 사업을 시작하는 것과 같다. 지역의 조그마한 사업체로 시작하거나, 이들이 다루는 자본, 인력 등의 자원도 부족하다. 그래서 초기에는 글로벌 시장에 진출하기보다는 국내 시장에 주력하여 점차 기술력과 경영 노하우를 확보한다.

152 인터넷 산업의 미래, 함께 묻고 답하다

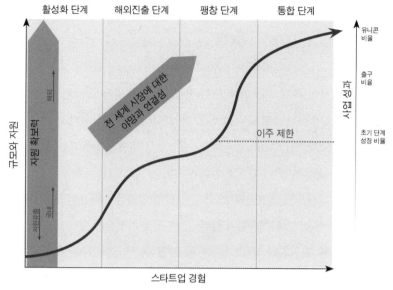

〈그림 6-6〉 스타트업 생태계 라이프사이클 모델

활성화 단계   해외진출 단계   팽창 단계   통합 단계

규모와 자원

자원 확보력

해외

국내

자원유출

전 세계 시장에 대한
야망과 연결성

이주 제한

스타트업 경험

유니콘
비율

출구
비율

초기 단계
성장 비율

사업성과

자료: Startup Genome(2017).

이후 글로벌 시장에 대한 목표를 토대로 시장 확장에 나서게 되는데 이 과정에서 대규모 기업과의 통합 과정도 따를 수 있다(〈그림 6-6〉). 이러한 스타트업 생태계 라이프사이클 최종 단계에서는, 스타트업이 초기 단계에서 성공하거나 상장이나 인수합병과 같은 출구Exits를 모색하고 아니면 유니콘으로 성장하여 안착하는 결과가 따른다.

스타트업 생태계의 라이프사이클에서는 매년 스타트업이 생겼다가 사라지기도 하고 혹은 새로운 대형 기업으로 자리매김하기도 한다. 이때 스타트업이 대형 기업이 되는 단계는, 기업가치Value of Firm를 기준으로 구분하고 유형화할 수 있다. 스타트업이 이른바 시장에서 성공하며 시장가치를 높였다고 하면 그 성공한 스타트업의 첫 단계 기업을 유니콘Unicorn으로 유형화하는 방식이다.

유니콘은 설립된 지 10년 이하이면서 기업가치가 10억 달러 이상인 기업을 말한다. 스타트업 초기 단계에 있는 기업을 후원하는 기업인, 카우보이 벤처Cowboy Ventures의 설립자 아일린 리Aileen Lee가 2013년 한 매체에 기고한 글에서 '유니콘'을 처음 언급한 것으로 알려졌다(Tech Crunch, 2013). 그는 당시 이 기고에서 2003년부터 시작해 10년간 총 39개의 회사가 유니콘 클럽Unicorn Club에 속했으며 이는 소프트웨어 신생 기업의 0.7%에 해당한다고 언급했다. 또한 평균적으로 연간 4개의 유니콘이 생겨났고 페이스북과 같은 슈퍼 유니콘Super Unicorn은 10년마다 1~3개 정도 생겨나는 것으로 분석했다.

유니콘은 그야말로 짧은 시간에 높은 성장을 기록한 스타트업을 칭하는 말이다. 유니콘에 진입하기는 쉽지 않다. 전체 신생 기업들의 수에 비해 극소수만이 유니콘에 진입한다. 최근 유니콘에 진입하는 기업들도 늘어나 전 세계적으로 활발한 스타트업 성장이 일어나는 듯하지만, 여기에는 지역적 차원에서 특이한 현상이 있다. 유니콘이란 용어가 처음 생겨났을 때만 해도 미국, 그중에서도 샌프란시스코 실리콘밸리 기업들을 중심으로 주요 유니콘 기업들이 나타나 조명을 받았다면 최근에는 이러한 현상이 바뀌고 있는 것이다.

2008년부터 전 세계에서 주목받으며 유니콘 기업 규모 이상으로 성장한 스타트업을 살펴보면 숙박 공유 서비스 에어비앤비Airbnb(2008년), 차량공유 서비스 우버Uber(2009년), 이미지 중심의 소셜네트워크서비스 핀터레스트Pinterest가 대표적이다. 이들 모두 미국 기업에 속한다. 그러나 최근에 유니콘에 진입한 기업들의 면면을 보면 중국, 인도, 브라질 등에 본사를 둔 신흥 스타트업이 강세를 보임을 알 수 있다(〈표 6-2〉). 이는 미국, 그중에서도 실리콘밸리 중심의 스타트업 생태계가 조금씩 재편되고 있는 현상을 보여준다.

스타트업이 유니콘에서 더욱 성장하여 기업가치 100억 달러에 이르면 이를 데카콘이라 부른다. 'uni'가 1을, 'deca'는 10을 뜻하는 접두사이므로 데카콘은 유니콘보다 기업가치가 10배 높은 스타트업으로 구분하는 것이다. 데

〈표 6-2〉 2018년 유니콘에 진입한 주요 기업(2018년 12월 28일 기준)

(단위: 미국 달러)

기업	산업 분야	본사 위치	가치 상승	기업 가치*	진입 시기
줄JUUL	전자기술 B2C	미국 샌프란시스코	141억	380억	7월 10일
비트메인 BITMAIN	하드웨어	중국 베이징	8억 1000만	120억	6월 11일
메이카이 美菜	플랫폼 소프트웨어	중국 베이징	13억	70억	1월 11일
오요 OYO	애플리케이션 소프트웨어	인도 구르가온	15억	50억	9월 25일
도어대시 DoorDash	플랫폼 소프트웨어	미국 샌프란시스코	9억 7200만	40억	3월 1일
누뱅크 Nubank	금융 서비스	브라질 상파울로	5억 900만	40억	3월 1일
스노우플레이크 Snowflake	데이터베이스 소프트웨어	미국 샌머테이오 (캘리포니아)	9억 2300만	40억	1월 25일
샤오펑 Xiaopeng	자동차	중국 광저우	14억	36억	8월 2일
섬사러 SAMSARA	비즈니스 소프트웨어	미국 샌프란시스코	2억 3000만	36억	3월 22일
바이주스 Byju's	교육 소프트웨어	인도 벵갈루루	8억 9000만	36억	9월 29일

*2018년 말 기준
자료: cbinsights.com

카콘에 진입한 스타트업은 초대형 기업으로 성장한 것이고 유니콘보다 높은 기업가치를 지녀 시장에서 영향력도 상당해진다고 볼 수 있다.

초기에 스타트업이었던 기업이 유니콘으로 성장하고 데카콘에 진입하는 과정을 거치는 것이니, 초기 스타트업의 산실이라고 할 수 있는 미국의 기업들이 데카콘 기업 순위에도 수위에 올라 있다(〈표 6-3〉). 상위 10개의 데카콘 중 8개 기업의 소재가 미국이다. 특이한 점은 1위와 3위 기업이 중국 기업이라는 점이다. 스타트업이 미국에서 시작하여 전 세계로 확산되었으므로 미국 기업들 다수가 데카콘 기업 상위에 오른 것은 이해할 만하다. 그러나 상위권 기업 2개가 중국 기업이라는 점은 유니콘에 이어 데카콘 규모의 기업에서도 향후 변화가 일어날 수 있음을 보여준다.

앞서 스타트업 기업의 발전 단계에서 알 수 있듯이, 시장이 글로벌화되면

〈표 6-3〉 전 세계 데카콘 기업 순위(2019년 1월 기준)

기업	기업 가치 (십억 달러)	데카콘 진입 시기	국가	산업 분류
터우타오Toutiao / 바이트댄스Bytedance	75	2017년 4월 7일	중국	디지털 미디어/ 인공지능
우버 Uber	72	2013년 8월 23일	미국	온디맨드
디디추싱Didi Chuxing	56	2014년 12월 31일	중국	온디맨드
위워크WeWork	47	2014년 2월 3일	미국	편의 시설
에어비앤비 Airbnb	29.3	2011년 7월 26일	미국	이커머스/마켓플레이스
스페이스엑스SpaceX	21.5	2012년 12월 1일	미국	첨단 수송 수단
스트라이프Stripe	20	2014년 1월 23일	미국	핀테크
줄랩스JUUL Labs	15	2017년 12월 20일	미국	가전제품
에픽 게임즈Epic Games	15	2018년 10월 26일	미국	게임
핀터레스트Pinterest	12.3	2012년 5월 19일	미국	소셜

자료: cbinsights.com

서 스타트업이 더욱 성장할 수 있는 기회가 많아지고 있다. 이는 실제 스타트업들이 유니콘과 데카콘으로 성장을 거듭하면서도 나타나는 현상이다. 매년 유니콘에 진입하는 기업들의 본사를 살펴보면 미국 이외의 기업들이 늘어나고 있고 데카콘 기업의 순위에서 1위와 3위는 중국 기업이 차지한 것만 봐도 알 수 있다. 미국에서 시작한 스타트업이 미국 시장만을 바라보고 사업을 추진하는 것이 아닌 것처럼, 중국이나 인도 같은 신흥 강국들에서 생겨난 스타트업들도 자국 내 소비자들을 대상으로 시장을 한정하지 않는다. 그러니 매년 유니콘과 데카콘에 진입하는 기업들은 태생 지역도 다양해지고 있다.

이제 스타트업은 지역을 뛰어넘어 전 세계인들이 공감할 수 있는 서비스를 장착해야 대규모의 성장이 가능하다. 데카콘 기업들의 기업가치 순위를 봐도 국가나 지역보다는 소셜네트워크social network, 공유경제sharing economy 등을 소재로 한 사업 트렌드를 발견할 수 있다. 데카콘 기업 순위 1위에 오른 중국기업 바이트댄스는 단편 동영상을 공유하는 애플리케이션 틱톡Tik Tok으로 성장했고, 2위 중국기업 디디추싱은 중국판 우버로 불리는 차량 공유 서비스 애플리케이션으로 성장했다. 미국에서 페이스북이 소셜 인맥 서비스로 성장해 슈퍼 유니콘으로 불렸고 우버가 혁신적인 공유경제 서비스로 여겨진 것처럼, 중국에서도 유사한 기능과 콘셉트를 제공하는 서비스가 스타트업의 신화를 써가고 있는 것이다. 스타트업에 글로벌라이제이션Globalization은 성장의 중요한 단계이다. 스타트업이 성장해 더 많은 유니콘과 데카콘이 탄생할수록 국가나 지역의 경계는 더욱 허물어질 것이다.

스타트업 생태계 현황은 어떠한가

스타트업은 초기 단계를 거쳐 기업의 가치를 올리고 유니콘과 데카콘으로 성장한다. 이러한 스타트업이 모여 있는 시장은 지속적으로 성장할까? 향후에도 시장에서 많은 스타트업들이 투자 유치를 통해 투자금을 회수하고 새로운 성장의 기회를 모색할 수 있을까? 스타트업이 지속적으로 성장해 나가며 성공을 달성하는 데 꼭 필요한 요인은 무엇일까? 스타트업의 사업 과정이 시장에서 아직 검증되지 않은 사업 모델을 검증해 나가는 것이라고 한다면 이러한 질문에 답하는 것은 무척 어려운 일이 된다.

이번 절에서는 위의 질문들에 대한 답을 찾기 위해 스타트업 시장의 현황을 짚어본다. 스타트업 시장의 현황을 살펴보려면 투자 자금의 흐름과 종착지를 살펴봐야 한다. 따라서 실질적으로 스타트업에 투자되는 투자 자금의 거점 지역과 주요 수치들을 살펴보며 구체적으로 어떠한 시장에 자금이 투입되고 있는지 짚어보고자 한다.

스타트업이 성장 과정에서 출구Exits를 창출했느냐는 스타트업의 성과 중하나로 평가될 수 있다. 초기의 스타트업이 사업의 발판을 만들고 성과를 통해 글로벌 성장의 계기를 마련했다면 출구 전략이 필요하다. 여기서 '출구'란

창업자의 입장에서는 인수합병에 참여하든 주식상장을 하든 다음 단계를 모색하는 것이며 투자자들에게는 투자금 회수라는 변곡점을 만드는 것을 말한다. 이처럼 더 큰 성장을 위한 출구는 스타트업의 중요한 성과다.

지난 2010년부터 2018년까지(당해 7월 31까지) 전 세계 테크 스타트업의 출구 현황을 살펴보면 총 2만 1844건이 발생한 것으로 나타났다. 이 출구들의 거래 가치는 1조 1930억 달러(한화 약 1352조 8620억 원)에 이른다. 가장 많은 출구 건수를 기록한 지역은 단연 미국이 속한 북미 지역North America으로 총 1만 3519건, 7775억 달러(한화 881조 6850억 원)이다. 다음으로 유럽, 아시아 태평양, 중동과 러시아 등의 순으로 나타나는데 북미 지역과의 차이는 매우 크다(〈그림 6-7〉).

미국은 전 세계 테크 스타트업 출구와 그 거래 가치에 미치는 영향력이 상당하며, 미국과 유럽에서 누적된 출구 건수의 비율은 전 세계의 86%를 차지한다. 미국과 유럽 사이의 격차도 큰데 출구에 따른 평균 거래 가치를 살펴보면 미국이 평균 1억 달러, 유럽이 평균 3000만 달러로 두 배 이상의 차이를 보인다(Mind the Bridge and Crunchbase, 2018). 즉 전 세계 첨단 기술을 기반으로 하는 테크 스타트업 분야에서 미국 시장은 여전히 전 세계에서 가장 강력한 영향력을 지니고 있으며 지역이나 국가 단위로 비교할 때 그 격차가 매우 크다는 것을 알 수 있다.

미국은 스타트업에 투자하는 벤처 캐피털Venture Capital 회사들에서도 두각을 나타내고 있다. 2018년도 4분기를 기준으로 전 세계에서 투자를 가장 활발히 했던 회사들 상위 5개 중 4개는 캘리포니아주 소재의 미국 기업들로 나타났다. 나머지 한 곳은 중국 소재 회사Sequoia Capital China이지만, 이마저도 미국 회사의 자회사에 해당하여 사실상 상위 5개 그룹 모두 미국과 연관된 회사라고 볼 수 있다. 한편 미국이 속한 북미 지역은 2018년 4분기에만 글로벌 유니콘 21개를 배출시켜 가장 높은 순위에 랭크되었다(PwC·CB Insights, 2019).

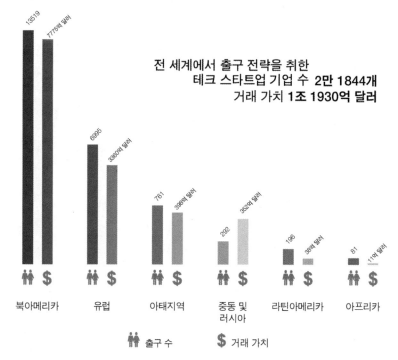

〈그림 6-7〉 출구 전략을 취한 테크 스타트업 기업 수

전 세계에서 출구 전략을 취한
테크 스타트업 기업 수 **2만 1844개**
거래 가치 **1조 1930억 달러**

13519 / 7776억 달러 — 북아메리카
6995 / 3360억 달러 — 유럽
761 / 398억 달러 — 아태지역
292 / 352억 달러 — 중동 및 러시아
196 / 38억 달러 — 라틴아메리카
81 / 11억 달러 — 아프리카

👫 출구 수 　　 $ 거래 가치

자료: Mind the Bridge and Crunchbase(2018).

스타트업 기업으로 따지면 유럽 국가들이나 중국을 필두로 한 아시아의 추격이 거세긴 하지만 여전히 투자 시장은 미국이 주도하고 있다.

　그렇다면 이러한 막대한 투자 자금들이 몰리는 시장은 어디일까? 대표적으로 핀테크fintech 시장을 들 수 있다. 핀테크는 금융finance과 기술technology이 결합한 서비스가 만들어내는 시장이므로 어느 분야보다도 큰 규모의 자금이 몰린다. 전 세계의 유망 핀테크 기업 상위 250개를 살펴보면 2017년에 비해 2018년(10월까지 자료)에 지분 투자equity investment와 주식 가치worth of equith funding, 1억 달러 이상의 투자 등이 급격히 상승한 것을 확인할 수 있다(CB

<그림 6-8> 상위 핀테크 스타트업 250개의 연도별 투자 현황 비교(2018년은 10월까지 수치)

186 2018년 주식 투자 건	**240억 9000달러** 2018년 주식 자금 가치	**33** 2018년 1억 달러 이상 투자(메가라운드) 건
177 2017년 주식 투자 건	**86억 7000달러** 2017년 주식 자금 가치	**23** 2017년 1억 달러 이상 투자(메가라운드) 건

자료: CB Insights(2018.10.22).

Insights, 2018.10.22). 구체적으로 2013년부터 2018년까지 상위 250개 스타트 업에 1억 달러 이상 투자한 건수는 무려 83건을 기록하고 있었다. 이 중 2018 년에는 10월에 이미 1억 달러 이상의 투자 33건을 기록하여 6년간 누적 투자 건의 약 40%(39.76%)를 달성했다.

핀테크의 경우 상위 250개 스타트업의 44% 정도가 미국 이외의 지역에 기 반을 두고 있는 것으로 나타난다(CB Insights, 2018.10.22). 미국 이외 지역으로 는 영국과 인도가 이를 뒤따르고 있다. 핀테크 스타트업 분야도 미국 중심의 편중 비율이 크긴 하지만 그렇다고 미국의 기업만이 매년 가장 높은 투자를 받고 성장하는 것은 아니다.

<표 6-4>를 보자. 2018년도 4분기에 대규모 글로벌 거래 체결 순위에서 1 위는 다름 아닌 우리나라 기업 쿠팡Coupang이다(PwC·CB Insights, 2019). 소프 트뱅크 그룹SoftBank Group이 20억 달러를 투자한 쿠팡은 전 세계 다른 기업들 을 제치고 1위를 차지했다. 다음으로는 중국의 핀테크 스타트업으로 시작한 루닷컴Lu.com, 미국의 게임사 에픽게임즈Epic Games, 지능형 창intelligent window을 개발한 미국의 건축자재 회사 뷰View, 인도네시아 전자상거래사인 토코피디 아Tokopedia, 인도의 음식 배달 업체 스위기Swiggy 등으로 기업 소재지가 다양

〈표 6-4〉 대규모 글로벌 거래 체결 순위 (2018년 4분기)

기업	위치	부문	산업	거래 가치 (미국 달러)
쿠팡Coupang	서울(대한민국)	모바일&통신	모바일 커머스	20억
루닷컴Lu.com	상하이(중국)	인터넷	회계 & 금융	13억 3000만
에픽 게임즈 Epic Games	캐리(미국)	소프트웨어	게임	12억 5000만
뷰View	밀피타스(미국)	산업	일반 건축 자재	11억
토코피디아 Tokopedia	자카르타 (인도네시아)	인터넷	이커머스	11억
스위기Swiggy	벵갈루루(인도)	모바일&통신	음식 & 식료품	10억

자료: PwC·CB Insights(2019).

하다. 무엇보다 기술력 개발에 주력하고 혁신적인 사업 모델을 만들어내는 기업에 투자가 몰리는 현상이 나타나며 기업이 소재한 지역도 대한민국, 중국, 미국, 인도네시아, 인도로 다채롭다.

그런데 여기서 특이한 점이 발견된다. 대규모 글로벌 거래가 체결된 상위 6개 기업 중 3곳(쿠팡, 뷰, 토코피디아)이 소프트뱅크 그룹으로부터 투자를 유치했다는 점이다. 소프트뱅크 그룹은 재일교포 4세 손정의 회장이 창립자로 우리나라에도 잘 알려져 있다. 이 소프트뱅크가 2018년 4분기에 전 세계에서 가장 대규모였던 투자처 6곳 중 3곳에 참여한 것이다. 투자를 단행한 기업들의 소재도 다양하다. 결국 혁신적인 사업 모델을 갖춘 기업에 대규모 투자가 몰린다는 점을 알 수 있다. 한편으로 혁신적인 스타트업은 지속적으로 배출되지만, 이를 알아보고 전폭적으로 투자해 더 많은 이익을 내는 대규모 투자자는 제한되어 있으며 이들의 투자 선택지에 따라 향후 스타트업의 지형이 그려질 수 있다는 점을 알 수 있다. 스타트업 시장에서 사업 모델과 서비스 형태가 다양화되고 있는 것은 사실이지만, 스타트업 배출 지역의 편중에 이어 대규모 투자자의 편중 현상이 고착화될지 두고 볼 일이다.

스타트업과 인터넷 산업의 전망은 어떠한가

스타트업이 혁신적인 아이디어를 발판으로 성장한다고 하지만 스타트업의 아이디어는 1990년대 인터넷 기술이 상용화되지 않았다면 서비스로 개발되지 못했을 아이디어들이 대부분이다. 따라서 스타트업과 인터넷 산업은 연관성이 높다. 이번 절에서는 스타트업과 인터넷 산업의 연관성과 전망에 대해 알아보고 유망 분야와 성패 요인은 무엇이 있는지 알아보자.

닷컴과 스타트업

스타트업은 인터넷 산업을 바탕으로 성장해 왔다. 현재도 인터넷 산업의 부흥기에 성장한 기업들이 또 다른 스타트업에 투자하거나 인수에 열을 올리는 현상은 스타트업과 인터넷 산업의 연관성을 보여주는 지점이다. 인터넷 기술 기반의 스타트업이 성장하여 이제는 다양한 영역의 스타트업을 육성시켜 산업 전체를 성장시키고 있는 것이다.

2010년부터 2018년까지 테크 스타트업을 인수한 기업 순위를 살펴보면 〈표 6-5〉와 같다.

구글은 9년간 150개 스타트업을 인수하고 그 거래 가치도 80억 달러에 이른다. 인수한 기업 수로는 압도적인 수치를 보이며 2위인 페이스북의 두 배를 넘는다. 구글은 2006년 유튜브를 16억 5000만 달러에 인수하여 당시 구글의 기업인수 합병액 기록을 갈아치우며 주목을 받았다. 2010년대에 들어서도 10억 달러 이상의 대규모 인수를 지속적으로 추진했다. 2013년과 2014년에 각각 소셜 기반 GPS 애플리케이션 '웨이즈waze'와 스마트홈 업체 '네스트 랩스Nest Labs'를 인수한 사례를 들 수 있다. 구글은 검색 서비스를 기반으로 축적된 데이터를 접목할 수 있는 스타트업 인수에 관심을 보여 온 것이다.

페이스북의 경우에도 2012년 인스타그램instagram, 2014년 오큘러스Oculus와

〈표 6-5〉 2010~2018 테크 스타트업 인수 기업 상위 30개

순위	기업	본사 위치	인수 (건)	거래 가치 (억 달러)
1	구글Google	미국 캘리포니아주 마운틴뷰	150	80
2	페이스북Facebook	미국 캘리포니아주 멘로파크	69	228
3	애플Apple	미국 캘리포니아주 쿠퍼티노	68	510
4	마이크로소프트Microsoft	미국 워싱턴주 레드먼드	67	394
5	액센츄어Accenture	미국 뉴욕주 뉴욕	61	4
6	시스코Cisco	미국 캘리포니아주 새너제이	60	174
7	야후Yahoo	미국 캘리포니아주 레드우드 시티	56	30
8	오라클Oracle	미국 캘리포니아주 서니베일	51	108
9	아이비엠IBM	미국 뉴욕주 아몽크	49	81
10	세일즈포스Salesforce	미국 캘리포니아주 샌프란시스코	46	157
11	트위터Twitter	미국 캘리포니아주 샌프란시스코	46	15
12	아마존Amazon	미국 워싱턴주 시애틀	45	59
13	델이엠씨Dell EMC	미국 매사추세츠주 홉킨턴	45	22
14	덴쓰Dentsu	일본 도쿄	42	1
15	그루폰Groupon	미국 일리노이주 시카고	39	3
16	인텔Intel	미국 캘리포니아주 샌타클래라	36	184
17	이베이eBay	미국 캘리포니아주 새너제이	33	38
18	오토데스크Autodesk	미국 캘리포니아주 샌러펠	29	3
19	징가Zynga	미국 캘리포니아주 샌프란시스코	27	11
20	퍼블리시스 그룹Publicis Groupe	프랑스 파리	25	6

자료: Mind the Bridge and Crunchbase(2018).

왓츠앱Whatsapp 등을 인수하는 등 빅딜이 있었다. 페이스북으로 특화된 소셜 네트워크서비스를 확장시켜 더 많은 인맥 서비스를 구축하고 가상현실과 접목하여 새로운 형태의 서비스를 창출하겠다는 야심을 드러낸 대규모 인수였다. 한편, 총 거래 가치로 따지면 애플이 510억 달러로 가장 높은 금액을 기록했다. 창업자 스티브 잡스(1955~2011)가 세상을 떠난 이후 이렇다 할 비즈니스 모델을 찾지 못한 애플은 대규모 기업 인수를 통해 활로를 모색한 것으로 보인다.

이처럼 인터넷 붐으로 성장한 기업들의 대규모 자금이 스타트업 인수에 몰

〈그림 6-9〉 미국 내 벤처 자금 지원 규모 추세

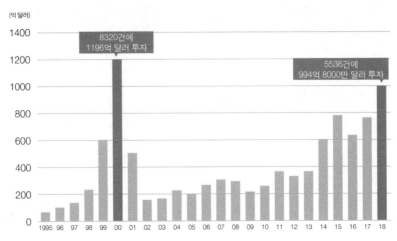

자료: PwC·CB Insights(2019); Statista(2019).

리다 보니, 신생 벤처 기업에 투입되는 자금의 규모는 닷컴 시대Dot-Com Era의 수준에 도달했다는 분석도 나온다(PwC·CB Insights, 2019; Statista, 2019.1.11). 닷컴 버블이 한창이었던 2000년에 1196억 달러의 투자가 진행되었는데 2018년에만 994억 달러의 투자가 진행되어 닷컴 열풍을 따라가고 있는 것이 아니냐는 분석이다. 닷컴 열풍으로 성장한 기업들이 또 다른 버블을 양산시키는 것이 아닌지에 대한 우려도 있고 한편으로 고성장의 희망도 존재한다. 분명한 것은 닷컴의 붐을 타고 성장한 스타트업이 다시 닷컴의 붐과 비슷한 추세로 고성장을 이어가고 있다는 것이다.

1990년대 닷컴으로 요약되는 웹 산업의 붐이 오늘날까지 지속되고 있는 것은 아니다. 하지만 이들 웹과 관련된 인터넷 기업들이 스마트폰의 확산과 더불어 다양한 기술에 투자하고 더불어 새로운 서비스를 창출해 나가고 있다. 닷컴과 웹 시장의 발전은 시장이 창출되고 하나의 산업군이 생겨나 그 산업군이 더욱 체계화되는 과정을 보여준다. 그래서 스타트업과 기존 인터넷 산업은 함께 생태계를 형성하며 발전하고 있다고 볼 수 있다. 향후 스타트업의 유망 분야와 이 유망 분야가 성공할 수 있을지 여부를 판단하는 과정에서도 닷컴을 비롯한 인터넷 산업을 배제하기 힘든 이유가 여기에 있다.

유망 분야와 성패 요인

현재 투자가 활발히 일어나고 있는 유망 분야를 살펴보면 인터넷 관련 기업에 대한 투자가 눈에 띈다. 미국 내에서 산업 분야별 거래와 투자 순위 상위 5개를 추려보면 인터넷, 헬스케어, 모바일과 통신, 소프트웨어, 소비재와 서비스의 순으로 나타난다(PwC·CB Insights, 2019). 2018년 4분기에만 91억 달러가 투자되었고 540건의 계약이 체결될 정도로 가장 높은 비율을 보인다. 1위인 인터넷 분야 이외에 2~4위의 나머지 분야도 인터넷과 관련성이 있는 산업 분야이다.

2010년부터 2018년까지 테크 스타트업에 대한 인수합병M&A 현황도 살펴보자. 분야별로 IT와 소프트웨어 분야의 인수합병이 두드러진다. 테크 스타트업에 대한 시장의 관심이 높지만 이 관심은 대부분 정보통신에 관한 기술과 이를 떠받치는 소프트웨어에 집중되어 있다. 정보통신 분야와 직접적인 연관성이 있는 분야의 투자가 압도적으로 높지만 간접적으로 연결된 서비스 분야까지 포괄적으로 보면 인터넷 네트워크 기반의 테크 스타트업의 비중이 높다.

그렇다면 기존 인터넷 닷컴으로 성장한 사업자가 투자하는 스타트업은 모두 다 성공할까? 당연히 그렇지 않다. 매년 수많은 스타트업이 출현하고 흔적도 없이 사라진다. 닷컴 버블에 이어 테크 스타트업 분야에서도 버블이 존재한다는 언급(CNBC, 2018)이 나오는 것도 이런 이유에서다. 더 이상 혁신적인 스타트업이 출현하기 힘들기 때문에, 닷컴 버블과 같이 스타트업 버블이 꺼지면 새로운 사업이 창출되지 않아 시장 침체가 시작될 것이라는 얘기다.

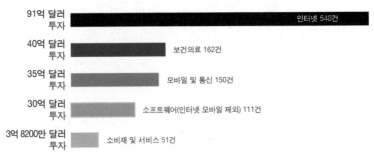

〈그림 6-10〉 미국 내 산업 분야별 거래와 투자 순위 상위 5개(2018년도 4분기)

91억 달러
투자 — 인터넷 540건

40억 달러
투자 — 보건의료 162건

35억 달러
투자 — 모바일 및 통신 150건

30억 달러
투자 — 소프트웨어(인터넷 모바일 제외) 111건

3억 8200만 달러
투자 — 소비재 및 서비스 51건

자료: PwC·CB Insights(2019).

〈그림 6-11〉 스타트업 M&A가 활발한 분야

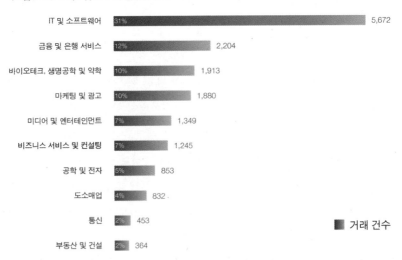

IT 및 소프트웨어	31%	5,672
금융 및 은행 서비스	12%	2,204
바이오테크, 생명공학 및 약학	10%	1,913
마케팅 및 광고	10%	1,880
미디어 및 엔터테인먼트	7%	1,349
비즈니스 서비스 및 컨설팅	7%	1,245
공학 및 전자	5%	853
도소매업	4%	832
통신	2%	453
부동산 및 건설	2%	364

■ 거래 건수

자료: Mind the Bridge and Crunchbase(2018).

스타트업의 주요 실패 원인을 살펴보면 시장의 수요가 없어서 No Market Need 가 압도적인 비율로 높게 나타난다(CB Insights, 2018.2.2). 스타트업은 본래 시장을 창출하는 사업자의 속성을 가지고 있어 새로운 시장을 창출하지 못하면 사업은 실패로 끝난다. 시장 환경이 아무리 긍정적이어도 자금이 소진되

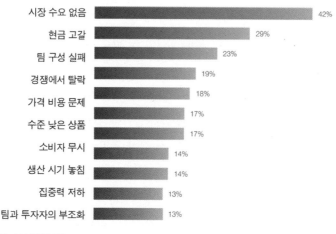

〈그림 6-12〉 스타트업이 실패하는 주요 원인

시장 수요 없음	42%
현금 고갈	29%
팀 구성 실패	23%
경쟁에서 탈락	19%
가격 비용 문제	18%
수준 낮은 상품	17%
소비자 무시	17%
생산 시기 놓침	14%
집중력 저하	14%
팀과 투자자의 부조화	13%
	13%

자료: CB Insights(2018.2.2).

거나, 조직을 적절히 만들지 못하고, 경쟁력이 떨어지거나 하는 문제로도 실패가 찾아올 수 있다. 최근 자료를 살펴보면 전 세계 고위 임원들은 블록체인과 같은 신기술에 투자하는 데 가장 큰 장벽으로 규제 이슈를 꼽기도 했다(Emarketer, 2018). 시장 환경, 조직적인 이슈, 여기에 더해 정책적인 이슈까지 스타트업이 성공하기 위해 필요한 역량만큼 실패를 막기 위한 역량도 필요한 실정이다.

이번 장에서 살펴본 것처럼 스타트업은 '이제 막 사업을 시작한 벤처기업'이다. 사업을 시작하는 현재 시점에는 아직 시장에서 검증되지 않은 모델로 사업을 추진하기 때문에 성공하면 시장을 창출하고 높은 수익을 얻지만, 그만큼 실패할 가능성은 더 크다. 스타트업이 성장하기 위해 아이디어와 마일스톤, 첨단 기술력, 적절한 인큐베이팅, 적극적인 투자 유치 등의 요소들이 필요하다. 그러나 이것도 충분조건은 아니다. 아직도 미국 실리콘밸리 중심의 스타트업 생태계가 전 세계 스타트업 시장에서의 영향력이 높아 그 외 지역에서 글로벌 경쟁력을 갖춘 스타트업이 탄생하기 위한 진입장벽은 높다. 그나마 중국, 인도 등의 신흥 강국이 나타나고 아이디어와 시장성만 갖추면 우리나라 기업도 거대 유니콘으로 성장할 수 있는 가능성이 발견되고 있는 정도다.

문제는 앞으로다. 과연 앞으로도 스타트업 생태계는 지금처럼 활발히 유지될 수 있을지 아니면 많은 닷컴 신화가 몰락한 것처럼 대다수 스타트업들이 순식간에 신기루로 변할지 그 예측이 쉽지 않다는 점이 문제다. 스타트업의 태생이 혁신적인 사업 모델을 무기로 앞이 보이지 않는 시장을 개척하는 사업자라고 할지라도, 이들이 살아가는 생태계가 불안정하다면 그러한 혁신도 빛을 발할 수 없을 것이다. 스타트업 생태계가 닷컴 버블의 문제점을 개선한 완전한 생태계로 정착할 수 있을지 아니면 스타트업 버블이라는 종국에 이를지 두고 볼 일이다.

참 고 문 헌

CB Insights. 2018.2.2. "The Top 20 Reasons Startups Fail."

_____. 2018.10.22. "The Fintech 250: The Top Fintech Startups Of 2018." https://www.cbinsights.com/research/fintech-250-startups-most-promising

_____. 2019.1. "The Global Unicorn Club." https://www.cbinsights.com/research-unicorn-companies

CNBC. 2018.5.22. "Silicon Valley tech bubble is larger than it was in 2000, and the end is coming."

Emarketer. 2018.8.31. "What Is Blockchain's Biggest Barrier?" https://www.emarketer.com/content/what-is-blockchain-s-biggest-barrier

Inc. 2016.9.13. "7 Things Steve Jobs Said That You Should Say Every Single Day." https://www.inc.com/jeff-haden/7-things-steve-jobs-said-that-you-should-say-every-single-day.html

Kotra. 2014. 「Silicon Valley 스타트업 가이드」.

Mind the Bridge and Crunchbase. 2018. "Tech Startup M&As 2018 Report."

Oracle. n. d. "Global Startup Ecosystem program information." https://www.oracle.com/a/ocom/docs/oracle-global-startup-ecosystem.pdf

PitchBook. 2018.2.21. "Meet the unicorn class of 2018." https://pitchbook.com/news/articles/unicorn-class-of-2018

PwC. 2013.4. "The startup economy."

_____. 2017. "Redrawing the lines: FinTech's growing influence on Financial Services." Global FinTech Report 2017.

PwC·CB Insights. 2019. "MoneyTree[TM] Report."

Roberts, Edward B. 1988. "What We've Learned: Managing Invention and Innovation." *Research Technology Management*, 31(1), pp.11~29.

Statista. 2019.1.11. "U. S. Venture Capital Funding Reaches Dot-Com Era Level." https://www.statista.com/chart/11443/venture-capital-activity-in-the-us

Startup Blink. 2017. "10. Startup Ecosystem Rankings." https://www.startupblink.com/startups

Startup Commons. n. d. "Startup Development Phases." https://www.startupcommons.org/start up-development-phases.html

_____. n. d. "What is a Startup?" https://www.startupcommons.org/what-is-a-startup.html

Startup Genome. 2017. "Global Startup Ecosystem Report 2017."

_____. 2018. "Global Startup Ecosystem Report 2018: Succeeding in the New Era of Technology."

Tech Crunch. 2013.11.12. "Welcome To The Unicorn Club: Learning From Billion-Dollar Startups." https://techcrunch.com/2013/11/02/welcome-to-the-unicorn-club/

온라인 쇼핑 플랫폼의 현황과 의미

정윤혁

정보통신망을 상품이나 서비스를 교환하는 수단, 나아가 비즈니스 전반의 활동에 활용하는 시스템을 전자상거래라고 한다. 온라인 쇼핑은 기업-소비자Business-to-Customer 전자상거래를 의미한다. 얼마 전 전자상거래 기업인 아마존이 전 세계 시가총액 기준 1위 기업에 오를 만큼 온라인 쇼핑의 비중은 날로 커지고 있다. PC나 스마트폰을 통해 상품이나 서비스를 주문하는 것은 일상적인 일이 된 지 오래다. 전 세계적으로 온라인 쇼핑 규모는 지난 2014년 1.3조 달러였던 것이 2017년에는 2.3조 달러, 2020년에는 그것의 두 배가 될 것으로 예상될 정도로 급속하게 확장되고 있다(Statista, 2019). 최근에는 온라인 쇼핑에 인공지능이나 증강현실 등 첨단 정보기술을 접목함으로써 소비자 편의성을 높이고 구매를 촉진하는 시도들도 있다.

국내에서도 세계 수준의 정보통신망을 기반으로 한 온라인 쇼핑 시장은 지속적으로 성장해 왔다. 인터넷 도입 초기인 2001년 1조 원을 갓 넘긴 온라인 쇼핑은 2018년 100조 원을 넘어섰다(이주현, 2019). 온라인 쇼핑업체들이 주도해 온 온라인 마켓에 이제 TV홈쇼핑을 비롯하여 오프라인의 강자들인 백화점, 대형마트, 전문소매점 등이 진출하고 있으며, 아마존이나 구글과 같은 글로벌 기업마저 국내 온라인 마켓에 관심을 보이고 있다. 디지털화된 상거래가 미래의 상거래 모습이라는 확신에는 이견이 없어 보인다.

이렇듯 온라인 쇼핑은 점점 상거래의 주요한 모습으로 자리 잡아 가고 있음에도 불구하고, 소상공인들은 여전히 시간적·공간적 한계를 갖는 오프라인 영업에서 벗어나고 있지 못하는 형편이다. 소매 거래에 있어 현재로서는 인터넷을 포함한 정보기술이 제공하는 혜택은 소상공인들보다는 자본과 인력이 있는 기업들에 돌아가고 있다. 소상공인들은 열악한 영업 환경에서 정보기술을 활용할 지식을 습득하고 적용할 만한 시간적·심적 여유를 갖기 힘들다. 이러한 한계에도 불구하고, 온라인 쇼핑은 소상공인들에게 더 이상 외면할 수 없는 선택이다. 정부 역시 소상공인들이 서민경제의 근간이라는 인식하에 그들을 디지털 경제로 포용하기 위해 '소상공인 보호 및 지원에 관한 법률'에 소상공인의 전자상거래를 지원하는 내용을 담는 등 소상공인의 전자상거래 수용에 힘을 쏟고 있다. 소수지만 소상인들도 메이크샵이나 카페24 등의 온라인 쇼핑 플랫폼 업체를 통해 디지털 확장을 해왔으며, 최근에는 소셜네트워크서비스나 포털 등 다양한 디지털 채널을 활용하고 있다. 이 장에서는 국내 소상공인들의 전자상거래 수용 현황을 살펴보고, 소상공인을 위한 온라인 쇼핑 플랫폼인 네이버 쇼핑윈도 사례를 통해 소상공인의 플랫폼 활용을 탐색해 보고자 한다.

온라인 쇼핑 플랫폼의 현황은 어떠한가

전자상거래는 기업과 소비자 모두에게 장점이 있다. 전자상거래는 기업에는 운영비와 마케팅비 감소를, 소비자에게는 편리함과 더불어 제품과 가격 비교를 통한 효율적 구매 결정을 가능하게 한다. 이러한 장점 덕분에 온라인 쇼핑은 지속적으로 성장하여 전통 유통 시장을 대체해 가고 있다. 유통의 미래는 2018년 10월에 있었던 시어스Sears의 파산 신청 사례에 잘 나타나 있다. 130년이 넘는 역사를 가진 유통의 강자인 시어스의 쇠락은 미래에 전통적인 유통 방식이 결국 디지털 방식에 압도될 것이라는 것을 보여준다. 전통적인 유통업 강자들의 빈자리는 아마존과 같은 온라인 쇼핑기업들이 차지하게 되면서 전자상거래의 시대가 도래했음을 알리고 있다. 국내에서도 온라인 쇼핑은 전체 소매업 거래 중 1/5을 넘어서고 있고, 다양한 품목에 걸쳐 소매 거래의 주요한 형태로 자리 잡고 있다(통계청, 2019).

온라인 쇼핑의 경쟁이 치열해짐에 따라 온라인 쇼핑업체들은 만족할 만한 수익을 올리지 못하고 있는 게 사실이다. 하지만 온라인 쇼핑이 유통업의 미래라는 측면에서 투자와 성장이 지속되어 왔다. 소프트뱅크 그룹 손정의 회

〈그림 7-1〉 품목별 온라인 쇼핑 거래 현황

자료: 통계청(2019).

〈그림 7-2〉 모바일 쇼핑 비중

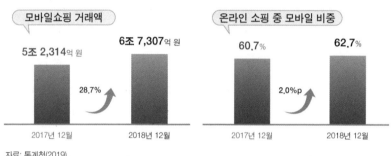

자료: 통계청(2019).

장은 2015년에 이어 2018년 국내 소셜커머스 기업인 쿠팡에 20억 달러 투자
계획을 발표했다. 쿠팡을 비롯해 온라인 쇼핑업체들은 매출이 늘기는 했지만
여전히 영업 손실 상태이다. 그럼에도 불구하고 투자가 계속되는 것은 결국
온라인 쇼핑의 미래를 높게 평가한다는 것이다. 특히, 〈그림 7-2〉에서 보듯
이 스마트폰은 쇼핑의 편리성을 높여 온라인 쇼핑의 성장에 기여하고 있으
며, 최근에는 온라인 쇼핑에 인공지능, 빅데이터, 사물인터넷 등의 최첨단 정
보통신기술이 접목되어 상거래의 디지털화는 가속되고 있다.

소상공인에게 온라인 쇼핑이란 무엇인가

　스몰비즈니스 사업자로 인식되는 소상공인은 상시근로자 5명(광업, 제조업, 건설업, 운수업은 10명) 미만인 사업자를 말한다. 국내 서민경제의 근간에 해당하는 소상공인은 전체 사업체의 86.4%, 종사자의 37.9%를 차지한다(중소기업청, 2017). 주로 도소매업을 비롯해, 음식/숙박업, 운수업 등 생활밀착형 서비스를 제공하고 있다. 은퇴 세대의 창업에 기인한 치열한 경쟁과 1인 가구의 확산 등의 환경 변화에 따라 스몰비즈니스의 변화가 요구되는 시점이다. 국내 소상공인의 창업 후 5년까지 생존율은 27.3%로 이는 OECD 평균 생존율인 43.9%보다 낮은데(중소기업청, 2017), 이와 같은 스몰비즈니스의 높은 폐업률은 사업자 개인의 실패를 넘어 사회적 문제로 확대되고 있다.

　특히 온라인 시장의 확산에 따른 유통 환경 속에서 오프라인 위주의 스몰비즈니스의 경쟁력은 약화되고 있다. 대형 유통업자들은 온라인 시장에 대한 투자 여유가 있지만, 생계형 소상공인들에게는 금전적, 시간적, 심적 여유가 없어 그들에게 온라인 시장의 장벽은 높기만 하다. 그러나 온라인 시장이 급속하게 성장하고 있다는 점에서 소상공인들에게는 온라인 판로를 확보하는 것이 안정적인 사업 운영의 관건이 되고 있다. 따라서 여러 국가에서 소상공인들이 첨단 정보통신기술을 활용할 수 있도록 지원하고 있다. 예를 들어, 영국정부는 '스몰비즈니스 그레이트 엠비션Small Business: GREAT Ambition'이라는 제도를 통해 소상공인들의 광대역 인터넷 서비스를 지원하고 있으며, 중국은 '인터넷 플러스' 정책을 통해 소상공인들의 O2O 서비스를 적극적으로 육성하고 있다(김나라, 2017).

〈그림 7-3〉 쇼핑윈도 스크린샷

쇼핑윈도는 무엇인가

쇼핑윈도는 전국 오프라인 기반 상점 정보를 가상의 쇼윈도 형태로 제공하고 거래를 지원하는 네이버의 소상공인 온라인 쇼핑 플랫폼이다. 입점한 소상공인은 입점 및 판매 수수료가 없는 대신 결제시스템 사용에 대한 수수료만 지급하며, 오프라인 센터에서 온라인 쇼핑 운영교육 및 상품사진 촬영 지원을 받는다. 온라인 상점의 개설 절차가 용이할 뿐만 아니라 운영비가 저렴하고, 나아가 네이버의 광범위한 사용자들을 잠재 고객으로 확보할 수 있다는 측면에서 쇼핑윈도는 소상공인을 위한 온라인 쇼핑 플랫폼 우호적인 환경을 제공하고 있다. 2017년 현재 약 1만 2000여 개 매장이 입점해 있고, 2000여 개 매장의 월 거래액이 1억 원이 넘었다(김용영, 2017).

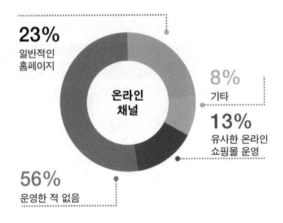
〈그림 7-4〉 쇼핑윈도 사업자들의 온라인 채널 운영 경험

23%
일반적인
홈페이지

온라인
채널

8%
기타

13%
유사한 온라인
쇼핑몰 운영

56%
운영한 적 없음

소상공인들은 쇼핑윈도를 어떻게 인식하고 있는가

소상공인 인터뷰

온라인 쇼핑 플랫폼에 대한 소상공인들의 이해를 탐색하기 위해, 쇼핑윈도에 입점하여 패션 상품을 판매하는 소상인들을 대상으로 인터뷰를 진행했다. 2017년 6월에 수행한 인터뷰에 77명의 쇼핑윈도 입점 점주들이 참여했다. 인터뷰 시간은 평균 1시간으로 평균연령은 31.1세였으며 남성 50.6%, 여성 49.4%가 참여했다. 인터뷰는 크게 두 부분으로 이루어졌다. 첫 번째 부분에서 응답자들은 쇼핑윈도 운영 현황이나 전반적인 인식에 대한 질문에 답했다. 이어서 응답자들은 래더링 인터뷰laddering interview를 통해 쇼핑윈도의 속성·특징, 그것으로부터 얻는 결과와 가치의 관계에 대한 인식을 제시했다.

응답자의 절반 이상(56%)이 과거에 온라인 채널을 운영한 경험이 없었으며, 23%가량은 홈페이지를 운영한 경험이 있었다. 기타(8%)의 경우 카카오스토리, 인스타그램 등의 소셜네트워크서비스를 활용해서 홍보한 경험이 있

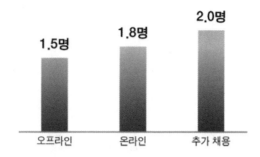

〈그림 7-5〉 쇼핑윈도 입점 후 인력 활용

1.5명 1.8명 2.0명

오프라인 온라인 추가 채용

었다. 단지 응답자의 13%만이 결제 기능이 포함된 쇼핑윈도와 유사한 수준의 온라인 쇼핑 플랫폼을 사용한 경험이 있었다.

쇼핑윈도 인터뷰에 참여한 소상인들은 기존의 오프라인 업무(1.5명)보다 온라인 업무(1.8명)에 더 많은 인력을 투입하고 있으며, 특히 쇼핑윈도 시작 후에 평균적으로 2명의 직원을 추가로 채용한 것으로 나타났다. 또한, 응답자들은 쇼핑윈도를 포함한 온라인 채널의 매출이 전체 매출의 65%에 해당한다고 답했다.

응답자의 9%는 이전과 비슷한 수준의 매출을 올리고 있다고 답했다. 하지만, 절반 이상이 쇼핑윈도 입점 후 50% 이상 매출이 성장했고, 응답자 5 명 중 1명은 100% 이상의 매출 증대가 있었다고 답했다.

흥미로운 결과는 97%의 응답자가 자신의 쇼핑윈도 고객이 직접 오프라인 매장을 찾아온 경험이 있다는 것이다. 주로 쇼핑윈도에서 본 상품(의류)을 착용해 보고자 방문했으며, 몇몇 고객은 간편결제 적립금을 위해 오프라인 매장에서 상품을 본 후 쇼핑윈도를 통해 주문하는 옴니채널 소비 형태를 택하기도 했다고 답했다.

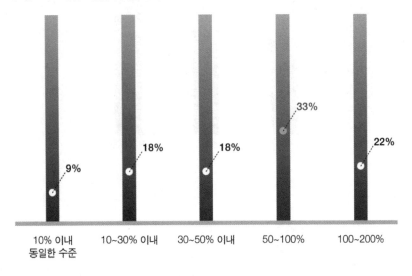

〈그림 7-6〉 쇼핑윈도 입점 후 매출 증대

9%

18%

18%

33%

22%

10% 이내
동일한 수준

10~30% 이내

30~50% 이내

50~100%

100~200%

기타 결과들

쇼핑윈도에 입점한 소상인들의 쇼핑윈도에 대한 대략적인 인식을 파악하기 위해 자유단어 회상Free-word association 기법을 도입했다. 이 기법은 특정 주제를 제시했을 때 먼저 떠올리는 이미지나 단어들은 해당 주제와 강한 연관성을 가지고 있으며, 주제에 대한 평가나 태도, 신념을 반영한다고 가정한다. 인터뷰에 참여한 소상인들로부터 "쇼핑윈도를 생각하면 떠오르는 세 가지 단어/어구/표현은 무엇입니까?"라는 질문을 통해 쇼핑윈도를 대표하는 인식(키워드)을 추출했고, 각 키워드가 언급된 횟수(출현 횟수)와 다른 키워드들과 동시에 언급된 횟수(동시빈도수)에 따라 〈그림 7-7〉과 같은 단어구름word cloud을 생성했다. 이러한 쇼핑윈도에 대한 표상representation에 따르면, 소상인들은 가장 먼저 쇼핑윈도를 통해 고객들을 얻을 수 있는 이점을 떠올리고 있으며(제품의 다양성, 고객지원, 접근성 등), 사업 기회, 브랜드파워 등 네이버 플랫폼을 통한 사업 성장 가능성을 인식하고 있다고 해석할 수 있다. 또한, O2O나 판

〈그림 7-7〉 소상인들의 '쇼핑윈도'에 대한 표상

매 채널 확대 등 이전 환경에서는 실행하기 힘들었던 혁신을 수행할 수 있음도 인식하고 있다.

쇼핑윈도 플랫폼에 입점함으로써 생긴 변화가 무엇인지 묻는 질문에는 매출 증가와 사업 규모 확대를 언급했으며 전자상거래에 대한 자신감 고양과 노하우 축적에 따라 사업에 대한 성취감을 느낀다는 응답들도 있었다. 또한, 온라인 거래의 확장으로 인한 추가 인력의 필요성을 언급하기도 했다.

- "의류업을 그만둬야 할지 고민하던 차에 쇼핑윈도를 알았고, 매출이 크게 늘어서 이제는 규모 확장도 고려 중이에요."
- "컴퓨터를 잘 다루지 못해서, 온라인 판매는 생각도 못 했어요. 그런데 쇼핑윈도를 통해 내 상품이 온라인으로도 잘 팔리니까 기분도 좋고 자신감이 조금 생긴 것 같아요."
- "온라인에서 계속 옷을 팔다 보니 노하우가 쌓이더라고요(인터넷 사업 관련). 아예 유통업으로 업종을 바꿔도 할 수 있겠다는 생각이 들었어요. 업종을 바꾸지 않더라도, 상품 카테고리는 충분히 늘릴 수 있을 것 같아요. 지금도 충분히 많이 늘렸지만요."
- "전국 각지에서 내 옷이 팔린다는 사실이 신기하면서도 뿌듯하더라고요."
- "온라인 매출의 비중이 크게 늘어나서, 아무래도 매장 관리가 힘들어진 부분이 있죠. 사진 찍고, 택배를 포장하다 보면 매장에 신경 쓸 겨를이 없어요."

한편, 온라인 고객 응대의 어려움을 토로하기도 했다.

- "매장에서 손님을 직접 받을 때는 몰랐는데, 온라인상으론 이상한 손님들이 너무 많더라고요. 상식 밖의 사람들 때문에 정말 스트레스를 받을 때가 많습니다."

온라인 쇼핑 운영이 오프라인 매장 운영에 구체적으로 어떤 영향을 미쳤는지에 대한 질문에는 옴니채널의 양방향 효과를 언급했다. 즉, 쇼핑윈도의 홍보 효과로 오프라인 매장을 찾아오는 고객들이 늘었고online-to-offline, 어떤 고객들은 오프라인 매장에서 상품을 보고 그 자리에서 간편결제방식으로 온라인 구매했다고offline-to-online 응답했다. 오프라인 사업 확장에 대한 언급도 있었다.

- "생각보다 쇼핑윈도를 보고 찾아오시는 분들이 많아요."
- "매장에는 모든 옷들을 갖다 놓을 수 없으니까, 찾으시는 물품들이 없을 때가 있어요. 그땐 고객님 핸드폰으로 저희 매장 쇼핑윈도에 들어가서 보여드리는 거죠. "
- "네이버페이 적립금 때문에 옷은 매장에서 보시고 결제는 핸드폰으로 하시는 분들이 꽤 있어요."
- "가게를 하나 더 냈어요. 이게 온라인에서 잘 팔리는 옷이랑 매장에서 팔리는 옷이랑 다른 것도 있지만, 아예 스타일윈도 중심, 원래 매장 중심으로 분업화를 하면 더 잘 될 것 같더라고요."

수단-목적 사슬Means-end chain 분석

쇼핑윈도에 대한 소상공인의 구체적인 인식을 탐색하기 위해 수단-목적 사슬 접근 방식(Reynolds and Olson, 2001)에 기초하여 인터뷰를 실시하고 자료를 분석했다. 이 방식은 소비자 관점에서 상품 속성의 의미를 탐색하기 위한 분석으로, 대상object 혹은 상품에 대한 소비자의 지식은 3단계로 계층 구조화되어 있으며, 제품 속성attribute - 결과consequence - 가치value로 이어지는 사슬

〈표 7-1〉 인터뷰 내용 분석에 따른 범주

구분	범주
가치	V1. 심리적 안정감 Comfortableness V2. 성취감 Accomplishment V3. 흥미로움 Excitement V4. 외향성 Extroversion, Ambitiousness V5. 공정성 Fairness, Equality
결과	C1. 매출 증가 C2. 홍보 및 노출 C3. 플랫폼 제공자에 대한 신뢰 C4. 소비자 편의성 C5. 판매자 편의성 C6. 자발적 자원 투입 C7. 소비자 친밀감 증대
속성	A1. 낮은 운영비 A2. 대규모 사용자 기반 A3. 플랫폼 브랜드 파워 A4. 소비자 지원시스템 A5. 생산자 지원시스템

이 이에 해당한다. 쇼핑윈도 서비스 특성들과 연결된 결과들과 가치들을 탐색하기 위해 다음과 같은 반구조화된 인터뷰인 래더링 인터뷰를 실시했다.

• 첫 번째 질문(속성 질문): 쇼핑윈도의 어떠한 구체적인 특징/기능/요소 때문에 쇼핑윈도를 사용하십니까?

• 두 번째 질문(결과 질문): 쇼핑윈도의 그러한 특징/기능/요소를 통해 당신은 무엇을 얻습니까?

• 세 번째 질문(가치 질문): 두 번째 질문에서 답하신 것이 왜 중요합니까? 혹은 답하신 것이 궁극적으로 당신의 어떤 목적/가치와 관련이 있습니까?

수집된 인터뷰는 내용 분석을 통해 범주화했는데, 신뢰성을 높이기 위해 다중 코더multi-coders 접근 방식을 거쳐 인터뷰 내용이 요약되었다. 〈표 7-1〉에 제시된 바와 같이 17개의 범주가 생성되었다.

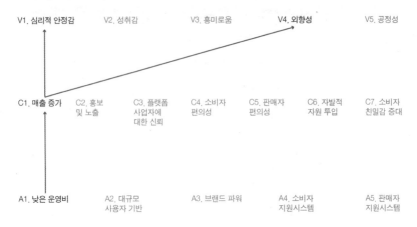

〈그림 7-8〉 쇼핑윈도 저렴한 운영비의 결과 및 가치

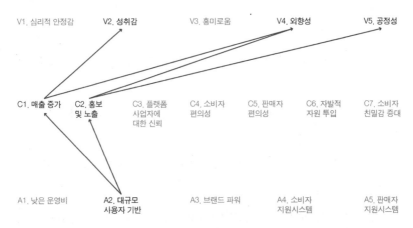

〈그림 7-9〉 쇼핑윈도 대규모 사용자 기반의 결과 및 가치

  범주들의 관계를 매트릭스에 정리하고 적어도 4명 이상의 응답자가 언급
했던 관계들을 유의미한 관계로 가정하여 속성 - 결과 - 가치 사슬을 그림으
로 표현했다. 〈그림 7-8〉에서와 같이 소상인들은 저렴한 수수료 및 광고비가
판매 단가를 낮춰 매출 증가로 이어지고, 매출 증가는 지속적인 사업을 운영

〈그림 7-10〉 쇼핑윈도 브랜드 파워의 결과 및 가치

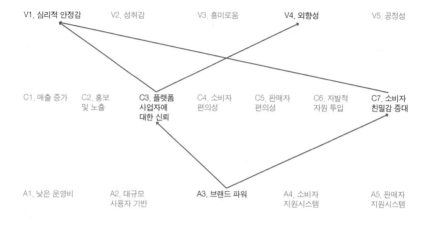

할 수 있는 심리적인 안정감을 제공한다고 생각했다. 또한, 매출 증가에 대한 기대로 쇼핑윈도를 보다 적극적으로 활용하고자 하며, 나아가 사업 확장, (의류)자체 제작 의도를 나타내는 등 의욕적인 사업 전략을 구상하기도 했다.

또한, 〈그림 7-9〉에서 보듯이 플랫폼 제공자인 네이버의 광범위한 사용자 기반은 매출 증가를 통해 성취감을 이끌어내고, 대규모 잠재 소비자에 대한 홍보·노출은 사업에 대한 긍정적인 전망을 가능하게 하여 기업가적 행위를 유도하는 것으로 나타났다. 나아가, 대형 업체와의 경쟁을 가능하게 한다는 점에서 기회 평등에 대한 인식을 형성하기도 했다.

소비자들의 플랫폼 사업자(네이버)에 대한 높은 인지도는 소상공인들에게 플랫폼에 대한 신뢰를 갖게 하고, 궁극적으로 심리적 안정감과 사업 확장에 대한 의지를 고무시키는 것으로 나타났으며, 플랫폼의 높은 인지도는 소비자와 신뢰 구축에 도움을 준다는 점에서 소상공인들에게 심리적 안정감을 제공하기도 했다(〈그림 7-10〉).

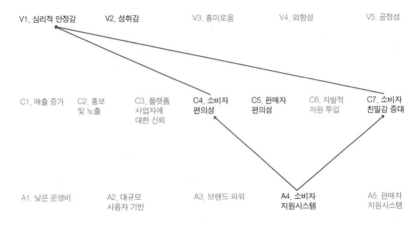

〈그림 7-11〉 쇼핑윈도 소비자 지원시스템의 결과 및 가치

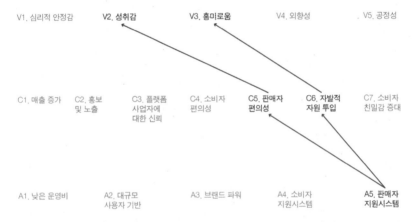

〈그림 7-12〉 쇼핑윈도 판매자 지원시스템의 결과 및 가치

결제시스템(네이버페이), 메신저(톡톡) 등 소비자 상호작용 지원시스템은 소비자에게 편리한 쇼핑을 제공할 수 있을 뿐만 아니라, 친밀성도 증대된다는 점에서 소상공인에게 심리적 안정감을 제공하는 것으로 판단된다.

마지막으로 〈그림 7-12〉에서와 같이 플랫폼이 제공하는 다양한 기술적 환경(모바일 지원, 체계적·구조화된 매뉴얼, 직관적인 시스템, 데이터 활용·분석)은 소상공인에게 편의성을 제공하고, 낯선 온라인 비즈니스에 대한 자신감을 고취시키는 것으로 나타났다. 또한 판매자 지원시스템을 적극 활용하기 위해 자발적으로 시간을 투입하고, 이러한 노력과 성과가 사업주에게 삶의 자극이 되는 것으로 보인다.

소상공인에게 온라인 쇼핑 플랫폼은 어떤 의미인가

쇼핑윈도와 같은 온라인 쇼핑 플랫폼이 소상공인에게 제공하는 것은 크게 경제적 이점과 심리적 효과가 있다. 쇼핑윈도 입점 점주들의 인터뷰에서도 나타났지만, 소상공인을 위한 온라인 쇼핑 플랫폼은 지역적 한계를 극복하게 하여 판매 가능한 시장을 전국적으로 확대할 수 있다. 또한, 쇼핑윈도는 역쇼루밍(온라인에서 마음에 드는 상품을 파악하고 오프라인 매장에서 직접 상품을 구매하는 현상)으로 매출을 증가시키기도 한다. 실제로 인터뷰에 응한 대부분의 소상인들은 쇼핑윈도에서 상품을 본 후 오프라인 매장을 방문한 소비자가 있었음을 언급했다. 아울러, 오프라인 매장의 경우 경기를 포함하여, 날씨, 계절, 시간 등의 영향이 많아 변동성이 크지만, 상대적으로 오프라인 매장이 덜 바쁜 시기나 시간에 온라인 쇼핑 플랫폼을 활용함으로써, 오프라인 매장의 변동성을 완화시켜 주기도 했다.

온라인 채널의 확장은 소상공인들에게 또 다른 경제적 이점을 제공한다. 기존의 오프라인 매장은 임대료가 높은 대신 접근성이 좋은 시내 중심부 및 건물 1층에 위치해야 했는데, 온라인 쇼핑 플랫폼 활용에 따른 온라인 매출의 비중이 높아짐으로써 상대적으로 접근성이 떨어지는 시내 외곽지역과 건물 2층 이상에서도 매장운영이 가능(임대료를 포함한 고정비용 감소)하게 되었다.

온라인 쇼핑 플랫폼의 심리적 이점은 소상공인들에게 온라인 쇼핑 운영에

대한 자신감을 갖게 하여 기업가적인 정신을 고취하게 한다는 것이다. 쇼핑
윈도와 같이 사용자 친화적인 인터페이스를 제공하고 광범위한 사용자 기반
을 가지고 있는 플랫폼의 경우, 상품 홍보가 용이하고 효과적이라는 점에서
입점한 점주들에게 사업에 대한 자신감을 고취한다. 즉, 오프라인에만 집중
하던 소상공인이 쇼핑윈도를 통해 매출을 얻으면서 온라인 판매 채널에 대한
성취감을 느낀다. 또한, 네이버가 갖고 있는 고객을 기반으로 온라인 판매를
할 수 있고, 추가 비용 없이 홍보 및 노출이 가능함에 따라 소상공인들이 다른
대형 유통업체들과 경쟁할 수 있다는 점에서 자신감을 갖게 된다. 이 글의 인
터뷰에 참여한 쇼핑윈도의 소상공인들의 경우 온라인 플랫폼을 통한 온라인
판매 가능성을 확인하고 다양한 온라인 사업 노하우를 습득함으로써 추가 품
목의 판매를 계획하는 등 사업 확장에 대한 의지를 언급하기도 했다.

오프라인 사업이 온라인에 비해 경쟁력이 떨어진다는 것은 현재의 온라인
쇼핑의 급속한 성장에서도 알 수 있다. 물론 미래에도 여전히 인간의 오감에
기초한 구매 행위, 즉 전통적인 오프라인에서의 상품 거래는 사라지지 않을
것으로 보인다. 따라서 소상공인들의 열악한 오프라인 사업을 온라인 쇼핑
플랫폼을 통해 보완한다면 오프라인과 온라인의 장점을 결합한 효과적인
O2O 스몰비즈니스가 가능할 것이다. 이를 위해 소상공인의 온라인 쇼핑 수
용에 대한 실태를 파악하고 온라인 쇼핑 운영에 대한 실질적인 교육과 지원
이 필요한 때이다.

참 고 문 헌

김나라. 2017. 「소상공인을 둘러싼 3대 변화 및 대응 사례」. IBK경제연구소.
김용영. 2017.1.4. "네이버 쇼핑윈도, 월 5억 거래 매장 등장". ≪매일경제≫.
이주현. 2019.2.21. "[이슈분석] 온라인 쇼핑 높은 성장세…올해 시장규모 134조 원 달할 것".
    ≪전자신문≫.
중소기업청. 2017.4.18. "소상공인 성공창업은 '신사업창업사관학교'에서".

통계청. 2019.2.1. "2018년 12월 및 연간 온라인쇼핑 동향".

Reynolds, T. J. and J. C. Olson. 2001. *Understanding Consumer Decision Making: The Means-End Approach to Marketing and Advertising Strategy.* Mahwah, NJ: Erlbaum.

Statista. 2019. "Retail e-commerce sales worldwide from 2014 to 2021."

08 간편결제 서비스의 현황과 전망

이경원

상거래에서 편의성과 안정성은 화폐와 신용카드 등 두 번의 혁명적인 결제수단의 등장에 의해 비약적으로 개선되었다. 화폐나 신용카드만큼 혁명적인 것은 아니나 1990년대 말 페이팔Paypal의 등장 이후 간편결제 서비스를 통해 상거래 참여자들은 이전보다 높은 편의성과 안정성을 경험하고 있다. 국내의 경우 간편결제 서비스를 통한 상거래는 2015년 액티브엑스ActiveX 폐지 이후 폭발적으로 증가하고 있다. 간편결제 서비스는 신용카드보다 상대적으로 서비스 제공이 용이할 뿐만 아니라 성장하고 있는 시장이기 때문에 수익 창출을 기대하며 상당히 많은 수의 사업자들이 서비스를 제공하고 있다. 흥미롭게도 간편결제 서비스만을 제공하는 사업자는 거의 없고 다른 시장에서 성공적으로 사업을 수행하고 있는 사업자들이 간편결제 서비스도 제공하는 특징을 보인다. 이 장에서는 간편결제 서비스 시장의 성장, 간편결제 서비스 사업자의 전략, 다른 시장에서의 성공을 이용한 간편결제 서비스 시장으로의 영향력 여부에 대한 이슈 등을 살펴본다.

간편결제 서비스란 무엇인가

간편결제 서비스란 구매자 관점에서 상품을 구매하는 데 이전보다 간편하게 돈을 지불할 수 있도록 하는 서비스이다. 한국은행(2018c)은 간편결제 서비스를 신용카드 등 지급카드 정보를 모바일 기기 등에 미리 저장해 두고, 거래 시 비밀번호 입력, 단말기 접촉 등의 방법으로 결제하는 서비스(앱카드는

08 간편결제 서비스의 현황과 전망 **189**

<그림 8-1> 일반결제와 간편결제 비교

자료: BNK금융경제연구소(2015).

제외)로 정의하고 있다. 간편결제는 새로운 결제 수단이라기보다는 소비자들이 신용카드 등을 좀 더 편리하게 사용할 수 있게 하는 서비스 개념이라고 할 수 있다.

예를 들어, 온라인 쇼핑에서 결제가 간편결제에 의해 얼마나 간편해지는지 <그림 8-1>을 통해 살펴보자. 기존의 신용카드를 이용한 일반결제에서는 '신용카드 선택 → 카드번호 입력 → 유효기간 입력 → 비밀번호 입력 → 공인인증서 비밀번호 입력'의 과정을 걸쳐야 결제가 완료된다. 그런데 간편결제에서는 '간편결제 서비스 선택 → 비밀번호 입력'만의 과정으로 결제가 완료된다. 무려 3단계의 과정이 생략되어 결제의 번거로움이 크게 감소된다. 기존의 결제 복잡성에 의한 소비자들의 구매 포기 가능성을 간편결제를 통해 낮출 수 있으며, 이에 따라 상거래 규모도 증가할 것으로 기대된다.

간편결제 서비스의 등장은 제도적 변화에 기인한다. 2014년 10월 전자지급결제대행업자(이하 PG사)가 신용카드번호, 유효기간 등 신용카드 관련 정보를 보관할 수 있게 되고, 2015년 3월 전자금융거래 시 공인인증서 사용 의무가 폐지되면서 간편결제 서비스 시장이 열릴 수 있는 제도적 기반이 마련되었다. 그리고 2014년부터 금융감독원의 보안성 심의기준을 통과한 액티스엑스ActiveX 기반의 공인인증서 모듈을 사용하지 않는 간편결제 시스템이 등장했다.

간편결제 서비스는 어떻게 성장하고 있는가

　한국은행은 2016년부터 앱카드를 제외하고 카드 이용을 통한 간편결제로 이루어진 거래 규모에 대한 통계자료를 제공하고 있다. • 〈그림 8-2〉에서 보는 바와 같이 일평균 간편결제 이용 건수와 이용 금액이 급증하는 추세를 보이고 있다. 이용 건수는 2016년 85만 9000건에서 2018년 2분기 중 362만 7000건으로 약 4.2배 증가했다. 이용 금액은 2016년 260억 원에서 2018년 2분기 중 1174억 원으로 약 4.5배 증가했다. 이는 건당 이용 금액도 증가하고 있음을 의미한다. 간편결제 서비스가 도입된 초기인 2016년에는 이용 건수와 이용 금액에서 온라인이 오프라인보다 많았다. 그런데 2017년부터 이용 건수가 오프라인에서 더 많이 이루어지고 있을 뿐만 아니라 그 비중도 증가하고 있다. 이용 금액에 있어서는 온라인의 비중이 여전히 높지만 오프라인의 비중이 점차 증가하고 있다. 이용 금액에서 오프라인의 비중은 2016년 약 35.0%에서 2018년 2분기 중 약 44.2%로 9.2%포인트 증가했다. 이는 오프라인 쇼핑 규모가 온라인 쇼핑에 비해 크기 때문이고, 향후 간편결제 서비스 시장이 오프라인을 중심으로 확대될 가능성이 있음을 시사한다.

　〈그림 8-3〉은 신용카드 이용 건수 및 이용 금액의 추이를 보여준다. 2018년 2분기 일평균 이용 건수는 약 3600만 건이며 이용 금액은 약 2조 400억 원으로 꾸준히 상승하고 있다. 앞서 살펴본 〈그림 8-2〉의 간편결제 이용 추이를 이용하여 신용카드 이용 대비 간편결제 이용의 비중을 살펴보면, 이용 건

• 새로 출시되거나 기존 서비스의 퇴출로 조사에 포함된 간편결제 서비스는 연도별로 약간 상이하다. 한국은행이 2018년 조사 대상에 포함한 간편결제 서비스명은 다음과 같다. LG CNS·카카오페이(Kakaopay), 네이버(Npay), KG이니시스(KPAY), LG유플러스(Paynow), SK플래닛(11pay), 하렉스인포텍(UBpay), NHN페이코(PAYCO), 이베이코리아(SmilePay), 신세계 아이앤씨(SSGPAY), 롯데멤버스(L.pay), 삼성전자(SAMSUNG pay), 우아한형제들(배민페이), 엘지전자(LGpay).

〈그림 8-2〉 간편결제 서비스 이용 추이(일평균 기준)

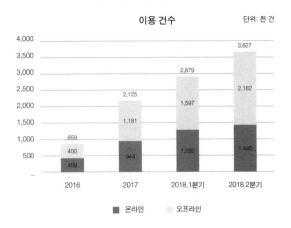

이용 건수   단위: 천 건

4,000
3,500   3,627
3,000   2,879
2,500   2,125   2,182
                         1,597
2,000   1,181
1,500
1,000   859
          400   944   1,282   1,445
 500   459
  –
        2016   2017   2018.1분기 2018.2분기

        ■ 온라인   ■ 오프라인

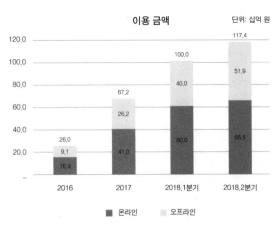

이용 금액   단위: 십억 원

120.0   117.4
                                  100.0
100.0   51.9
                        40.0
 80.0   67.2
          26.2
 60.0   60.0   65.5
 40.0
         41.0
         26.0
 20.0   9.1
         16.9
   –
        2016   2017   2018.1분기 2018.2분기

        ■ 온라인   ■ 오프라인

주: 한국은행(2018c)과 한국은행(2018d)의 보도자료를 활용하여 재구성했음.

수는 2016년 2.94%에서 2018년 2분기 9.94%로 약 3.4배 상승했으며, 이용
금액은 2016년 1.40%에서 2018년 2분기 5.77%로 약 4.1배 상승했다. 신용카
드 이용에서 간편결제의 사용 비중은 더욱 확대될 것으로 예상된다.

간편결제 서비스 시장은 어떤 연령대의 이용자가 주도하며 성장하고 있는
지 살펴보자. 한국은행(2018a)은 지급수단에 대한 2017년 현재의 소비자 행

〈그림 8-3〉 신용카드와 간편결제 비중 추이(일평균 기준)

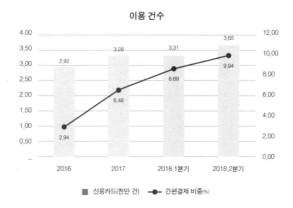

이용 건수

이용 금액

주: 〈그림 8-2〉의 자료와 한국은행의 「지급결제통계」의 자료를 활용하여 재구성했음.

태를 조사했다. 이 조사는 모바일카드*에 대한 결과도 제시하고 있어, 이를 통해 간편결제 서비스에 대한 소비자 이용 행태를 어느 정도 가늠할 수 있다.

간편결제 서비스는 IT 관련 서비스이므로 상대적으로 젊은 층이 많이 사용

---

* 한국은행(2018a)은 모바일카드를 신용카드, 체크·직불카드 등의 정보를 스마트폰의 메모리 또는 애플리케이션(앱) 등에 미리 저장하고 간편하게 상품 대금을 결제하는 서비스로 정의하고 있다. 이는 간편결제 서비스와 유사하다.

<표 8-1> 연령별 카드 보유율과 이용률

(단위: %)

		20대	30대	40대	50대	60대	70대 이상
보유율	신용카드	64.5	95.5	94.7	91.3	74.5	44.2
	모바일카드	38.4	40.3	21.4	4.2	1.7	2.5
이용률	신용카드	61.9	95.0	93.8	90.8	73.9	42.8
	모바일카드	33.6	37.7	19.4	1.8	0.7	0.8

자료: 한국은행(2018a).

할 것이라는 것을 쉽게 추측할 수 있다. 〈표 8-1〉은 흥미로운 사실을 보여준다. 신용카드의 경우 카드 보유율은 30~50대의 연령에서 90%를 상회하고 있고, 20대와 60대에서도 60%를 크게 상회하고 있다. 그런데 모바일카드의 경우 카드 보유율은 20~30대에서 가장 높지만 40% 수준에 그치고 있고, 40대에서 크게 감소한 20% 수준인 반면, 50대 이상에서는 현저히 낮아 5% 미만이다. 연령대가 높을수록 신용카드를 모바일카드로 활용하는 비중이 급격히 낮아져 20~30대 위주로 모바일카드가 사용되고 있음을 알 수 있다. 카드 이용률도 보유율과 유사한 연령별 패턴을 보인다.

한국은행(2018b)은 또한 모바일카드와 유사한 개념인 모바일 지급 서비스에* 대해 2017년 최근 6개월간 소비자 이용 행태를 조사했다. 모바일카드의 이용 행태와 유사하게 20~30대에서는 50%를 상회하나 그 외 연령대에서는 현저히 낮은 것으로 조사되었다. 모바일 지급 서비스의 용도별 이용 행태를 보면 온라인 구매 시 86.6%, 오프라인 구매 시 34.7%, 택시 등 대중교통 요금 지급 시 21.6%, 공과금 등 요금 납부 시 14.4% 등으로 나타났다. 모바일 지급 서비스는 대부분 온라인에서 상품 구매 시 이용되고 있다. 이와 같이 나타난 이용 행태는 앞서 〈그림 8-2〉에서 살펴본 오프라인 이용 건수가 최근 온라인

* 한국은행(2018b)은 휴대폰 등 모바일 기기를 이용하여 오프라인 및 온라인 상점에서 상품 구매 대금을 지급하는 서비스를 모바일 지급 서비스로 규정했다.

이용 건수를 크게 상회하고 있다는 조사 결과와 배치된다. 간편결제 서비스와 관련된 동향 통계는 한국은행에서 이루어지고 있는데, 유사한 대상을 서로 다른 용어로 부르고 있어 이러한 결과가 나온 것이라 생각된다. 현재보다 명확히 분류함으로써 좀 더 정확한 통계가 작성되기를 기대한다.

사업자들이 간편결제 서비스를 제공하는 이유는 무엇인가

간편결제 서비스에 어떤 사업자들이 연관되어 있는지 〈그림 8-4〉를 통해 간단히 살펴보자. 신용카드 기반의 간편결제 서비스는 이용자가 기존에 신용카드로 지급하던 것을 간편결제로 바꾼 것이다. 따라서 기본적으로 신용카드를 통한 결제 과정과 유사하다. 다만, 오프라인 결제에서는 신용카드사가 간편결제 사업자에게 수수료를 지급하고, 온라인 결제에서는 PG사가 간편결제 사업자에게 수수료를 지급하는 과정이 새롭게 등장한다.

오프라인 결제와 온라인 결제의 가장 큰 차이점은 PG사의 존재 여부이다. PG사는 온라인 결제에서만 서비스를 제공한다. 구체적으로, PG사는 온라인 가맹점의 결제 및 보안시스템 구축을 대행하여 온라인 가맹점이 신용카드사와 지급결제를 할 수 있는 서비스를 제공한다. 이용자가 PG사의 결제 화면에 결제 정보를 입력하면 카드결제 중계를 담당하는 VAN사의 통신망을 통해 신용카드사에 전달된다. VAN사는 오프라인 가맹점 및 온라인 가맹점과 신용카드사를 연결하는 통신망을 구축하여 결제 정보가 전달되도록 한다. VAN사는 오프라인 가맹점에서 카드 단말기를 설치하여 신용카드사를 대신하여 전표를 매입하고, 온라인 가맹점에서는 PG사로부터 결제 정보를 얻는다.

대부분의 간편결제 서비스가 신용카드 사용에 기반을 두고 있으므로 간편결제 서비스 시장의 성장은 신용카드 시장에 영향을 미칠 수밖에 없다. 긍정

<그림 8-4> 신용카드 기반 간편결제 구조

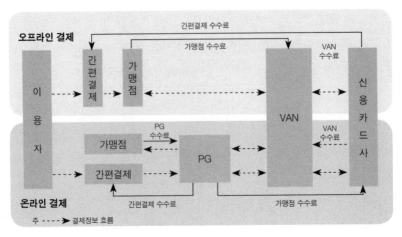

자료: BNK금융경제연구소(2015).

적인 영향과 부정적인 영향을 고려하면 다음과 같다. 긍정적인 영향으로는 우선 카드 이용 규모 확대를 기대할 수 있다. 온라인에서 신용카드로 결제를 할 때는 복잡하기 때문에 휴대폰 소액결제나 현금결제를 이용하는 패턴이 간편결제 서비스로 대체되어 카드 이용 건수나 금액이 증가할 수 있다. 또한 실물 플라스틱카드가 모바일 기기에 등록되어 쓰이므로 플라스틱 카드 발급에 소요되는 제작, 배송 등에 들어가는 비용이 크게 절감될 수 있다. 부정적 영향으로 신용카드사 간 경쟁이 격화되어 마케팅 비용이 크게 증가할 수 있다. 그 이유는 이용자가 자사의 신용카드를 간편결제를 위한 메인카드로 선정하도록 유인하기 위해 신용카드사들은 포인트 혜택, 할인 기회 제공 등 프로모션을 확대해야 할 것이기 때문이다. 추가로 자사의 앱카드가 오프라인에서 결제되기 위해서는 NFC단말기 보급에 투자를 확대해야 한다.

우리나라에서 간편결제 서비스를 제공하는 사업자들은 다양하다. 하드웨어 제조사, 온라인 플랫폼, PG사, 유통사, 통신사 등 다양한 영역에 기반을 둔

업체들이 간편결제 서비스를 제공하며 경쟁하고 있다. 추가적으로 신용카드사들도 플라스틱카드 대신 앱카드 서비스를 제공하고 있다.

금융사보다는 IT 기업과 유통사들이 주도적으로 간편결제 서비스를 제공하고 있는 상황이다. 〈표 8-2〉는 2019년 1월 기준 간편결제 서비스를 제공하는 주요 사업자들의 목록이다. 흥미롭게도 공공기관인 금융결제원이 간편결제 서비스를 제공하며, 최근 중앙정부인 중소벤처기업부와 지방자치단체인 서울시는 합동으로 소상공인 대상 간편결제 서비스를 출시했다.

해외로 눈을 돌려 글로벌 간편결제 서비스 사업자들을 살펴보면 국내와 마찬가지로 다양한 분야의 업체들이 경쟁하고 있다. 애플, 삼성, 구글, 텐센트, 페이팔 등 IT 기업들이 간편결제 서비스 시장을 주도하고 있다. 알리바바의 알리페이, 월마트의 월마트페이 등 유통사들도 자사 간편결제 서비스를 제공한다. 오렌지, 에어텔, 차이나 모바일 등 통신사도 자체 간편결제 서비스를 구축했다. 국내에서는 간편결제 서비스 사업자로서 스타트업은 거의 없지만 미국의 스퀘어Square, 인도의 페이티엠Paytm과 같은 스타트업들은 간편결제 서비스 시장에서 영향력을 행사하고 있다.

〈표 8-2〉에서 살펴본 바와 같이 상당수의 사업자들이 간편결제 서비스를 제공하고 있는데, 간편결제 서비스만을 제공하는 사업자는 거의 없고, 유통, 플랫폼, 제조, 통신, PG 등 다양한 주력 업종에 기반하고 있는 사업자들이 간편결제 서비스도 제공하고 있다.

다양한 업종의 사업자들이 간편결제 서비스 시장에 진출한 이유는 무엇일까? 첫째, 새로운 수익 창출 기회를 찾고 있던 사업자들이 간편결제 서비스에 대한 이용자의 니즈가 증대되고 있음을 인식했기 때문일 것이다. 둘째, 간편결제 서비스를 제공함으로써 기존에 영위하고 있는 사업을 더 공고히 하기 위한 전략적 접근일 수 있다. 간편결제 사업자들은 간편결제 서비스를 제공함으로써 이용자의 취향, 소비 패턴 등에 대한 빅데이터를 확보하여 다양한

<표 8-2> 간편결제 서비스 사업자(2019년 1월 기준)

구분	사업자	서비스명
신용카드사	신한카드	신한 FAN페이
	KB국민카드	KB국민앱카드
	삼성카드	삼성앱카드
	롯데카드	롯데앱카드
	NH농협카드	NH농협카드 스마트앱
	하나카드	하나카드앱
	현대카드	현대앱카드
	BC카드	Paybooc
유통사	신세계	SSG페이
	롯데	L.pay
	티켓몬스터	티몬페이
	이베이(옥션, G마켓)	스마일페이
	쿠팡	로켓페이
	11번가	11페이
온라인 플랫폼	카카오	카카오페이
	네이버	NPay
	배달의 민족	배민페이
하드웨어 제조사	삼성전자	삼성페이
	LG전자	LG페이
통신사	SKT	T페이
PG사	LGU+	페이나우
	KG이니시스	케이페이
	엔에이치엔페이코	PAYCO
기타	하렉스인포텍	유비페이
	한국스마트카드	모바일티머니
공공기관	금융결제원	뱅크페이(실시간계좌이체)
	중소벤처기업부/서울시	제로페이

비즈니스에 활용할 수 있기 때문이다. 유통사의 경우 결제의 편리성 제공은
유통 서비스 품질 개선을 의미한다. 이에 따라 유통사는 고객 이탈 방지, 상
품 판매 확대 등을 기대할 수 있다. 유통사와 온라인 플랫폼은 이용자의 구매
정보를 얻어 빅데이터를 구성하고 이를 분석하여 타깃형 광고 등을 통해 광

고주에게 고품질의 광고 서비스를 제공하여 수익 제고를 추구할 수 있다. 하드웨어 제조사와 통신사는 간편결제 서비스를 제공하여 자사 제품이나 서비스의 품질을 높임으로써 신규 고객을 유치하거나 기존 고객의 이탈을 방지할 수 있다. PG사의 경우 〈그림 8-4〉에서 보는 바와 같이 수입은 가맹점으로부터 발생하며 간편결제 사업자와 신용카드사에 수수료를 지급한다. 따라서 PG사가 직접 간편결제 서비스를 제공하면 간편결제 사업자에게 지급하는 수수료를 절감할 수 있다.

많은 간편결제 사업자들이 등장하면서 이들 간의 경쟁이 치열해짐으로써 시장에서 우위를 점하기 위한 전략도 진화하고 있다. 특히 간편결제 서비스에 내재된 특성을 활용하는 전략이 적용되고 있다.

〈그림 8-4〉에서 보는 바와 같이 이용자와 가맹점은 간편결제라는 결제수단을 통해 이어진다. 간편결제의 이러한 역할은 신용카드와 동일하다. 이와 같이 연결이 필요한 서로 다른 두 그룹을 연결시키는 사업 방식을 양면 사업 모델two-sided business model이라 부르며, 그러한 서비스를 제공하는 주체 또는 사업자를 플랫폼이라 부른다. 양면 사업 모델을 채택하는 플랫폼은 다수 존재한다. 지마켓, 11번가 등 오픈마켓(= 온라인 장터)은 구매자와 판매자를 연결시켜 주는 플랫폼의 전형적인 예이다. 한편 한 그룹은 연결이 필요하나 다른 그룹은 연결이 필요하지 않아도 연결시켜 주는 플랫폼도 있다. 이러한 유형의 전형적인 예가 미디어와 인터넷포털인데, 광고주는 미디어를 통해 독자나 시청자에 도달할 수 있다. 간편결제 서비스를 제공하는 간편결제 사업자는 오픈마켓과 같은 유형의 플랫폼이다.

양면 사업 모델의 특징은 한 그룹의 규모가 커질수록 다른 그룹의 편익benefit이 증가하는 간접적 네트워크 효과indirect network effect가 있다는 것이다. 예를 들어, 오픈마켓에서 상품 구매자는 판매자가 많을수록 선택할 수 있는 상품의 폭이 넓어지고, 가격이나 배송의 신속성 등을 따져서 자신의 기호에 맞는 상품을 얻을 가능성이 높아진다. 반대로 구매자가 많을수록 판매자는 더 많은 상품을 판매할 수 있다. 이에 따라 구매자는 판매자가 많이 모여 있는 오픈마켓을 선택할 것이고 판매자는 구매자가 많은 오픈마켓을 선택할 것이다. 이러한 특성은 양면 사업 모델이 채택된 모든 플랫폼에서 동일하게 관찰된다. 따라서 한 플랫폼의 성공의 열쇠는 적어도 한 그룹의 수요를 가능한 한 많이 확보하는 것이다. 그래서 일반적으로 플랫폼은 서로 다른 그룹에 서로 다른 가격을 책정하는 비대칭적 가격 구조를 보인다. 오픈마켓은 구매자에게 무료로 이용하게 하나 판매자에게 수수료를 부과하고, 광고 기반 미디어는 미디어 이용자에게 무료로 콘텐츠를 제공하나 광고주에게 광고료를 부과하는 행태는 이러한 특성을 반영하는 것이다.

플랫폼으로서 간편결제 서비스가 더 크게 성장하려면 간편결제로 결제하는 이용자의 수가 늘어나야 하고 간편결제가 제공되는 가맹점의 수도 늘어나야 한다. 가맹점을 확보하거나 그 수를 늘리기 위해 간편결제 사업자들은 간편결제를 도입함으로써 가맹점의 매출 또는 이익이 증가하거나 비용이 감소할 수 있다는 확신을 심어주어야 한다. 비용 절감의 방안으로는 가맹점의 홈페이지 구축을 용이하게 하는 서비스를 제공한다거나 이용자와 가맹점 간의 소통을 편리하게 해주는 것 등을 고려할 수 있다. 한편 가맹점의 매출이 증가하려면 이용자가 해당 간편결제를 활용하도록 다양한 서비스를 이용자에게 제공해야 할 것이다. 이에 따라 간편결제 사업자는 단순히 간편결제 서비스를 제공하는 것이 아니라 프로모션을 시행한다. 예를 들면, 간편결제 서비스를 이용하는 경우 할인쿠폰을 제공하거나 적립하여 향후 금전처럼 쓸 수 있는 포인트를 제공하는 등의 프로모션이다. 최근에는 다양한 부가서비스도 이용자에게 제공한다. 예를 들어, 네이버, 카카오 등과 같은 온라인 플랫폼은 쇼핑뿐만 아니라 자사가 제공하는 다양한 콘텐츠를 간편결제 서비스로 결제할 수 있는 원스톱 서비스를 제공한다. 또한 삼성페이는 금융 서비스까지 제공하고 있다. 또한 유통사들은 이용자들의 이탈 방지 및 유치를 위해 자사의 유통채널에 자사의 간편결제 서비스뿐만 아니라 타사의 간편결제 서비스도 제공하는 등 경쟁업체 간 제휴도 활발히 진행하고 있다.

간편결제 서비스에서 공정경쟁 이슈가 제기되는 이유는 무엇인가

앞서 살펴본 바와 같이 간편결제 서비스 시장은 이제 막 걸음마 단계를 뗐으며 지속적인 성장이 기대된다. 일반적으로 성장의 초기 단계에 있는 시장에서는 공정경쟁 이슈가 등장하지 않지만 간편결제 서비스와 관련하여 공정경쟁 이슈가 제기될 수 있다. 공정경쟁 이슈란 한 시장 내에서 공급자 간의 경쟁이 약화되어 가격 상승, 거래량 감소, 품질 저하 등에 의해 소비자의 후생이 악화되는 상황이 우려되는 경우를 말한다.

크게 두 가지 이유에서 간편결제 서비스와 관련하여 공정경쟁 이슈가 제기될 수 있다. 하나는 간편결제 서비스가 플랫폼이기 때문이다. 앞서 살펴보았듯이, 간편결제 서비스에 양면 사업 모델이 채택되었으므로 간편결제 사업자에게는 이용자와 가맹점 모두 중요하며, 각 그룹의 수요를 확장하는 것이 이 사업의 성공 열쇠이다. 이러한 점은 유일한 간편결제 사업자가 존재하는 시장에서도 중요할 뿐만 아니라 다수의 간편결제 사업자가 서로 경쟁하는 경우 더욱 강조된다. 예를 들어, 서로 다른 두 개의 오픈마켓 X와 Y가 있으며, 각 유통사는 자사의 간편결제 서비스만을 결제수단으로 제공한다고 하자. 더 나아가 Y에 비해 X에서 가맹점 수가 더 많다고 하자. 그러면 구매자들은 간접적 네트워크 효과에 의해 X에서 구매 행위를 할 때 더 높은 편익을 얻으므로 X를 선택할 것이다. X에 구매자가 증가하면 가맹점들도 X를 선택하여, 구매자와 가맹점이 모두 X에서 거래하는 쏠림현상이 발생한다. 다수의 플랫폼이 존재하는 경우 한 그룹의 이용자가 한 플랫폼만 이용하면 싱글호머라 하고 다수의 플랫폼을 이용하면 멀티호머라 부른다. 구매자와 판매자가 싱글호머인 앞선 예에서 이용자가 많은 플랫폼으로 이용자들이 몰리는 쏠림현상이 발생할 가능성이 있다.

간편결제 서비스 시장이 성장 과정에 있지만 향후 쏠림현상의 우려가 있는지 예측하는 것이 공정경쟁 측면에서 중요하다. 왜냐하면, 쏠림현상에 의해 다른 간편결제 사업자가 시장에서 퇴출되고 한 사업자만 남는 경우 결제수수료 인상, 서비스 품질 저하, 이용자 감소 등 이용자 후생의 악화가 초래될 가능성이 있기 때문이다. 그런데 현실에서 양면 사업 모델이 적용되는 많은 플랫폼 시장에서 쏠림현상이 자주 관찰되는 것은 아니다. 간편결제 서비스와 매우 가까운 신용카드의 경우도 쏠림현상은 발견되지 않는다. 그 이유는 다른 요인들도 결부되어 있겠지만 이용자들이 멀티호머이기 때문이기도 하다. 이용자가 여러 플랫폼을 이용하는 경우 멀티호머라 부른다. 이용자가 멀티호밍을 하는 경우에는 쏠림현상이 완화된다. 이용자나 가맹점들이 복수의 간편결제 서비스를 이용하는 경우 쏠림현상이 발생하지 않을 수 있다. 이와 관련하여 이용자와 가맹점들의 이용 행태에 대한 실증 분석이 필요한 시점이다.

간편결제 서비스와 관련하여 공정경쟁 이슈가 제기될 수 있는 또 다른 이유는 〈표 8-2〉에서 살펴본 바와 같이 간편결제 사업자는 간편결제 서비스만 제공하는 경우는 거의 없고 대체로 다른 분야에서 유력한 사업자로서 그러한 지위를 이용하여 간편결제 서비스 시장이나 간편결제 서비스가 사용되는 쇼핑 시장에 영향력을 미칠 가능성이 있기 때문이다. 이러한 이슈는 간편결제 서비스 시장이 성장하는 과정에서 선점효과를 누리고자 하는 의도가 있거나 간편결제 서비스 시장의 성장이 정체되어 간편결제 사업자 간 경쟁이 심화될 때 발생될 가능성이 있다. 따라서 이러한 종류의 이슈는 향후 지속적으로 제기될 수 있어, 이 시점에서 그 가능성을 점검하는 것도 시의적절할 것이다.

두 번째 이유와 관련하여 제기될 수 있는 다양한 공정경쟁 이슈 중 유력한 이슈로는 시장지배력 전이가 있다. 시장지배력 전이란 한 시장에서 보유한 시장지배력을 이용하여 다른 시장에서 경쟁력을 확보하는 상황을 말한다. 모바일 기기 제조사, 온라인 플랫폼 사업자, 유통업자 등 해당 사업 분야에서 지배력을 보유한 사업자가 간편결제 서비스 제공을 통해 간편결제 서비스 시장이나 이것이 이용되는 쇼핑 시장에 영향력을 행사할 수 있는 경우 시장지배력 전이 이슈가 등장할 수 있다. 다수의 사업자가 존재하고 있는 간편결제 서비스 시장이나 쇼핑 시장이 몇몇의 사업자로 재편된다면 이러한 이슈는 지속적으로 등장할 수 있다. 시장지배력 전이 이슈에 대해 다음에서 조금 더 자세히 논의해 보자.

시장지배력 전이는 어떤 상황에서 문제가 되는가

다양한 산업에서 시장지배력 전이 이슈는 매우 오래된 주제이다. 일반적으로 시장지배력 전이 이슈는 서로 다른 상품을 묶어 판매하는 결합판매에서 제기되어 왔다. 〈그림 8-5〉의 간단한 예를 통해 논의해 보자. 기업 M은 상품 A 시장에서 독점 사업자로 시장지배력을 보유하고 있다. M은 상품 B도 생산하는데 이 시장에서는 기업 E와 경쟁한다. 그런데 기업 M은 기업 E에 비해 기술 수준이 낮아 높은 비용으로 상품 B를 생산한다. 이러한 상황에서 기업 M은 자신의 상품 A와 B를 묶어서 판매한다고 하자. 그렇다면 상품 B 시장에 어떤 결과가 초래될 것인가?

먼저 상품 A와 B는 보완재라 하자. 예를 들어, 상품 A는 컴퓨터를 구동시키는 OS이고 상품 B는 소프트웨어라 하면, OS와 소프트웨어는 독자적으로는 아무런 가치를 창출하지 않고 반드시 같이 구동되어야 가치를 발한다. 이

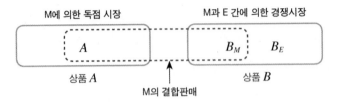

〈그림 8-5〉 결합판매와 시장지배력 전이

와 유사한 특성을 갖는 상품군들로 프린터-토너, 방송프로그램-방송프로그램전송 등이 있다. 기업 M이 상품 A와 B를 묶어서만 판매하면, 소비자는 상품 B를 기업 E로부터 구매할 수 없게 되므로, 기업 E는 상품 B 시장에서 퇴출될 수밖에 없다. 기업 E가 기업 M에 비해 상품 B를 생산하는 데 높은 비용이 소요되는 비효율적인 기업이라면 퇴출되어도 무방하나, 그 반대인 경우에는 보다 효율적인 기업이 퇴출되는 것이므로, 이러한 결합판매는 비효율을 초래한다. 더욱이 이와 같이 기업 M이 묶음으로만 판매하는 것은 상품 B 시장에서 소비자의 선택권을 배제하므로 바람직하지 않다. 따라서 대체로 많은 국가에서 상품 A와 B가 보완재인 경우 묶음으로만 판매하는 행위는 당연위법 perse illegal으로 금지되고 있다. 이상의 논의를 이른바 지렛대이론leverage theory 이라 부른다.

　보완재가 아닌 두 상품이 결합판매로 이루어지는 경우가 흔한데, 이 경우 시장지배력 전이가 이루어지는지에 대해 경제학계에서 논쟁은 치열하게 진행되었다. 대표적으로 시카고학파는 결합판매에 의해 기존 기업의 퇴출이 발생하지 않음을 강조하며 '전이 불가'를 주장한 반면, 하버드학파는 결합판매로 보다 효율적인 신규 기업의 진입을 어렵게 할 것임을 강조하며 '전이 가능'을 주장했다. 따라서 보완재가 아닌 상품들을 묶어 판매하는 경우 많은 국가에서 당연위법을 적용하지 않고 경쟁 상황에 미치는 영향을 분석하여 판단한다.

사실 결합판매가 소비자에게 이익을 가져다주는 측면도 있으며, 이를 간과해서는 안 된다. 왜냐하면 결합상품은 일반적으로 낱개로 구매할 때보다 가격이 낮게 책정되어 있고, 여러 상품을 한 번에 구매할 수 있으므로 거래 비용을 낮출 수 있기 때문이다. 그런데 그러한 이점으로 인해 소비자들이 결합상품을 구매할 가능성이 높고, 이에 따라 〈그림 8-5〉에서 복수의 공급자가 경쟁하는 상품 B 시장에서 결합상품 제공을 통해 기업 M의 시장점유율이 높아질 수 있다. 이러한 상황이 진행되면 상품 B 시장에서 사업을 영위하는 기업 E는 '기업 M이 결합판매를 통해 상품 A 시장에서의 시장지배력을 상품 B 시장으로 전이하고 있다'는 공정경쟁 이슈를 제기할 수 있다. 그렇다면 이와 같은 기업 E의 주장이 설득력이 있는지에 대해 판단이 필요하다. 기업이나 소비자들이 직면하는 상황이 시장마다 다를 수 있지만 상황마다 다른 기준으로 판단하는 것은 곤란할 것이다. 따라서 학계의 논의와 우리나라 판례에서 원칙적인 판단기준을 제시하고 있는데 공통적으로 경쟁시장에서의 경쟁제한 우려를 기준으로 삼고 있다. 이에 대해 다음에서 간략히 살펴본다.

먼저 2014년 노벨경제학상 수상자인 티롤Jean Tirole은 결합판매에 의한 시장지배력 전이 여부를 판단하기 위해서는 결합판매에 따른 경쟁제한 효과 정도를 파악해야 한다고 제안했다. 경쟁제한이란 한 시장에서 기업 간 경쟁 정도가 악화되어 가격 인상, 거래량 감소, 품질 저하 등 이용자 후생의 감소로 나타나는 것을 말한다. 예를 들어, 〈그림 8-5〉에서 기업 M이 결합상품을 매우 낮은 가격으로 제공하여 기업 E가 상품 B 시장에서 퇴출된다고 하자. 그러면 기업 M은 낮은 가격으로 결합상품을 공급함에 따라 손실을 경험할 것이므로, 기업 E가 퇴출된 후에는 독점가격을 부과하여 손실을 만회하려고 할 것이다. 그런데 새로운 기업의 진입 등으로 손실 만회의 기회를 갖지 못한다면 기업 M은 기업 E가 퇴출될 정도로 낮은 가격으로 결합상품을 제공할 이유가 없다. 이러한 경우는 경쟁제한이 아니라는 것이다.

우리나라 대법원의 판례도 이와 유사한 입장을 보이고 있다. 시장지배력 전이를 최초로 언급한 판례는 2008년 "(주)티브로드 강서방송의 시장지배적 지위 남용행위 건"으로 티브로드 강서가 우리홈쇼핑 채널 송출을 중단하거나 채널번호를 일방적으로 변경한 사건이다. 티브로드와 같은 케이블티비 사업 자SO 등이 시청자에게 케이블망 등을 통해 방송프로그램을 송출하는 시장을 프로그램송출 시장이라 일컬으며, 이 당시 송출사업자로 IPTV는 없었고 위성방송의 점유율도 미약하여 케이블티비 사업자가 이 시장에서 시장지배력을 보유하고 있었다. 우리홈쇼핑과 같은 프로그램제작사PP는 케이블망을 가지고 있지 않기 때문에 시청자에게 도달하기 위해서는 케이블티비 사업자의 프로그램송출 서비스를 이용해야 한다. 그런데 고등법원은 티브로드 강서가 프로그램송출 시장에서 보유한 시장지배력을 프로그램송출 서비스 시장에 전이하여 우리홈쇼핑에게 시장지배적 지위를 남용했다고 판단했다. 반면 대법원은 티브로드 강서가 프로그램송출 시장에서 보유한 시장지배력이 프로그램송출 서비스 시장으로 전이되어 그 시장에서도 곧바로 시장지배적 사업자가 되는 것이 아닐 뿐만 아니라, 전이되었다는 (구체적으로 제시되지 않았지만) 근거가 없다고 판단했다. 이는 시장지배력이 전이된 시장에서도 충분한 시장지배력을 갖고 특정 행위가 경쟁제한을 유발할 우려가 있어야 시장지배력 전이로 인정됨을 시사한다.

2011년 "에스케이텔레콤(주)의 시장지배적 지위 남용행위에 대한 건"에 대해 법원은 위의 '티브로드 강서-우리홈쇼핑' 사건과 같은 맥락에서 위법성으로 규정하기 위해서는 경쟁제한 우려를 요구하여 위법성을 인정하지 않았으나, 위의 사건과 달리 시장지배력 전이가 발생했음은 인정했다. 에스케이텔레콤(주)(이하 SKT)은 'MP3폰을 디바이스로 하는 이동통신 서비스 시장'에서 시장지배적 지위를 가지고 있다. 그런데 SKT는 그 당시 자회사인 멜론(지금은 카카오에 편입)에서 구매한 MP3 파일만 MP3폰에서 구동될 수 있도록 하는 기술적 장치를 설정했다. 이로 인해 2005년 온라인 음악 시장에서 멜론의 시장점유율이 56.4%를 기록하는 성과를 얻었다. 이에 대해 법원은 이동통신 시장에서 SKT의 시장지배적 지위가 'MP3파일 다운로드 서비스 시장'으로 전이된 것으로 보았다. 법원은 시장지배력 전이를 어느 정도 인정했지만 시장지배적 지위 남용행위로서의 위법성을 가질 정도로 시장지배력의 전이는 발생하지 않은 것으로 판단했다.

앞서 살펴본 기존의 학계와 판례의 논의를 고려하여 특정 행위가 시장지배력 전이로 인정되는지 판단하기 위해서는 다음과 같은 단계를 통해 판단할 필요가 있다. 1단계로는 해당 행위를 수행한 사업자가 어느 시장에서 시장지배적 지위를 가지고 있는지를 판단해야 한다. 2단계로는 시장지배력 전이가 발생되는 시장을 규명해야 한다. 3단계로는 시장지배력 전이가 발생되는 시장에서 경쟁 사업자가 배제되거나 경쟁 사업자의 시장점유율이 상당히 낮아질 정도의 경쟁제한성이 발생되는지 점검해야 한다. 마지막으로, 그러한 경쟁제한성으로 소비자 또는 이용자 후생이 감소하는지 분석해야 한다.

이상의 단계를 이용하여 간편결제 서비스와 관련한 시장지배력 전이 가능성을 다음에서 점검한다.

간편결제 서비스에서 시장지배력 전이가 발생할 수 있는가

먼저 1단계로 간편결제 서비스 사업자가 간편결제 서비스 이외의 시장에서 시장지배력을 갖는지 검토한다. 예를 들어, 〈표 8-2〉에 의하면, 신용카드 시장에서 어떤 카드사가 시장지배력을 갖는지, 유통 시장에서 어떤 유통사가 시장지배력을 갖는지, 온라인 플랫폼 시장에서 어떤 사업자가 시장지배력을 갖는지 등이다. 시장지배력을 갖는 사업자란 정확한 정의는 없는데, 이와 유사한 개념으로 독점규제 및 공정거래에 관한 법률은 가격 등 거래조건을 결정하거나 변경할 수 있는 시장지위를 갖는 사업자를 시장지배적 사업자로 정의하고 해당 시장에서 점유율이 50% 이상이거나 3개 사업자의 시장 점유율의 합이 75% 이상에 해당하는 사업자를 시장지배적 사업자로 추정하고 있다.

한 사업자를 시장지배적 사업자로 규정하기 위해서는 그 사업자가 지배력을 갖는 시장을 정의해야 한다. 그래야 정의된 시장에서 시장점유율을 계산할 수 있기 때문이다. 시장의 범위를 정하는 작업을 관련시장확정relevant market definition이라 부른다. 그런데 문제는 해당 시장의 범위를 어떻게 정하느냐에 따라 한 사업자의 시장에서의 지위가 정반대로 평가될 수 있다는 것이다. 예를 들어, 애플의 아이폰을 생각해 보자. 아이폰에 설치된 OS인 iOS를 기준으로 시장의 범위를 정하면 아이폰의 시장점유율은 100%로 애플은 시장지배적 사업자가 된다. 하지만 핸드폰 전반으로 넓혀서 보면 OS는 크게 안드로이드와 iOS가 있는데, 안드로이드까지 포함하면 아이폰의 시장점유율은 낮아 애플은 시장지배적 사업자가 되지 않는다. 이와 같이 한 사업자의 시장 지위는 시장의 범위를 어떻게 설정하느냐에 크게 의존하므로 관련 시장 확정을 위한 작업은 충분한 분석을 통해 이루어져야 한다.

일반적으로 한 사업자의 특정 시장에서의 지위는 사전적으로 미리 규정되어 있지 않고, 공정거래 관련 분쟁이 있을 때처럼 필요한 경우에 분석을 통해 정한다. 한편 정부가 특정 시장의 상황을 정기적으로 모니터링하여 사업자의 특정 행위를 규제하는 경우가 있는데 이러한 경우는 시장의 범위를 미리 지정하기도 한다. 대표적인 예가 통신 시장으로, 정부는 통신 시장을 이동통신 시장, 시내전화 시장, 시외전화 시장 등으로 미리 정해놓고 시장의 경쟁 상황을 정기적으로 모니터링하여 요금 결정 등에 대해 규제를 하고 있다. 규제 산업을 제외하고는 특정 시장의 범위가 미리 정해지지 않는다. 따라서 간편결제 서비스 사업자들이 간편결제 서비스 이외의 시장에서 사업을 하더라도 시장에서의 지위를 엄밀한 분석 없이 미리 정하기 어려울 뿐만 아니라 정하더라도 많은 논란을 야기할 수 있어, 여기서는 시장의 범위를 논의하지 않는다. 그러므로 특정 간편결제 서비스 사업자가 간편결제 서비스 이외의 시장에서 시장지배력을 갖는지 판단하지 않는다.

특정 간편결제 서비스 사업자가 간편결제 서비스 이외의 시장에서 시장지배력을 갖는지 판단하지 않았지만, 시장지배력 전이 가능성을 검토하기 위해 시장지배력을 갖는다고 가정해 보자. 이제 2단계로 시장지배력이 전이되는 시장을 정의한다. 앞서 언급했듯이 매우 어려운 작업이 필요하고, 엄밀한 분석 없이 지배력이 전이되는 시장을 미리 규정하는 것은 불가능하다. 그럼에도 불구하고 지배력이 전이되는 시장을 간편결제 서비스 시장이라고 정해보자. 그리고 3단계로 지배력이 전이된 간편결제 서비스 시장에서 경쟁제한성이 발생될 수 있는지 예상해 보자. 그런데 적어도 현 시점에서는 특정 시장에서의 시장지배력이 간편결제 서비스 시장으로 전이되는 것은 불가능할 것으로 판단된다. 그 이유는 다음과 같다.

〈표 8-2〉에서 본 바와 같이 간편결제 서비스를 제공하는 사업자는 매우 많은 편이다. 기존 사업자가 퇴출되는 경우도 있었지만 최근 새로이 진출하는 사업자들도 다수 존재한다. 특히 정부도 이용자에게 각종 혜택을 제공하며 간편결제 서비스 시장에 영향력을 미치고 있다. 이러한 점은 간편결제 서비스 시장에서 경쟁은 더욱 치열해지고 있음을 시사한다. 시장지배력 전이가 성립되려면 앞서 논의한 바와 같이 경쟁제한에 따른 소비자 후생의 감소가 발생되어야 하는데, 간편결제 서비스 시장에서는 다수의 사업자가 진출하며 경쟁이 촉진되고 있어, 현 시점에서는 경쟁제한의 징후가 나타나지 않는 것으로 판단된다.

시각을 바꾸어 시장지배력이 전이되는 시장을 간편결제 서비스가 이용되는 쇼핑 시장으로 상정하고 쇼핑 시장에서 경쟁제한이 발생될 수 있는지 검토해 보자. 쇼핑 시장에는 헤아릴 수 없을 정도로 무수히 많은 판매자들과 유통사들이 존재한다. 이에 따라 특정 간편결제 서비스 사업자가 쇼핑 시장에서 경쟁을 제한할 정도로 영향력을 갖기는 불가능하다. 쇼핑 시장을 더 작게 설정하여 오프라인 쇼핑 시장과 온라인 쇼핑 시장으로 구분하더라도 마찬가지이다. 오프라인 쇼핑 시장과 온라인 쇼핑 시장 각각에서도 무수히 많은 판매자들과 판매자와 구매자를 연결해 주는 플랫폼들이 존재한다. 따라서 특정 간편결제 서비스 사업자가 오프라인 쇼핑 시장이나 온라인 쇼핑 시장에서 경쟁을 제한할 정도로 영향력을 행사할 수 없다.

핀테크 활성화를 위한 규제완화와 관련 기술발전에 힘입어 새롭게 창출된 간편결제 서비스 시장은 새로운 수익원 기대와 고객 유치 및 이탈 방지 등의 목적으로 진출한 다양한 사업자들이 경쟁하며 급속히 성장하고 있다. 아직 성장의 초기 단계로 상대적으로 젊은 층이 주로 사용하고 있으며 신용카드 대비 사용 비중이 작지만 향후 큰 성장이 기대된다. 한편, 간편결제 서비스가 갖는 간접적 네트워크 효과의 특성에 의해 간편결제 서비스 시장에서 쏠림현상이 발생할 가능성이 있다는 점과 간편결제 사업자가 다른 분야에서 성공적으로 사업을 하고 있어 그 지위를 이용하여 간편결제 서비스 시장이나 쇼핑 시장 등에 영향을 미칠 수 있다는 점에서 경쟁제한 우려가 제기될 수 있다. 이에 대해 보다 면밀한 시장분석이 필요하지만 간략히 살펴본 바에 의하면, 이용자의 멀티호밍 가능성, 신규 간편결제 사업자가 꾸준히 등장하고 있다는 점, 무수히 많은 판매자와 유통사들이 존재한다는 점 등에 비추어볼 때, 적어도 현 시점에서 간편결제 서비스 시장이나 쇼핑 시장에서 개별 간편결제 사업자에 의한 경쟁제한적 행위는 가능하지 않을 것으로 판단된다.

참 고 문 헌

BNK금융경제연구소. 2015. "모바일 결제의 발전이 신용카드업에 미치는 영향".

한국은행. 2018a. 「2017년 지급수단 이용행태 조사결과」. 지급결제조사자료 2018-1호.

_____. 2018b. 「2017년 모바일 금융서비스 이용행태 조사 결과 및 시사점」. 지급결제조사자료 2018-3호.

_____. 2018c. "[보도자료] 2017년중 전자지급서비스 이용 현황".

_____. 2018d. "[보도자료] 2018년 2/4분기중 전자지급서비스 이용 현황".

09 인터넷 산업의 규제 현황과 전망

이상우

인터넷 시장은 혁신, 자유, 창의적 사고 등이 지배하고 시장진입이 상대적으로 쉬운 시장이기 때문에 어떤 시장보다 경쟁이 치열하다. 이를 반영하듯 인터넷 시장에 대한 투자도 증가하고 있다. 2015년 이후 2018년 6월까지 10억 이상 투자받은 스타트업 기업들의 수는 76개에서 500여 개로 증가하고 있는 추세이다(임정욱, 2019). 100억 이상을 투자받은 기업들도 상당하다.

그러나 규제가 이들 기업들의 경쟁력을 약화시킨다는 우려의 목소리가 높다. 새로운 서비스 개발에 몰두해야 할 기업들이 규제에 걸리지 않기 위해 불필요한 시간과 자원을 낭비하고 있다는 것이다. 예를 들어, 국내 인터넷 기업들이 규제에 맞춰 UX를 개발하기 위해 골몰하는 사이 글로벌 기업들은 고객의 니즈에 맞춰 UX를 최적화하는 전략을 펴고 있다. 국내 기업들은 규제에 맞춘 기술을 개발하거나, 규제에 갇힌 상태에서 제한된 상상력을 짜내느라 고생이다. 글로벌 기업들은 거의 신경 쓸 필요도 없는 부분에 시간과 자원을 낭비하고 있는 것이다. 문제는 인터넷 시장은 점점 더 글로벌 플랫폼 사업자들에 의한 독식화 현상이 두드러지고 있다는 것이다(이상우, 2018).

더 심각한 점은 글로벌 플랫폼 사업자에 의한 승자독식 현상이 국경을 초월하여 나타날 가능성이 높고, 개별 국가들은 인터넷 산업뿐만 아니라 이와 연결된 대부분의 산업에서 글로벌 플랫폼 사업자에게 의존하게 될 수 있다는 것이다. 글로벌 플랫폼 사업자들이 구축해 놓은 소비자들의 방대한 데이터는 거의 모든 산업 영역에서 필요로 하는 필수 자원이 되므로 이를 보유한 글로벌 플랫폼 사업자들에게 더욱 의존하게 되는 것은 당연하다.

이 장에서는 인터넷 산업이 왜 국가 경제적으로 중요한지를 살펴보고, 국내외 인터넷 플랫폼 시장의 규제 동향을 비교해 볼 것이다. 또한 규제로 인해 뒤바뀌어버린 국내 인터넷 시장의 불행한 역사들을 되짚어 보고, 왜 우리나라에는 인터넷 시장에 규제가 많은지를 살펴볼 것이다. 마지막으로 국내 인터넷 시장의 발전을 위해 정책 당국이 취해야 할 규제 방향을 제안할 것이다.

인터넷 산업은 왜 중요한가

우리는 최근 들어 플랫폼이란 용어를 자주 접하게 된다. 플랫폼이란 원래 승강장, 즉 기차역을 뜻하는 말로 쓰였으나, 최근에 와서는 안드로이드 플랫폼, 페이스북 플랫폼, 아마존 플랫폼, 카카오톡 플랫폼, 네이버 플랫폼, 쇼핑 플랫폼 등 ICT 분야에서 자주 사용된다. 언뜻 보면, 모두 다른 의미로 플랫폼이란 용어가 사용되는 듯 보이지만, 자세히 들여다보면 한 가지 공통점을 발견할 수 있다. 즉 플랫폼이라는 공간은 사람들이 뭔가 거래할 수 있는 환경을 만들어준다는 것이다. 더 많은 사람들이 이러한 공간에 오도록 하기 위해서 플랫폼은 사람들에게 매력적으로 인식되어야 한다. 더 매력적인 플랫폼은 더 많은 사람들을 모여들게 하고, 사람들은 매력적인 플랫폼에 더 자주, 더 오래 머물게 될 것이고, 그렇게 되면 자연스럽게 더 많은 거래가 이 플랫폼에서 이루어지게 되는 것이다.

최근 들어, ICT 영역에서 플랫폼의 가치는 더욱 높아지고 있다. ICT 영역에서의 플랫폼은 몇 가지 특성을 가지고 있다. 우선, 양면 시장two-side market적 특성으로 인해 대부분의 거래가 한 쪽 측면에서는 무료로 사람들을 끌어들인 후, 이 사람들이 다른 쪽 측면에서 제공하는 다양한 서비스를 즐길 수 있게 (무료 또는 유료) 해준다는 것이다. 다음이나 네이버와 같은 포털 플랫폼을 통해 사람들은 무료로 뉴스, 정보, 쇼핑 등의 서비스를 이용하고, 이러한 서비스를 제공하는 사업자들은 포털 플랫폼을 통해 자신들의 정보나 상품을 노출시킨다. 플랫폼의 두 번째 중요한 특성은 멀티 플랫폼을 형성하고 있다는 것이다. 즉 플랫폼 위에 새로운 플랫폼이 형성되고, 또 그 위에 새로운 플랫폼이 형성되는 식이다. 예를 들어, 소비자들이 스마트폰의 안드로이드 플랫폼을 이용하게 되는 경우, 다양한 포털 플랫폼을 선택할 수 있고, 이 중 하나의 포털 플랫폼에는 뉴스 플랫폼, 쇼핑 플랫폼, 여행 플랫폼 등 다양한 형태의 플랫폼들이 형성된다는 것이다. 결국 멀티 플랫폼 환경에서의 소비자들은 플랫폼을 통해 자신들이 원하는 거의 모든 종류의 상품이나 서비스를 이용할 수 있게 된다. 카카오톡 플랫폼을 이용하는 소비자들은 카카오뱅크를 통해 쉽게 은행 거래를 할 수 있게 되었고, 아마존을 이용하는 소비자들은 기존의 책 구매 이외에 거의 모든 종류의 쇼핑을 아마존을 통해 즐기고 있다. 더 주목해야 할 점은 플랫폼 사업자들이 구축해 놓은 소비자들의 데이터이다. 플랫폼 방문자들의 검색어와 클릭한 광고나 링크 정보, 그리고 개인정보 등 다방면의 빅데이터를 수집하고 있는 글로벌 플랫폼 사업자들은 이러한 데이터를 활용하여 전 산업 영역에 걸쳐 시장지배력을 강화할 가능성이 높아지고 있다.

글로벌 플랫폼 사업자들의 시장지배력은 전 세계 로컬 시장에서도 그대로 유지될 수 있다는 점에서 글로벌 시장과 로컬 시장의 구분 자체가 무의미해진다는 것에 특히 주목해 볼 필요가 있다. 페이스북, 아마존, 넷플릭스, 구글 등의 글로벌 플랫폼 사업자들은 모두 IoT, 빅데이터, 인공지능 기술에 있어서 전 세계에서 가장 앞서 있는 미국의 플랫폼 사업자들이고, 이들이 제공하는 서비스는 글로벌 시장과 로컬 시장의 경계 없이 지구촌 어디에서나 이용되고 있으며, 대부분의 국가에서 인터넷 시장을 지배하고 있다. 우리나라의 경우에도 페이스북은 이미 국내 모든 소셜미디어 중에서 가장 많이 이용되고 있고, 구글의 유튜브는 국내 모든 온라인 동영상 서비스 중에서 압도적 1위를 차지하고 있다. 한 조사기관의 발표에 따르면, 국내 동영상 시장에서 유튜브 이용률이 무려 82.4%에 달하고, SNS는 페이스북이 67.8%, 인스타그램이 51.3%를 차지하는 등, 해외 플랫폼 사업자들이 압도적인 점유율로 1~3위를 차지했다(메조미디어, 2018). 매체별 광고비도 2017년 유튜브의 광고 매출이 1656억 원(38.4%), 페이스북이 1329억 원(30.8%)인 데 비해, 네이버와 카카오의 광고 매출은 각각 484억 원(11.2%), 358억 원(8.3%)에 그쳐 두 국내 기업의 매출을 합쳐도 2위인 페이스북 매출액보다 적다. 이베이도 국내 온라인 쇼핑 시장의 최대 강자로 자리 잡았고, 아마존을 통한 거래량도 국내에서 지속적으로 증가하고 있는 추세이다. 그나마 우리나라는 세계에서 드물게 네이버, 다음 등의 국내 포털 사업자들이 구글에 대항해서 경쟁력을 유지하고 있지만 글로벌 플랫폼 사업자들의 지속적인 성장으로 국내 포털 시장의 생존도 안심할 수 있는 처지는 아니다.

더 심각한 것은 글로벌 사업자들에 의한 플랫폼 영역의 지배는 전 산업 영역에서 글로벌 사업자들에 의한 독식화 현상으로 이어질 가능성이 높다는 것이다(이상우, 2018). 왜냐하면 플랫폼 영역을 지배하고 있는 사업자들은 IoT로 수집된 데이터를 인공지능을 통해 분석하여 금융, 제조, 유통, 서비스 등 다양한 산업에 걸쳐 활용할 수 있기 때문이다. 4차 산업혁명의 시대에서는 플랫폼의 경쟁력이 곧 국가 경제력을 의미하기 때문에, 글로벌 사업자들에 의해 국내 플랫폼 시장이 장악된다면 국내 경제 시스템 자체가 위협받을 수도 있다.

국내외 인터넷 플랫폼 산업의 규제 현황은 어떠한가

조세 형평성

국내 시장에서 구글과 페이스북 등의 글로벌 플랫폼 사업들의 수익은 막대할 것으로 예측된다. 그러나 구글이 국내에서 얼마를 벌어들이고 있는지를 정확히 알 수 있는 방법이 없고, 설사 국내에서의 매출액을 제대로 추정한다 해도 이는 국내 매출액이 아닌 해외에서의 매출액으로 잡히기 때문에 세금을 징수하기가 쉽지 않다. 예를 들어, 구글코리아는 구글플레이, 유튜브, 검색 등 구글의 각종 서비스에 대한 한국 내 마케팅을 대행하지만, 정작 한국 매출은 구글코리아가 아니라 법인세율이 낮은 해외 법인에서 잡힌다는 의혹이 높다(이상우, 2017). 국내 이용자들이 구글플레이에서 국내 게임 업체의 유료 앱을 구매할 때 거래 당사자는 구글코리아가 아닌 싱가포르에 있는 구글아시아퍼시픽이 되므로, 국내 게임 업체들이 1억 원을 벌면 이 중 30%(3000만 원)는 회계상 구글아시아퍼시픽 수입으로 잡히는 구조다. 싱가포르는 법인세율(17%)이 우리나라(약 24%, 지방세 포함)보다 훨씬 낮기 때문에 조세 회피 전략의 유인이 높다. • 영국에서도 구글 영국 법인의 매출액이 공개된 바 있지만, 구글의 아일랜드 법인에서 영국 법인으로 지급되는 수수료만을 매출액으로 공시했다는 이유로 영국 정부는 구글에 우회 이익세(구글세)를 부과한 바 있다. 영국은 2016년 구글에 1억 3000만 파운드(한화 약 2200억 원)의 세금을 징수하기로 결정했고, 페이스북도 2017년도에 영국에 약 74억 원을 세금으로 납부한 바 있다. 이탈리아도 2017년 구글로부터 지난 10년 동안 내지 않은 세금 3억 600만 유로(한화 약 3800억 원)를 징수함으로써, 유럽을 중심으로 구글에 대한 세금 압박이 높아지고 있다.

국내에서도 해외 사업자들의 국내 매출액을 추정하고, 이를 바탕으로 정부가 적절한 세금을 부과해야 한다는 목소리가 높아지고 있다. 구글의 스마트폰 앱 장터인 '구글플레이'의 거래액이 2017년도 약 4조 4656억 원(한국무선인터넷산업연합회 추정)이고, 이 가운데 구글이 수수료로 30%를 가져가기 때문

• 미국 IT 기업들이 현지 매출액을 적게 신고하고 수익의 상당 부분을 아일랜드 같은 저세율 국가로 이전하는 방식으로 세금을 피해 간다는 비판이 유럽 전역에서 높아지면서, 유럽에서는 이른바 '구글세'를 도입해야 한다는 목소리가 높아졌다. 구글세란 영국이 2015년에 세계 최초로 도입한 '우회 수익세diverted profit tax'를 의미한다. 영국은 미국 IT 기업들의 탈세 전략에 대응하고자 영국 내에서 발생한 수익을 다른 나라로 이전할 경우 이전액의 25%에 해당하는 세금을 영국에 부과해야 한다는 규정을 도입한 것이다(이상우, 2018).

에 구글이 구글플레이로부터 거두어들이는 매출액이 약 1조 3400억 원일 것이라는 예측이 있었으나 이는 구글 플레이에 한정된 예측이라는 한계를 지닌다(이상우, 2018). 그러나 이태희(2018.9.19)는 구글의 전 세계 지역별 매출이 공시되어 있는 「10-K 리포트」에서 아태지역의 매출액 데이터와 모바일 애플리케이션 분석기업인 앱애니의 자료를 활용하여 구글이 한국 내에서 얼마를 벌어들였는지를 종합적으로 추정했는데, 구글코리아의 2017년도 매출액은 보수적으로 추정했을 경우 약 3조 2000여 억 원, 공격적으로 추정했을 경우 4조 9000여 억 원인 것으로 나타났다. 이태희의 추정 방식은 구글이 공시한 데이터에 기반해서 구글코리아의 매출액을 추정했다는 점에서 의미가 있다.

문제는 구글과 같은 글로벌 IT 기업들에 국내 사업자들에게 부과하는 수준으로 세금을 징수하기가 어렵다는 것이다(이상우, 2018). 일반적으로 법인세는 기업의 사업장이 위치한 국가(고정 사업장이 위치한 국가)에 내는 것이 원칙이다. 그러나 글로벌 기업들은 세금을 되도록 적게 내기 위해 국가 간 조세협약과 고정 사업장의 개념을 교묘히 활용하고 있다. 구글, 페이스북 등의 글로벌 IT 기업들은 특정 지역에 서버를 두고 전 세계에서 영업 활동을 하고 있기 때문에, 우리나라에서 구글과 페이스북이 엄청난 매출을 올리더라도 이들에 고정 사업장의 개념을 적용하여 세금을 징수하기가 쉽지 않다.

망 사용료

최동훈(2017)에 따르면, 국내 플랫폼 회사들은 이통사에 연간 수백억 원에 달하는 이용료를 지불하고 유무선 서비스를 고객에게 제공하고 있지만 국내에 서비스 중인 해외 플랫폼 회사들은 서버가 해외에 소재한다는 이유로 국내 이동통신 사업자*에 망 대여료를 지불하지 않는다.

---

* 이동통신 사업자는 국내 SKT, KT, LG U+와 같이 이통통신망을 보유한 기업을 의미한다.

OTT의 예를 들어 보자. 동일한 영상이 네이버TV와 유튜브에 나올 때, 소비자들은 화질의 차이를 쉽게 느끼게 된다. 네이버TV는 HD급(720P)으로, 유튜브는 초고화질인 4K급(2160P)으로 서비스를 제공하기 때문이다. 둘 다 무료 서비스이기 때문에 소비자들은 화질과 콘텐츠 수에서 앞선 유튜브를 선택하게 되는 것이다. 네이버TV와 유튜브 간에 화질의 차이가 나는 이유는 기술 격차가 아니라 통신사에 지불하는 망 사용료가 중요한 원인 중 하나라고 볼 수 있다. 네이버는 매년 700억 원대의 망 사용료를 통신사에 지불하지만 구글은 망 사용료를 거의 지불하지 않고 있다. 수백억 원대인 망 사용료에 대한 부담 때문에 네이버TV는 상대적으로 낮은 화질을 제공하게 되고 망 사용료의 부담이 전혀 없는 구글은 최고 화질의 서비스를 제공할 가능성이 높다. 네이버TV가 유튜브처럼 고화질의 서비스를 제공하려면 망 사용료를 지금보다 더 지불해야 하기 때문에 비용 부담이 너무 크기 때문이다. 해외 사업자들이 국내에서 유발시키는 트래픽이 훨씬 높음에도 불구하고 망사용에 대한 대가는 국내 사업자들만 지불하고 있는 셈이다.

반면, 유럽연합은 망 사용료에 대해서도 미국 기업에 적극적으로 대응하고 있다. 예를 들어, 프랑스는 글로벌 IT사업자들이 망 사용료를 내지 않을 경우, 망 제공 거부가 가능하다는 판결을 내린 바 있다(이상우, 2018). 우리나라도 글로벌 사업자들과 국내 사업자들 간의 망 사용료 지불에 대한 역차별 논란이 거세지면서 이를 해소하기 위한 법안들이 제기되고 있지만, 그 법안들의 내용을 살펴보면 해외 사업자들에게는 적용될 가능성이 낮고 국내 사업자들만 한층 더 옥죄는 법안이 될 수 있다는 우려가 높다.

OTT

최근 김성수 의원이 발의한 통합방송법안은 온라인 동영상 서비스(이하 OTT)를 유료방송 규제에 포함시키고 있다. 이 법안에 따르면, OTT를 유료방송에 포함시키면서 실시간 TV를 제공하는 유료 서비스는 등록제, 유료 VOD 서비스는 신고제로 규율하고 있다. 문제는 아직 국내에서 파급력이 그리 높지 않은 OTT 서비스를 규제한다면, OTT 서비스의 활성화에 방해가 됨은 물론 글로벌 사업자들과의 역차별 이슈가 또다시 쟁점화될 수 있다는 것이다. 또한 이 법안이 통과된다면 국내 사업자들이 제공하는 OTT는 현재보다 강화된 규제의 대상이 되고, 글로벌 사업자들이 제공하는 OTT 서비스들은 현재와 같이 아무런 규제를 받지 않게 되는 것이다. 즉, 역차별 해소를 위해서 발의하겠다던 법안이 역차별을 오히려 심화하는 법안이 될 가능성이 높다. 이 법안에 따르면 넷플릭스도 국내 방송법의 적용을 받아야 한다는 것인데, 이는 FTA 등 통상무역 부분에서 심각한 문제를 일으킬 수 있다. 결국 OTT를 규제하겠다고 발의된 법안 역시 국내 사업자들에게만 규제의 리스크를 떠넘기게 될 가능성이 높다.

부가통신 사업자 실태조사

최근 통과된 부가통신 사업자에 대한 실태조사 규정도 규제 만능주의를 지향하는 우리나라의 실태를 여실히 보여준다. 2021년부터 시행 예정인 이 규정에 따르면, 과학기술정보통신부장관이 부가통신사업의 현황을 파악하기 위해 실태조사를 실시할 수 있고, 실태조사를 위해 부가통신 사업자에게 필요한 자료의 제출을 요청할 수 있게 된다. 치열한 경쟁 환경 속에서 살아남기 위해서 기업들은 새로운 아이디어를 짜내고, 이를 사업 모델로 연결시키는 등 해야 할 일들이 산더미처럼 많은데, 내가 제안한 비즈니스 모델이 현행법에 저촉되는지 분석하는 데 시간을 허비하고 정책 당국이 요구하는 자료를 제출하는 데 시간을 허비한다면 기업의 경쟁력은 떨어질 수밖에 없다. 더욱이 글로벌 경쟁 환경에서 해외 기업들에는 요구할 수 없는 규제가 국내 사업자들에게만 적용된다면 국내 기업들의 경쟁력 저하는 더욱 심화될 것이다.

김현경(2019.1.17)은 부가통신 사업자 실태조사 규정은 부가통신 사업자에 대한 경쟁상황평가를 하기 위한 대안으로 보고 있다. 김현경에 따르면, 전기통신사업법에 경쟁상황평가가 도입된 중요한 이유는 정부의 인허가를 통해 제한된 자원에 대한 이용 권한을 부여받은 기간통신 사업자들이 독점적 지위를 활용해 시장에서의 경쟁을 왜곡시키는 것을 막기 위함이다. 그러나 부가통신서비스는 국가가 독점적으로 특정 사업자에게 사업 권한을 부여한 서비스도 아니고, 누구나 진입할 수 있는 등 진입장벽이 극히 낮기 때문에 독점적 지위를 차지했다고 하더라도 치열한 경쟁에 노출되어 있기 때문에 사전적 규제를 통해 부가통신 사업자의 사업 행위를 규제할 이유가 없다. 또한 이 법안은 역외적용 규정도 함께 담고 있는데, 이 역시 국제적으로 합의된 사항인 GATS General Agreement on Trade in Services나 한미 FTA에서 자유로울 수 있는지 검토할 필요가 있다. 결국, 이러한 실태조사 규정이 구글이나 페이스북 등 글로벌 사업자들에게 적용되지 못한다면 규제 집행의 형평성 측면에서 국내 사업자들만 피해를 볼 가능성이 높다.

개인정보보호규제

4차 산업혁명 시대의 근간인 데이터의 양이 수익과 정보의 양극화로 이어질 수 있기 때문에, 미국은 물론 유럽연합 또한 구글과 페이스북의 개인정보 취급방침에 대해서는 예의 주시하고 있다.

유럽연합EU은 2012년 3월 구글의 개인정보 정책에 대해 유럽연합의 정보보호법 기준에 어긋난다는 점을 들어 구글 측에 이를 4개월 내에 수정할 것을 요청하면서 프랑스의 정보 보호 규제 당국인 국립자유정보위원회 Commission Nationale Informatique Libertes: CNIL의 주도하에 구글의 개인정보보호정책에 대해 검토하고 이를 바탕으로 유럽연합 회원국의 정보보호 책임자로 구성된 '아티클 29 워킹그룹Article 29 Working Party'에서 구글의 개인정보보호정책 중 12개 항목에 개선이 필요하다고 결론을 내렸다(윤주희, 2013). 2015년을 전후하여 유럽 연합은 모든 회원국에 적용되는 공통 규범으로서 법적 강제력을 가진 '개인 정보보호일반규정General Data Protection Regulation: GDPR'을 제정하기에 이르렀다.

구글, 페이스북·아마존 등 글로벌 정보기술IT 기업의 데이터 독과점, 개인 정보의 국외 유출 등의 문제가 대두되면서 중국은 지난해부터 기존보다 강화된 사이버 보안법을 시행하고 있다. 중국 내에서 수집한 모든 개인정보를 중국 내 서버에 강제로 보관하게 했다.

우리나라는 어떠한가? 구글은 2012년 2월 자사 60여 개 서비스 사용자 정보를 통합 관리하는 새 개인정보 정책을 발표했고 빅브라더 문제로 논란이 거세게 일자 방통위는 구글의 개인정보 취급방침이 '정보통신망법 개인정보보호규정'에 미흡할 수 있다며 이를 개선하라는 권고 조치를 내렸다(윤주희, 2013). 방통위가 권고한 사항에 대해 구글이 수용하는 태도를 취했지만 처음 문제가 되었던 개인정보통합관리는 변경되지 않아 논란이 계속되고 있다.

우리나라는 '개인정보보호법', '정보통신망 이용촉진 및 정보보호 등에 관한 법률', '신용정보의 이용 및 보호에 관한 법률' 등이 다층적으로 국내 사업자들에게 엄격하게 적용되는 반면, 글로벌 IT 사업자들은 이러한 규제에서 자유롭다. 네이버의 경우 '개인정보취급방침은 정보통신망 이용촉진 및 정보보호 등에 관한 법률', '개인정보보호법', 'OECD의 개인정보보호 가이드라인'을 준수한다고 명시했다(전창욱·유진호, 2016). 반면에, 해외 포털사이트 구글은 서비스 편의에 의한 목적으로 개인정보에 관련해서 너무 포괄적이거나 모호하다는 지적이 있으며, 구글은 포괄적 명시를 이용하여 검색 및 유튜브를 포함한 약 60개의 서비스를 통해서 개인정보를 수집하고 있다.

이러한 문제점을 해결하기 위해 우리나라에서도 글로벌 기업들이 개인정보 보호 업무를 담당할 국내 대리인을 의무적으로 지정해야 한다는 '정보통신망 이용촉진 및 정보보호 등에 관한 법률(정보통신망법)' 개정안이 작년에

국무회의를 통과했다. 국내 대리인은 개인정보 보호책임자의 업무, 개인정보 유출 등의 통지 및 신고, 지체사유 소명, 조사에 필요한 자료 제출 등의 업무를 수행해야 한다는 내용이 주요 골자다. 그러나 대리인 지정제도는 역차별 해소에 별다른 도움을 줄 수 없다는 지적도 많다. 대리인의 책임과 의무, 처벌 범위를 어디까지로 할지, 대리인을 지정할 때 국제법 상호주의원칙은 어떻게 해결할 것인지에 대해서는 여전히 고민이 필요해 보인다. 글로벌 기업들의 대리인이 지정되는 문제와 이들에게 규제를 적용할 때 규제 당국의 집행력이 담보될 수 있을지의 문제는 완전히 다른 문제이기 때문이다.

내용 규제

구글, 트위터, 유튜브, 텀블러 등 해외 업체들의 서비스가 불법 음란물 유통의 온상으로 지목되고 있다. 세계 최대 검색엔진인 구글에 제목 없음 등 일상적으로 사용하는 단어를 검색하면 수위 높은 콘텐츠들이 쏟아진다. SNS에는 20대 성인들도 보면 당황스러울 정도의 콘텐츠가 무자비하게 노출되고 있다. 토렌트걸이라는 사이트는 저작권이 있는 파일을 무료로 받는 것은 물론, 수위가 높은 음란물을 그대로 다운받을 수 있는 사이트인데, 회원가입이 필요 없어 이용하기가 더욱 간편하다. 사용자 입장에서는 회원가입 자체를 하지 않아도 되니 더욱 편리할 것이다. 저작권을 무시하고 유통되고 있는 사이트가 제재나 경고를 받지 않은 것은 아니나, 이러한 사이트들은 대체로 이를 무시하는 편이다. 그 이유는 토렌트걸 사이트는 유입자를 통한 광고 수익이 벌금보다 크기 때문이다. 결국 규제에 따른 벌금보다 광고 수익이 커서 그들에게는 남는 장사이기 때문에 경고 또는 제재를 무시하는 것이다. 반면, 수위가 높은 사이트들은 폐쇄 명령에 이어서 사이트 폐쇄까지도 당한다. 그러나 그들은 또 다른 사이트를 빠르게 개설하는데, SNS를 통해 입소문을 내기 시작하면 하루가 무섭게 회원 수가 늘어난다.

문제는 구글과 유튜브·페이스북·트위터는 물론 토렌트걸이라는 사이트는 모두 해외에서 운영되고 있다는 것이다. 그렇기 때문에 국내법을 적용하는 제재나 규제가 더욱 어려운 실정이다. 해외에 적을 둔 글로벌 사업자들에게는 법 집행의 실효성이 없기 때문에 통신심의를 벗어나는 콘텐츠들이 별 제재 없이 난무하고 있는 것이다.

규제로 뒤바뀐 국내 인터넷 산업의 지형은 어떻게 변화하고 있는가

인터넷 서비스는 탈영토성(무국경성)의 특성을 갖고 있기 때문에 A국가에 소재한 인터넷 서비스 사업자가 B국가의 국민들을 상대로 서비스를 제공하는 데 별 제약이 없다.

비디오 서비스를 예로 들어 보자. 우리나라에 거주하는 사람들이 넷플릭스 등 인터넷을 기반으로 제공되는 미국의 비디오 서비스를 이용하는 경우와 미국의 자동차를 구매하는 경우를 비교해 보자. 소비자 입장에서 어떤 차이가 있을까? 전 세계의 소비자들은 넷플릭스를 이용할 때 기본적으로 관세를 내지 않는다. 전 세계의 모든 소비자들이 넷플릭스에 지불하는 요금은 10달러 수준으로 대체로 동일하다. 유튜브를 이용하는 경우에도 광고를 보기만 하면 역시 전 세계 이용자들은 동등한 조건에서 서비스를 이용할 수 있다.

그러나 자동차를 사는 경우에는 국가마다 그 가격이 상이하다. 국가별 관세가 차이가 나기 때문이다. 국내에서는 유럽이나 독일에서보다 훨씬 비싼 금액을 지불하고 독일 자동차를 구매해야 하기 때문에, 벤츠나 BMW에 대한 선호가 강한 국내 소비자들은 아쉽지만 현대차를 구매하는 쪽으로 타협하게 된다. 관세로 인해 국내 자동차 사업자들은 이득을 보았지만, 유럽 자동차에 대한 선호도가 높은 소비자들의 효용은 낮아지게 되는 것이다. 만일 넷플릭스 이용에도 관세가 적용된다면 무슨 일이 발생할까? 예를 들어 넷플릭스 이용이 지금처럼 한 달에 10달러가 아니라 관세로 인해 50달러로 인상되었다고 가정해 보자. 국내 소비자들이 비디오 서비스에 지출하고자 하는 비용이 극히 낮다는 현실을 감안해 본다면, 넷플릭스의 국내 가입자 확보는 어려울 것이다.

사업자들의 입장에서는 얘기가 조금 달라진다. 지금과 같은 관세가 유지된다면 국내 자동차 사업자들은 품질 대비 가격 경쟁력을 유지시킬 수 있으므로 어느 시점까지는 생존이 보장된다. 그러나 동일한 소비자들을 대상으로 넷플릭스와 치열하게 경쟁해야 하는 국내 온라인 비디오 서비스 제공 사업자들의 입장은 다르다. 넷플릭스에 비해 서비스 품질이 낮아지면 언제 소비자들로부터 외면당할지 모른다. 여기까지는 역차별과는 별 상관이 없는 얘기다. 문제는 넷플릭스에는 적용되지 않는 규제가 국내 온라인 비디오 서비스 사업자들에게만 적용되는 경우다. 우리나라가 홈그라운드인데, 넷플릭스와 같은 해외 사업자들에게는 적용되지 않고 국내 사업자들에게만 부담을 주는 법이 만들어질 리가 있나? 하지만 이런 어처구니없는 일들이 우리나라에서 일어나고 있다. 그것도 꽤 오래전부터 국내 사업자들만 옥죄는 규제들이 만들어졌고, 이로 인해 사업을 접거나 경쟁력이 약화된 국내 사업자들이 있다. *

국내 포털 시장은 자유시장경제를 지향하는 국가들 중 미국을 제외하고 거의 유일하게 네이버와 다음 등 국내 사업자들의 자국 시장 점유율이 90% 이상을 차지할 정도로 우리나라 ICT 산업의 경쟁력을 인정받는 분야였다. 국내 온라인 동영상 서비스 시장도 아프리카TV, 판도라TV 같은 동영상 서비스 사업자들이 세계 최초로 '인터넷 실시간 방송' 서비스를 선보인 바 있고, '별풍선' 등의 기부형 아이템을 도입하여 새로운 형태의 '유료 콘텐츠' 비즈니스 모

---

* 물론 국내 사업자들만을 대상으로 법안이 만들어지지는 않았을 테지만, 결과적으로 해당 규제로 인해 피해를 본 것은 국내 사업자들일 수밖에 없다. 왜냐하면 대부분의 인터넷 관련 규제는 해외 사업자들에게는 집행력이 없기 때문이다.

델을 제시한 바 있다. 메신저와 SNS 서비스 분야에서도 국내 사업자들의 실적은 대단했다. 네이트온은 서비스 출시 2년 만에 글로벌 시장을 휩쓸던 'MSN 메신저'를 국내 시장에서 밀어냈고(이택수, 2005), 싸이월드는 페이스북의 CEO인 '주커버그Juckerberg'가 벤치마킹하기 위해 한국을 방문할 정도로 세계에서 주목받던 서비스였다. 사실 우리나라는 초고속인터넷이라는 물리적인 네트워크 분야에서만 앞서 있었던 것이 아니라, 동영상 플랫폼, 메신저 서비스, SNS 서비스 등 현재 글로벌 사업자들이 주도하고 있는 여러 플랫폼 서비스 분야에서 선두주자였던 것이다. 그런데 무슨 일이 일어났던 것일까?

2000년대 후반에 도입된 '인터넷 실명제'와 2013년에 도입된 '게임 셧다운제' 등의 법안들은 당시 잘 나가던 판도라TV와 게임 업체 등 국내 기업들을 단숨에 도태시키는 데 큰 역할을 했다. 인터넷 실명제는 이용자의 실명과 주민등록번호를 확인한 후, 인터넷상에 의견을 개진할 수 있게 한 법으로 2007년 도입되었으나 표현의 자유를 침해한다는 이유로 2012년 위헌 판정을 받아 폐지된 바 있다. 2007년 인터넷 실명제가 도입되자 당시 소비자들의 수요가 높았던 아프리카TV 및 판도라TV의 이용자들은 대거 유튜브로 옮겨 갔다. 결국, 인터넷 실명제라는 규제 도입은 국내 온라인 동영상 서비스 업체들을 쇠락의 길로 몰고 갔다는 비판을 받아야 했다.

청소년의 게임 과몰입을 막는다는 취지로 2011년에 도입된 '강제적 셧다운제'는 국내 게임 시장의 경쟁력을 위축시킨 대표적인 사례로 꼽힌다. 셧다운제의 도입은 그 규제의 목적을 달성하기보다는 셧다운제의 영향을 받지 않는 청소년 이용불가 등급 게임에 대한 이용량을 증가시켰고, 해외 플랫폼을 통한 게임 이용을 증가시키면서 국내 온라인 게임 시장을 급격히 위축시켰다는 연구결과가 더 많다. •

• 2011년 셧다운제 도입 이후 2012~2015년 4년간 온라인 게임 시장의 위축 규모를 2조 7932

엄격한 규제로 국내 게임 시장이 위축되는 사이 해외의 게임들이 국내 시장을 점령하기 시작했던 것이다. 국내 게임 업체들에만 불리하게 적용되는 셧다운제의 도입으로 인해 국내 게임 업체들과 해외 게임 업체들 간에 경쟁력 차이가 급격히 벌어진 것이다.

국내에서 규제를 강화하는 법안들이 지속적으로 발의되는 이유는 무엇인가

앞서 살펴보았듯이, 우리나라는 규제로 인해 도태되거나 성장하고 있지 못한 스타트업 기업들이 상당히 많음에도 불구하고, 국내 기업들의 경쟁력을 떨어뜨리는 규제들이 지속적으로 발의되고 있다는 비판들이 제기되고 있다. 국내 스타트업 기업들은 어느 정도 성과를 내고 뭔가 본격적으로 해보려 할 때 정부의 포지티브 규제*에 발목을 잡히는 경우가 많다고 하소연한다. 국내 기업들의 입장에서는 미국 등 혁신 성장을 해온 선진 국가들이 '네거티브 규제'의 형태를 취하면서, 사회적 혼란을 일으키는 사안에 대해선 강력한 처벌 규정을 마련하고 있지만, 그 외엔 특별한 제한 없이 마음껏 새로운 비즈니스 모델을 실험하고 시도해 보는 것을 장려하고 있는 현실이 부러울 것이다.

2017년 세계경제포럼에서 발표한 〈국가경쟁력 평가 보고서〉**에 따르면, 우리나라는 '정부의 규제 부담' 항목에서 137개국 중 95위에 머물러 있는 것

억 원으로 추정했다(이승우, 2018).
* 포지티브 규제란 법률이나 정책에 허용되는 것들만 나열한 뒤, 이에 포함되지 않는 것들은 허용하지 않는 규제 방식이다.
** 세계경제포럼WEF은 1996년부터 국제통화기금IMF과 국제결제은행BIS 등이 발표한 국제 기구 통계 등을 토대로 세계 각국의 경쟁력을 조사해 매년 국가경쟁력 순위를 발표한다.

으로 나타났다. 이 보고서에 따르면, 우리나라는 '종합 규제경쟁력 순위'에서 2016년 기준으로 105위에 올라 거의 최하위권을 차지하고 있다. 우리나라 정부와 국회는 여야 할 것 없이 '규제 개혁'을 외치고 있지만, 실제 산업현장에서 플랫폼 사업자들이 느끼는 정부 규제의 압박감은 상당히 높다는 것이다. 더 심각한 것은 정부와 국회의 규제 강화 움직임이 좀처럼 변화될 것 같지 않다는 점이다.

산업계와 학계가 자율 규제의 중요성을 주장하고 있지만, 입법 기관인 국회가 발의하는 법안들을 살펴보면 여전히 규제를 강화하려는 법안들의 수가 규제를 완화하려는 법안들의 수보다 훨씬 많다는 지적은 이미 오래전부터 제기되어 왔다.

한편, 부가통신 사업자에 대해서도 규제완화보다는 규제강화가 이어지고 있는데, 현再 20대 국회만 해도 포털 대상으로 '분담금 징수', '경쟁상황평가', '회계정리의무' 등 여러 층위의 규제 법안들이 다수 발의되었고, 인터넷방송 플랫폼 대상으로도 '결제한도제한', '상시 모니터링 의무' 등을 강제하는 법안들이 지속적으로 발의되었다.

플랫폼 산업의 중요성이 커지고 있는 시대에 관련 법안들이 계속 발의되고 있는 현실은 IT 기업들의 혁신을 저해하고 경쟁력을 약화시킨다는 점에서 우려를 야기한다(방동희, 2009). 법안들의 지속적인 발의는 법안들이 통과되지 않더라도 발의안 자체만으로도 국내 플랫폼 사업자들에게 부담을 안겨줄 수밖에 없다.

그렇다면 도대체 왜 국회나 정부는 세계적인 흐름에 역행하고 국내 사업자들의 혁신을 제약하는 법안들을 지속적으로 도입하고 있을까? 신기술을 바탕으로 한 기업들의 출현을 막기 위한 기존 사업자들의 저항이 커서일까 아니면 다양한 아이디어를 갖춘 신규 기업들의 출현이 우리나라의 산업 생태계에 정말 부정적인 영향을 끼칠 수 있다고 생각하기 때문일까? 이 질문에 대한 답은 국회의원들에게 개별적으로 물어봐야 하겠지만 제대로 답해줄 리도 없고, 그저 추론하거나 기존 학자들의 연구에 의존할 수밖에 없다.

대부분의 발의안들이 '반시장성'을 띠고, '규제 신설' 또는 '강화'의 목적을 띠고 있는 경우가 많음에도 불구하고(박현정·박홍우, 2010), 모든 발의안들을 검토하는 상임위원회가 해당 법안들의 반시장성이나 불필요한 규제들을 꼼꼼히 검토하기가 어렵기 때문에(박경미, 2008), 불필요하거나 비전문적인 법안들이 남발할 가능성이 높아지고 있다는 연구 결과가 있다.

법안을 발의한 의원에게 법안을 제안한 이유나 제안 내용 등에 대해 물어보고 검증하는 과정이 없다는 것도 문제다. 어떠한 법안이든 일단 발의하면 그 자체로 의원들의 '업무 실적'이 되기 때문에, 선거철을 앞둔 시점에서는 평소보다 확연히 많은 건수의 발의안들이 등장한다(오혜진, 2014). 그중에는 이미 발의되어 계류 중인 의안들과 차이가 없는, '자기복제' 또는 '표절' 수준의 의안들도 상당하다(박경미, 2008). 20대 국회에서 발의된 법안들을 일부 살펴보더라도 '개인정보보호'나 'OTT 플랫폼', '역차별 방지를 위한 국외 사업자 역외지정'과 같이 글로벌 경쟁 이슈를 다룬 의안들의 경우, 일부 단어만 바꿔서 발의된 '표절 의안'들을 쉽게 발견할 수 있다. 결국 '일단 발의'하면 '무조건 실적'으로 연결되는 현재의 시스템에서는 국회의원들이 법안 발의를 남발할 가능성이 높다.

문제는 이러한 법안들이 통과되면 자칫 새롭게 등장하는 신산업 분야나 빠르게 변화하는 분야에 대해 실효성은 없으면서도 진입장벽만 겹겹이 쌓는 악재로 작용할 수 있다는 점이다. ICT 및 부가통신서비스 정책은 특히 전문성이 요구되는 분야이기 때문에, 법안 발의는 산업의 특성을 명확히 인지한 상태에서 산업발전에 도움이 되는 방향으로 진행되어야 한다. 만일 법안 발의가 의원들의 실적 채우기나 의원들의 정치적 이해관계에 따른 거래행위로 전락하게 된다면, 사회 의제의 형성 방향이 달라질 수 있다. 따라서 국회의원들이 발의하는 법안들에 대한 심도 높은 평가가 어느 때보다 필요한 시점이다.

인터넷 산업의 규제는 어떻게 진화해야 하는가

혁신과 자율, 창의성이 요구되는 인터넷 시장은 전 세계적으로 규제를 완화하고 있는 추세이나 우리나라의 경우에는 인터넷 시장에 대한 규제를 강화하는 법안들이 잇따라 발의되고 있다. 이는 인터넷 시장을 이해하고 있지 못하거나, 전통 기업들을 신규 인터넷 기업들로부터 보호해야 한다는 사명감이 강한 이들이 규제 위주의 법안들을 지속적으로 발의하기 때문인 듯하다.

문제는 국내 인터넷 시장에 대한 규제 강화가 국내 사업자들에게만 적용되고 해외 사업자들에게는 적용되지 못하면서 발생하는 규제 비대칭성이다. 가뜩이나 자금과 기술에서 열세인 국내 인터넷 기업들로서는 규제라는 또 하나의 장벽에 걸려 해외 사업자들보다 더 어려운 환경에서 경쟁해야 하는 이중고를 겪게 된다. 국내 사업자들은 매출액에 비례한 법인세를 내고 있으나, 글로벌 IT 기업들은 막대한 수익을 올리면서도 우리나라 정부에 법인세를 내고 있지 않다는 점, 국내 인터넷 기업들은 망 사용료를 지불하고 있으나, 국내에서 상당한 동영상 트래픽을 유발하고 있는 구글은 망 사용료를 지불하고 있지 않다는 점, 국내 사업자들은 빅데이터를 활용하는 데 있어서 전 세계에서 가장 강력한 법의 적용을 받고 있으나 글로벌 IT 기업들은 별 제약 없이 개인정보 등 빅데이터 수집이 용이하다는 점 등은 이미 앞에서 충분히 설명한 국내 인터넷 기업과 글로벌 인터넷 기업 간에 발생하는 역차별의 사례들이다.

우리나라에서 축구경기를 하면 홈그라운드의 이점을 충분히 활용할 수 있다는 것이 상식이다. 그러나 국내 인터넷 시장에서는 글로벌 사업자들이 오히려 홈그라운드의 이점을 활용하고 있는 것이다. 국내 사업자들은 수많은 제재에 눈치를 보느라 비즈니스 행위에 제약을 받고 있으나 글로벌 사업자들은 아무런 법적 제재 없이 하고 싶은 대로 서비스를 제공하고 있는 것이다. 체력과 기술에서 앞서 있는 축구팀이 심판의 제재에서도 자유로우니 그 승부의 결과는 이미 정해져 있는 것이나 다름없다.

그렇다고 국내 사업자들의 서비스를 멀리하고 해외 사업자들이 제공하는 서비스 이용에 몰두하는 소비자들을 욕할 것인가? 소비자들이 자신들의 효용을 높여주는 서비스를 이용하는 것은 너무도 당연하다. 이러한 상황에서는 국내외 사업자들이 동등하게 경쟁할 수 있는 환경을 만들어줄 필요가 있다. 국내 사업자들에게 특혜를 주자는 얘기가 아니다. 최소한, 국내 사업자들이 해외 사업자들보다 불리한 환경에서 서비스를 제공하게 만들지는 말아야 한다는 것이다.

그럼에도 불구하고, 국회에서 발의되고 있는 법안들을 살펴보면 여전히 국내 IT 시장의 현실을 반영하고 있지 못하다. 2018년 국내 포털 사업자에게 방송통신발전기금을 부담시키고, 경쟁상황평가를 적용하며, 이용자 보호나 신규 사업 진출 등을 제한하는 이른바 '뉴노멀법'이 국회에서 발의되었으나 통과되지 못하자, 이를 변형한 법안들이 발의된 바 있고, 국내 사업자와 해외 사업자 간 역차별 논란이 일자 이를 해결하기 위한 법안들도 발의된 바 있다. 2018년 8월에는 해외 사업자도 국내에 '개인정보보호 책임자 업무'를 담당하는 대리인을 두도록 함으로써 개인정보 유출 시 신속히 대응할 수 있도록 하는 법안이 발의되었고, 이용자 피해가 발생하는 경우에 글로벌 인터넷 기업도 신속하게 대응하지 않으면 통신사가 서비스를 차단해도 된다는 규정을 담은 법안도 발의된 바 있다. 또한 부가통신 사업자 경쟁상황평가 시행안 방안을 담은 법안에는 글로벌 사업자들에게도 경영 자료를 제출하도록 해서 그들의 규모, 매출, 시장점유율 등의 정보를 파악할 수 있도록 했고, OTT 사업자도 기존의 유료방송 사업자만큼 일정 기준을 충족하면 방송통신발전기금을 부담해야 한다는 개정안도 발의된 바 있다. 그 밖에도 국내 사업자와 해외 사업자에 대해 망 사용료를 동등하게 받도록 하는 방안도 발의되었다. 그동안 국회에서 발의된 IT 관련 법안들이 모두 국내 사업자에게만 불합리하게 적용될 수밖에 없다는 비난을 피하고자 이러한 역차별 해소 방안들이 발의된 것이다.

그러나 이러한 법안들을 살펴보면, 자신의 입법 실적을 높이기 위해 국회의원들은 법안을 양산해 내고 있는 듯하다. 김현경(2019.2.12)에 따르면, 20대 국회의원들이 발의한 규제 법안은 총 2741건으로 19대 국회가 발의한 1335건에 비해 거의 두 배에 이른다고 한다. 물론 이 법안들 중에는 공익을 위한 법안들도 상당수 있겠지만 IT 산업을 비롯한 다양한 산업의 자율성을 옥죄는 규제도 상당할 것으로 보인다. 김현경은 "특정 영역의 규제는 그 업계의 이익집단과 관련되고, 선거를 의식하는 국회의원은 그러한 이익집단의 목소리에 민감할 수밖에 없다. …… 국회의원은 표심을 굳건히 할 수 있는 이익집단과 그렇지 못한 디지털 혁신 서비스 제공자 사이에서 어느 편에 서야 하는지를 갈등하게 된다. ……결국 이러한 상황에서 규제의 칼날은 세력화 혹은 이익집단화되지 못한 디지털 혁신 서비스에 들이댈 수밖에 없다"라고 주장한다. 이러한 주장이 모두 검증된 사실이라고 할 수는 없지만, 20대 국회에서 IT 산업과 관련해서 발의한 법안들을 살펴보면 어느 정도 타당한 주장일 수 있다.

앞서 살펴보았듯이, 플랫폼, 포털, SNS와 관련해서 발의된 법안들만 보더라도 상당수의 법안들이 규제를 강화하려는 법안들이었다는 사실은 결국 국회의원들이 혁신 서비스를 제공하려는 신규 사업자들보다는 전통적 영역의 사업자들 편에 서 있다는 합리적 의심이 가능하다. 그러나 문제는 이러한 규제들이 국내 기업과 글로벌 기업 간의 역차별로 이어져 국내 인터넷 기업들의 비즈니스 행위 자체를 제약할 수 있다는 것이다. 전 세계의 국가가 자국 플랫폼 기업의 국제 경쟁력을 높이기 위해 안간힘을 쏟는 와중에, 우리나라는 국회가 앞장서서 자국 플랫폼 기업들의 경쟁력을 약화시키기 위한 법안들을 경쟁적으로 발의하고 있다는 사실은 매운 안타까운 일이다.

불확실성이 큰 인터넷 시장은 법안 발의만으로도 영향을 많이 받기 때문에 각 정당을 비롯해 정부 및 관련 기관들은 법안 발의에 신중을 거듭해야 한다. 안보, 국가기밀 등 초당적 협력이 요구되는 중대한 국가 과제가 아니라면 모든 발의안에는 의원 및 소속 정당만의 고유한 정치철학과 경제원리, 그에 따른 국가 사회적 후생, 그리고 예측되는 모든 시장의 변수들이 담겨 있어야 한다.

단지 실적을 쌓기 위한 법안들이나 기득권을 위한 법안들이 남발되는 것을 막기 위해서 규제 법안들이 발의되면 이를 평가하는 작업들이 필요한 시기이다. 의원 입법에 대한 평가가 필요하다는 지적은 필자의 새로운 제안이 아니다. 양금승(2016)은 의원입법 법안은 체계적인 검토와 심사 과정을 거치지 않고 발의되기 때문에 부실 입법, 과잉 입법의 원인이 된다는 점을 지적하면서, 국회의 입법권한을 제약하지 않는 선에서 법안의 품질을 향상시킬 수 있는 제도적 보완장치가 필요함을 주장한 바 있다. 교수들이 제출한 논문은 일정 수준의 질을 담보하기 위해 게재 전에 평가가 이루어진다. 국회의원들이 발의하는 법안들도 법안들에 대한 평가가 필요하다는 것이다. 물론 학술 논문들처럼 일정 수준 이상이라는 평가를 받아야 법안을 발의할 수 있도록 하는 것은 현실적으로 어렵겠지만, 발의된 법안들에 대한 전문가들의 객관적인 평가가 이루어진다면 지금보다는 전문적이고 공익을 생각하는 법안들이 나올 가능성이 높다.

얼마나 전문적인 역량을 갖춘 공정한 집단이나 연구자들이 국회에서 발의된 법안들을 평가할 것인지에 대해서는 논의가 필요하다. 발의된 법안을 평가하는 일은 정부나 정부 관련 연구기관에서 할 수도 있고, 비영리를 목적으로 하는 학자 집단에서 할 수도 있다. 여러 기관에서 동시에 진행해도 무방하다. 이렇게 발의된 법안을 평가함으로써 국회의원들이 부적절한 법안을 남발해서 발의하는 것을 막을 수만 있다면 말이다.

국회의원과 입법 관련자들은 특정 사업자들을 보호하기 위한 법을 만들거나 해외 사업자들에게는 적용하지도 못하면서 국내 사업자들만 옥죄는 법안을 만드는 일보다는, 먼저 사업자들의 사업 유인을 높이고 사업자들이 신바람 나게 일할 수 있는 환경과 관련법을 마련함으로써 우리나라가 인터넷 강국의 위상을 지속적으로 이어갈 수 있도록 노력해야 한다.

참 고 문 헌

김현경. 2019.1.17. "스타트업 혁신경쟁 저해 규제에 대한 비판: 전기통신사업법상 실태조사 규정을 중심으로". 4차 산업혁명 시대, 스타트업 혁신을 위한 규제개혁 토론회. 국회의원 회관 제1세미나실.

_____. 2019.2.12. "규제법안, 사전평가제 도입 시급하다". ≪아시아경제≫. http://cm.asiae. co.kr/view.htm?no=2019021115045956819#Redyho

네이버 지식백과. n. d.. "WEF 국가 경쟁력 보고서". 『시사상식사전』. 박문각. https://terms. naver.com/entry.nhn?docId=74855&cid=43667&categoryId=43667

메조미디어. 2018. 「2018 업종분석리포트 종합편: 2017 연간 광고비 분석」. https://www. slideshare.net/MezzoMedia/2018-86388944

박경미. 2008. 「국회 입법기능 제고의 제도적 방안: 의원의 법안발의를 중심으로」. 『한국국제정치학회 학술대회 발표논문집』.

박현정·박홍우. 2010.10. 「의원입법 절차의 문제점과 개선방안: 의원입법을 통한 신설, 강화 규제의 심사절차를 중심으로」. 전국경제인연합회, ≪규제개혁 시리즈 4≫, 1~32쪽.

방동희. 2009. 「인터넷서비스법제 발전방향에 관한 제언」. ≪한림법학 FORUM≫, 20권, 153~176쪽.

양금승. 2016.12. 「19·20대 국회 신설·강화규제의 입법현황 및 정책과제: 19·20대 규제관련 법안 분석 및 주요 규제·입법전문가(110인)의 인식조사를 중심으로」. 한국경제연구원.

오혜진. 2014. 「법안에 따른 정당과 상임위원회의 입법 영향력」. ≪한국정당학회보≫, 13권 1호, 155~180쪽.

윤주희. 2013. 「개인정보 취급방침의 변경에 따른 문제점과 관련법의 적용에 관한 연구」. ≪법학논고≫, 41, 391~428쪽.

이상우. 2017.12.6. "구글 앱 결제하면 해외법인에 매출 잡혀…한국엔 세금 안 낸다". ≪조선일보≫. http://news.chosun.com/site/data/html_dir/2017/12/05/2017120502928.html?rsMobile=false

_____. 2018. "국내 ICT 시장은 구글의 홈그라운드인가". 『대한민국 ICT의 미래, 어떻게 준비할 것인가』. 서울: 한울

이승우. 2018.1.5. "게임산업만 잡은 '셧다운제'". ≪한국경제≫. http://news.hankyung.com/article/2018010503711

이태희. 2018.9.19. "외국계 유한회사의 세원잠식 이슈". 한국미디어경영학회 특별세미나. 한국언론진흥재단 20층 프레스클럽.

이택수. 2005.2.21. "토종 메신저 MSN 눌렀다". ≪디지털 타임즈≫. https://news.naver.com/main/read.nhn?mode=LSD&mid=sec&sid1=105&oid=029&aid=0000095619

임정욱. 2019.1.17. "4차 산업혁명 시대, 혁신·경쟁 가로막는 규제편의주의". 4차 산업혁명 시대, 스타트업 혁신을 위한 규제개혁 토론회. 국회위원회관 제1세미나실.

전창욱·유진호. 2016. 「국내·외 포털사이트 및 업종별 국내 사이트의 개인정보취급방침 비교」. ≪정보보호학회 논문지≫, 26권 3호, 713~724쪽.

최동훈. 2017.8.17. "'망 중립성' 탓…국내 OTT 시장, 해외기업 '장악'". ≪컨슈머타임즈≫. http://www.cstimes.com/?mod=news&act=articleView&idxno=253331

지 은 이

이상우

현재 연세대학교 정보대학원 교수이다. 연세대학교 화학과를 졸업하고, 동 대학에서 석사학위를 취득했고, 미국 미시건주립대학교에서 텔레커뮤니케이션 석사학위를, 인디애나주립대학교에서 매스커뮤니케이션 박사학위를 취득했다. 주요 관심 분야는 인터넷 산업, 콘텐츠/엔터테인먼트 비즈니스, 미디어 산업과 정책 등이다. 주요 저서로는 『유료방송산업의 경제학』, 『미디어 다양성』(공저), 『미디어 경영론』(공저), 『ICT 생태계』(공저), 『소셜미디어』(공저) 외 다수가 있다.

김정환

현재 네이버 정책연구실 연구위원이다. 고려대학교 언론학부를 졸업하고 동 대학에서 석사, 박사학위를 받았다. 인디애나대학교 커뮤니케이션연구소에서 박사후연구원으로 활동했다. 주요 관심 분야는 인터넷 산업과 정책, 미디어 경영이며, 최근에는 자율주행자동차 인포테인먼트 시스템의 미디어적 가치에 대해 연구하고 있다. 주요 저서로는 『소셜 콘텐츠의 흥망성쇠』 (공저), 『방송의 진화』(공저) 등이 있다.

최세정

현재 고려대학교 미디어학부 교수로 재직 중이다. 이화여자대학교 신문방송학과를 졸업하고 미시건주립대학교에서 광고학 석사, 매스미디어(광고) 박사학위를 취득했다. 주요 관심 분야는 소비자심리, 뉴미디어, 디지털 마케팅, 애드테크 등이며, 주요 저서로는 스마트 생태계와 미디어 경영 2.0(공저), 미디어경영론(공저), 인터넷 생태계에 대한 9가지 질문(공저), 데이터 시대의 언론학 연구(공저), 디지털 미디어 리터러시(공저) 등이 있다.

최세경

현재 중소기업연구원 연구위원이다. 원광대학교 신문방송학과를 졸업하고, 성균관대학교 신문방송학과에서 석사, 박사학위를 받았다. 한국방송영상산업진흥원 책임연구원과 한국콘텐츠진흥원 미래전략팀장을 지냈다. 미디어 산업과 정책을 주로 연구하며 인터넷에서 방송의 미래와 희망을 찾으려 한다. 주요 논문으로는 「N스크린 시대에 TV 비즈니스의 전망과 대응전략」, 「N스크린 서비스의 능동적 이용에 대한 영향」(공저), 주요 저서로는 『공영방송의 이해』(공저), 『미디어 정책론』(공저) 등이 있다.

곽규태

현재 순천향대학교 글로벌문화산업학과 교수이다. 연세대학교 신학과를 졸업하고 동 대학에서 영상학 석사를 수료한 후, 정보학 석사, 경영학 박사학위를 받았다. 한국방송영상산업진흥원(KBI)을 거쳐, 한국콘텐츠진흥원(KOCCA)의 전략기획팀장으로 재직했다. 주요 관심 분야는 ICT/콘텐츠산업, 미디어경영, 기술경영이며, 주요 저서로는 『콘텐츠산업 통계의 이해와 활용』, 『미디어경영론』(공저), 『대한민국 ICT의 미래, 어떻게 준비할 것인가』(공저) 등이 있다.

정용국

현재 동국대학교 미디어커뮤니케이션학과 교수이다. 서강대학교 신문방송학과를 졸업하고 동대학원에서 석사학위를, 아이오아주립대학교(에임스)에서 매스컴 석사학위를, 인디애나대학교(블루밍턴)에서 텔레컴 박사학위를 취득했다. 세부 전공은 미디어심리학이며, 주요 연구 분야는 미디어 및 콘텐츠를 이용하는 소비자의 심리와 이용에 따른 효과이다. 주요 저서로는 『미디어심리학의 이해』(공저), 『스마트 미디어 시대의 뉴스분석법』(공저) 등이 있다.

최홍규

현재 EBS 연구위원이다. 서울과학기술대학교 전자IT미디어공학과를 졸업하고, 고려대학교 미디어학부에서 석사와 박사학위를 취득했다. 한국인터넷진흥원(KISA)에서 선임연구원으로 재직했다. 주로 커뮤니케이션과 미디어로 인한 인간과 사회의 변화 양상을 주제로 연구한다. 주요 저서로는 『콘텐츠 큐레이션』, 『방송의 진화』(공저), 『소셜 빅데이터를 활용한 미디어 분석방법』, 『빅데이터 시대의 커뮤니케이션 연구』(공저) 등이 있다.

정윤혁

현재 고려대학교 미디어학부 교수이다. 서강대학교 사회학과를 졸업하고, 한국과학기술원에서 IT경영석사를, 미국 루이지애나주립대학교에서 경영정보학 박사학위를 취득했다. 주요 관심 분야는 새로운 정보기술에 대한 사용자의 인식 및 사회적 수용이며, 주요 논문으로는 "Exploring Associations between Young Adults' Facebook Use and Psychological Well-being: A Goal Hierarchical Approach", "The Common Sense of Dependence on Smartphone: A Comparison between Digital Natives and Digital Immigrants", 저서로는 『미디어 경영론』(공저), 『TV홈쇼핑산업의 이해』(공저) 등이 있다.

이경원

현재 동국대학교 경제학과 교수로 재직 중이다. 서울대학교 경제학과를 졸업하고, 동 대학에서 석사학위를, 미국 위스콘신대학교(매디슨)에서 경제학박사를 취득하였다. ICT산업, 플랫폼경제 등의 분야를 주로 연구하고 있다. 주요 저서로는 『방송통신 정책과 전략』(공저)이 있다.

한울아카데미 2179

인터넷 산업의 미래, 함께 묻고 답하다
전문가 9인의 통찰

지은이 | 이상우·김정환·최세정· 최세경·곽규태·
          정용국·최홍규·정윤혁·이경원
펴낸이 | 김종수
펴낸곳 | 한울엠플러스(주)
편집책임 | 조수임

초판 1쇄 인쇄 | 2019년 8월   1일
초판 1쇄 발행 | 2019년 8월 20일

주소 | 10881 경기도 파주시 광인사길 153 한울시소빌딩 3층
전화 | 031-955-0655
팩스 | 031-955-0656
홈페이지 | www.hanulmplus.kr
등록번호 | 제406-2015-000143호

Printed in Korea.
ISBN   978-89-460-7179-7 93320(양장)
         978-89-460-6691-5 93320(무선)